ESSAI

SUR LES

SUBSISTANCES MILITAIRES

[illegible]

PAR M. L. CARON,

Ancien Directeur auxiliaire des subsistances militaires, Officier d'Administration [illegible]
de 1re classe en retraite.

Plusque ibi boni mores valent quam alibi bonae leges.

Tac., *De Morib. Germ.*, XVIII.

PARIS,
J. DUMAINE,
Libraire-Éditeur,
RUE ET PASSAGE DAUPHINE, 30.

NANTES,
Ad. GUÉRAUD ET Cie,
Imprimeurs-Libraires,
[illegible] DU PASSAGE BOUCHAUD.

Et chez l'Auteur, place Saint-Vincent, 3, à Nantes.

1854

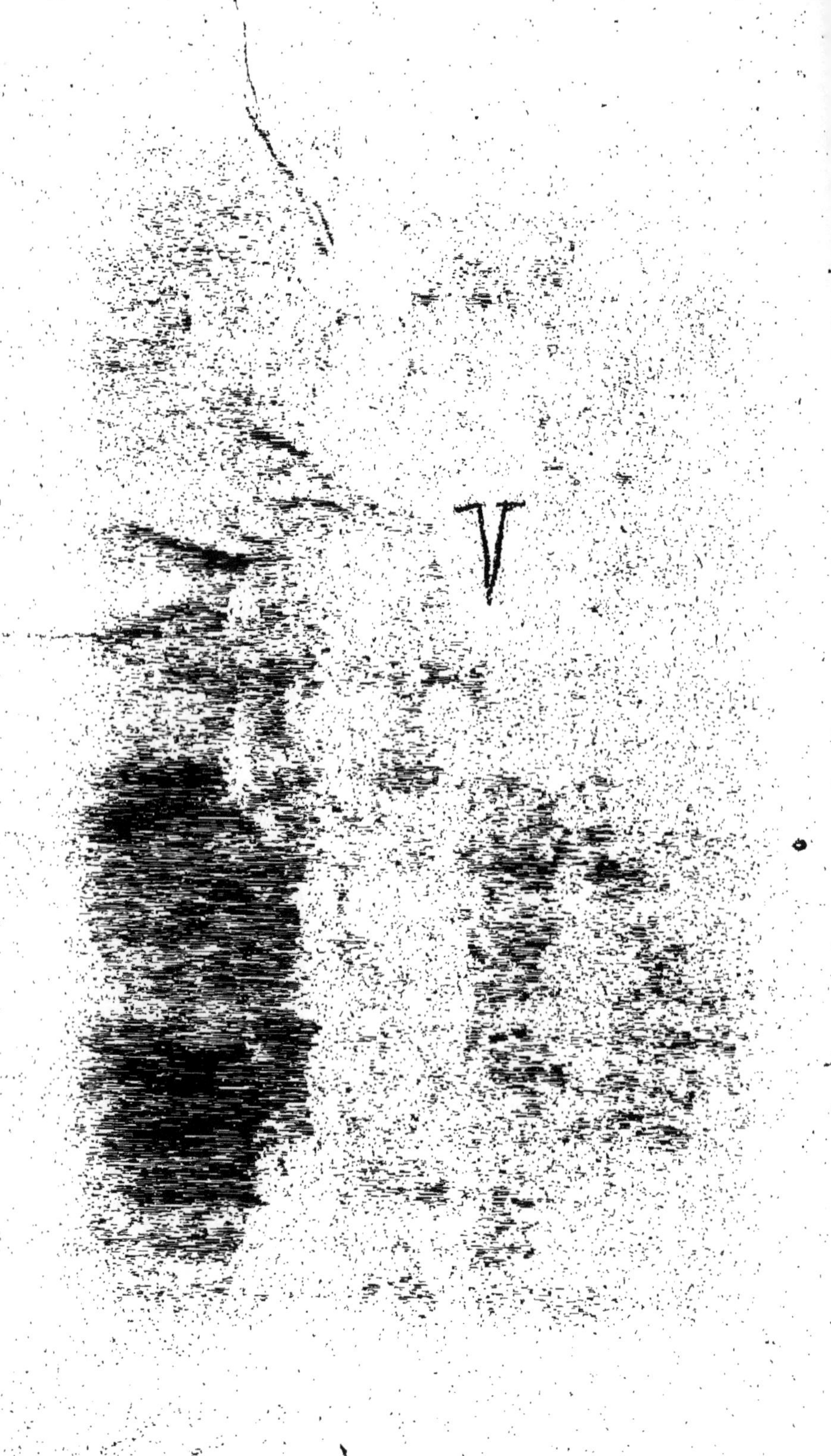

SUBSISTANCES MILITAIRES.

DE L'IMPRIMERIE GUÉRAUD, A NANTES.

ESSAI

SUR LES

SUBSISTANCES MILITAIRES

EN FRANCE;

PAR N.-L. CARON,

Ancien Directeur auxiliaire des subsistances militaires, Officier d'Administration de 1re classe en retraite.

Plusque ibi boni mores valent quàm alibì bonæ leges.
Tac., *De Morib. Germ.*, XVIII.

PARIS,
J. DUMAINE,
Librairie Militaire,
RUE ET PASSAGE DAUPHINE, 30.

NANTES,
AND GUÉRAUD ET Cie,
Imprimerie-Librairie
DU PASSAGE BOUCHAUD.

Et chez l'AUTEUR, place Saint-Vincent, 5, à Nantes.

1854.

PRÉFACE.

« *C'est icy un livre de bonne foy,* » dit Montaigne de ses *Essais :* et moi aussi je déclare être de bonne foi; mais j'avoue que ce n'est pas un *livre* que je publie; n'en fait pas qui veut! Seulement, quand on a passé vingt-quatre ans de sa vie dans un service public auquel on s'est consacré tout entier, il est naturel qu'on y soit attaché et qu'on se croie compétent pour en parler. J'ai cédé à ce désir légitime, et j'ai pensé qu'après avoir obtenu en 1850 une retraite proportionnelle que j'ai demandée, je pourrais faire une chose utile, en signalant les réformes que mon expérience m'a démontrées indispensables pour que le personnel des subsistances militaires rendît à l'armée en campagne les services qu'on a droit d'en attendre.

Je justifierai l'importance de la question en citant un auteur du XVIIe siècle, Nodot, qui s'exprime ainsi dans la préface de son *Munitionnaire français:* « L'établissement des magasins et la régie des » vivres ne peuvent se faire que par des person- » nes d'une capacité connue; et comme il faut des » talens particuliers pour y réussir, les grands » capitaines ont toujours eu beaucoup d'estime » pour ceux qui s'en sont acquittés dignement. » Les éloges que faisait M. de Turenne de feu » M. Jacquier en sont une preuve assurée. Ce » grand capitaine en pouvait mieux juger que » personne, puisque lui-même savait très-bien » les vivres, comme faisant partie de ce grand » art de la guerre qu'il possédait avec tant de » perfection: ce qui témoigne qu'il n'y a point » d'officier qui ne doive aussi en avoir une con- » naissance générale, parce qu'il se présente sou- » vent des occasions où la nécessité les oblige » d'entrer dans les fonctions du munitionnaire.

» Ceux qui ont l'expérience de la guerre connais-
» sent cette vérité. »

Il est malaisé à un homme dont le nom n'a pas d'autorité, de se faire écouter: pour lever autant que possible cette difficulté particulière de ma position, je me suis appliqué à citer beaucoup de faits qui sont encore présents à la mémoire de ceux qui me liront, et à emprunter à des auteurs qui ont traité le sujet qui m'occupe, des textes nombreux, soit pour combattre les vices administratifs que je signale, soit pour justifier les réformes que je propose. Cette méthode n'est pas, je crois, selon les règles de l'art; mais je ne prétends à rien de ce côté: j'aurai, au contraire, atteint le but unique que je me propose, si, protégé par les autorités que je cite, je suis parvenu plus sûrement à porter la conviction qui m'anime dans quelques esprits sérieux, et si l'on reconnaît avec moi que le service des subsistances militaires est entré, depuis trop longtemps déjà, dans une voie fausse qui compromet à la fois les intérêts du trésor public et de l'armée.

Quand la nécessité, plutôt que mon choix, me

mettra sur le terrain de la critique, je m'efforcerai de ne point perdre de vue cette parole d'Érasme, qui m'a servi de règle dans ce travail : Nous voulons plutôt avertir que frapper, *admonere voluimus non mordere.*

Nantes, mars 1854.

CHAPITRE Ier.

DU PAIN.

Dans les premiers âges du monde, les fruits des arbres et les produits de la chasse ont été l'unique nourriture de l'homme; et il s'est écoulé bien du temps avant qu'il ait pu se nourrir de pain, ce composé qui résume à lui seul les efforts multipliés de nombreuses générations.

L'homme a dû d'abord trouver et cultiver le froment; inventer le moyen d'en extraire la farine: il ne lui a pas été difficile de mêler de l'eau à cette farine, et de faire cuire plus ou moins grossièrement cette pâte; mais il n'obtenait ainsi qu'une sorte de galette ou de bouillie, parce qu'il n'avait pas découvert l'usage du levain, ce ferment précieux qui transforme la pâte et lui donne la vie. Ce n'est pas tout; il lui restait encore à créer le four cintré, pour faire cuire et obtenir cet aliment

2

savoureux que nous nommons le pain, et l'amener à l'état de perfection où nous le voyons aujourd'hui.

Buffon a dit que le grain dont l'homme fait son pain, n'est point un don de la nature; mais le grand, l'utile fruit de son intelligence dans le premier des arts. Cette opinion n'est confirmée par aucune observation directe sérieuse; tout démontre que l'homme n'a jamais pu, à son gré, créer des genres nouveaux ou changer des espèces en d'autres : la culture, en particulier, n'influe jamais tellement sur les plantes, qu'elle ne rende leurs caractères reconnaissables; aussi on se croit plus près de la vérité en pensant que le blé existe encore à l'état sauvage sur quelque point du globe. Des savants le disent originaire des bords du Jourdain, d'autres de la Tartarie; mais tout le monde est d'accord pour reconnaître dans le blé le végétal le plus précieux, le plus utile à l'homme.

Le blé fut d'abord mangé cru, ou cuit sur des charbons ardents; plus tard on l'écrasa entre deux pierres, et, de la grossière farine ainsi obtenue, on fit de la bouillie et des galettes. Les Romains pilèrent leur blé jusqu'à la conquête d'Asie (128 ans avant J.-C.). Alors ils se servirent de moulins à bras; mais l'usage de cette machine remonte bien plus haut : elle est mentionnée dans l'Exode, où Moïse, annonçant la dixième plaie d'Égypte, dit que tous les premiers nés mourront, depuis celui de Pharaon jusqu'à celui de la servante qui tourne la meule dans le moulin (1) (environ 1491 ans avant J.-C.). La mouture du blé était une occupation domestique ou servile : Samson, chez les Philistins ; Térence, Plaute, chez les Romains, furent condamnés à tourner la meule.

L'usage des moulins à eau, qu'on dit venir de l'Asie Mineure, ne s'est introduit chez les Romains que du temps d'Auguste. (27 ans après J.-C.)

Quant aux moulins à vent, ils sont relativement beaucoup plus récents en Europe ; nous les devons aux Croisés, qui les ont reçus des Orientaux.

Les moulins à vapeur datent des commencements de notre siècle.

Les diverses transformations qu'on faisait subir au blé pour l'alimentation domestique, étaient un des soins de la mère de famille aux premiers siècles. Abraham dit à Sara : Pétrissez-moi trois mesures de farine, et faites cuire des pains sous la cendre (2). Au lieu d'attribuer au hasard, ce dieu de l'ignorance et du matérialisme, la découverte du levain et son emploi dans la pâte, j'aime mieux penser que nous en sommes redevables à quelque femme industrieuse, comme nous en voyons tous les jours dans les humbles ménages,

---

(1) *Exod.*, cap. XI, 5.
(2) *Gen.*, cap. XVIII, 6.

et qui, après diverses tentatives pour varier la nourriture ordinaire de la famille, aura été assez heureuse pour découvrir ce ferment nouveau et puissant. Cette pâte, plus tard, ne fut plus mise sous la cendre; on la fit cuire sur des pierres chauffées, puis dans une pierre creusée, puis enfin dans le four cintré dont nous nous servons aujourd'hui.

Les Athéniens, qui vivaient moins sobrement que le reste des Grecs, connaissaient le pain; mais les seuls riches en consommaient habituellement: ce pain était d'une blancheur éblouissante et d'un goût admirable. L'art de le préparer fut perfectionné en Sicile par Théarion, environ 400 ans avant J.-C. Les boulangers, honorés chez les Phéniciens et chez les Cappadociens, où ils avaient excellé, et dans toute la Grèce, avaient travaillé de leurs mains. Mais à Rome, qui avait reçu les boulangers d'Athènes, les membres du collége des boulangers étaient des intendants de boulangerie, dirigeant les travaux de nombreux serviteurs et d'hommes condamnés à ce travail (1).

(1) *Voy. du jeune Anacharsis*, t. II; ch. 22, 25.

CHAPITRE II.

DES SUBSISTANCES MILITAIRES CHEZ LES ANCIENS.

La mauvaise culture multipliant les années de stérilité, on éprouva le besoin de faire des approvisionnements. Chez les Hébreux, il y avait le préfet des vivres, et chaque quartier de Jérusalem avait le sien : ces fonctionnaires étaient à la fois administrateurs des approvisionnements du peuple et de l'armée, et juges des différends que les achats, les ventes et les distributions faisaient naître. Nous dirons plus loin comment s'y prenaient les Romains pour approvisionner les villes et les cantonnements occupés par leurs troupes ; mais on ne voit pas dans l'histoire ancienne que les Grecs et les Romains fussent dans l'habitude de préparer pour leurs armées en campagne des magasins de fourrages et de vivres, et de se faire suivre d'un grand nombre de caissons, comme dans nos temps modernes. Il y a à cela deux causes: d'abord, on attachait moins de prix à la vie d'un homme que de nos jours; et, dans les guerres que se faisaient les Grecs, leurs troupes étaient peu nombreuses, ne s'éloignaient pas beaucoup de leurs pays, et elles y revenaient presque toujours régulièrement les hivers. Il en faut dire autant des Romains, surtout dans les premiers siècles de Rome. En second lieu, il y a à considérer la sobriété des anciens; ils se réduisaient à l'exact nécessaire. Cette manière de vivre était commune aux soldats, aux officiers et aux généraux. On a vu des empereurs même, et en grand nombre, non-seulement vivre sans luxe, mais se contenter d'un plat de bouillie et de pois, d'un morceau de fromage ou de lard, et faire gloire de s'égaler aux derniers soldats. Aussi, les historiens nous font-ils remarquer que ces empereurs affectaient de manger à découvert et à la vue de toutes les troupes.

Quoi qu'il en soit, la subsistance d'une armée a toujours été et sera toujours ce qui doit occuper un bon général: la maxime de Caton, que la guerre nourrit la guerre, est bonne dans les pays abondants et pour de petites armées; celle des Grecs est plus généralement vraie, que la guerre ne fournit pas à l'ordre et à point nommé des vivres. Il faut avoir ses approvisionnements pour le présent et pour l'avenir. On a vu périr de belles et nombreuses armées par la disette des vivres. Cambyse fit périr la sienne dans l'Éthiopie, pour avoir négligé de pourvoir au transport des vivres ; et Darius, ses troupes dans la Scythie, par un semblable défaut de prévoyance.

L'armée d'Alexandre aurait été affamée si l'on avait suivi le sage conseil de Memnon, un des généraux de Darius, et des plus habiles capitaines de l'antiquité, qui voulait qu'on ravageât dans l'Asie Mineure tout le pays par où ce prince devait nécessairement passer.

A la bataille de Cannes, Annibal n'avait pas pour dix jours de vivres ; un délai de quelques semaines le réduisait à la dernière extrémité.

César, avant la bataille de Pharsale, était près de périr faute de vivres, si Pompée eût voulu attendre encore dix ou douze jours, ou plutôt s'il n'eût pas cédé à l'ardeur de la jeunesse patricienne de Rome, qui voulait combattre (1).

Cyrus étant venu comme auxiliaire avec une armée chez Cyaxare, son oncle, voici les dispositions qu'il prend et dont il fait part à ses lieutenants avant de marcher contre Crésus :

Ne songeons maintenant, dit Cyrus, qu'à nous pourvoir de vivres à peu près pour vingt jours, tant pour nous que pour les bêtes de charge qui nous suivront ; car, à mon

(1) Rollin, *Hist. anc. de la science milit.*

compte, nous mettrons plus de quinze jours à traverser un pays où nous ne trouverons point de subsistances, parce que nous en avons enlevé, nous une partie, et nos ennemis autant qu'il leur a été possible. A l'égard du vin, que chacun n'en prenne qu'autant qu'il lui en faut, pour s'accoutumer par degrés à boire de l'eau. Emportez, au lieu de lits, un poids égal en choses nécessaires à la vie ; il n'y a jamais de superflu en ce genre. Il faut s'approvisionner de viandes salées. Lorsque nous arriverons dans les lieux non pillés d'où nous pourrons tirer du blé, il faudra nous pourvoir de moulins à bras pour le broyer. — N'oublions pas non plus les médicaments pour les malades ; ils ne chargent pas beaucoup, et, dans l'occasion, ils servent infiniment. Munissons-nous aussi de courroies pour attacher une infinité de choses que portent les hommes et les chevaux. Aux matériaux on joindra les outils indispensables, car on n'a pas des ouvriers partout. Donnez aux uns une hache propre à couper du bois ; aux archers, un hoyau ; aux frondeurs, une serpe ; faites-les marcher avec ces instruments par petite troupe à la tête des bagages, afin qu'au besoin ils aplanissent les chemins. J'emmènerai des armuriers, des charrons, des cordonniers munis de leurs outils ; ainsi l'armée ne manquera d'aucune des choses qui dépendent de leur métier. Si quelques marchands veulent faire le commerce à la suite de l'armée, qu'ils viennent avec nous ; les mieux approvisionnés seront honorés et récompensés des alliés et de moi. Si quelqu'un d'entre eux n'a pas de fonds suffisants pour faire ses achats, qu'il amène avec lui des gens qui le connaissent et me garantissent qu'il nous suivra ; je l'aiderai de ce que je possède.... (1).

(1) Xénoph., *Cyrop.*, liv. VI, ch. 2 ; trad. de Gail.

Cyrus disait aussi: « Quand les soldats se croient » négligés, l'ardeur des bons se ralentit, les mau- » vais deviennent insolents (1). »

Quoique l'art de la guerre ait subi bien des changements depuis Cyrus jusqu'à nous, les devoirs du général en chef n'ont pas changé. Nous lisons dans l'*Histoire du Consulat et de l'Empire :*

Pour le passage de l'armée au mont Saint-Bernard (mai 1800), le premier Consul avait poussé la prévoyance jusqu'à faire placer au pied du col des ateliers de bourreliers, pour réparer les harnais de l'artillerie. Il avait écrit lui-même plusieurs lettres à ce sujet, en apparence si vulgaire; et nous citons cette circonstance pour l'instruction des généraux et des gouvernements à qui la vie des hommes est confiée, et qui ont souvent la paresse ou la vanité de négliger de tels détails. Rien, en effet, de ce qui peut contribuer au succès des opérations, à la sûreté des soldats, n'est au-dessous du génie ou du rang des chefs qui commandent (2).

Les Romains nous ont laissé des traces intéressantes de leur mode d'approvisionner et l'armée et la Ville. Tous les citoyens étant soldats, pourvoir aux besoins de Rome, c'est approvisionner l'armée. C'était la tâche des provinces conquises. Cicéron, dans son troisième discours contre Verrès, *de Re frumentariâ,* fait connaître comment se créaient les approvisionnements de Rome et com-

(1) Xénoph., *Cyrop.*, liv. v, ch. 5.
(2) Thiers, *Hist. du Consul. et de l'Emp.*, t. I, p. 365.

ment les préteurs concussionnaires pouvaient s'enrichir.

Chaque province payait à l'État un tribut de grains en nature; dans celles que l'on ménageait, parce qu'elles s'étaient données volontairement à l'empire, les laboureurs ne devaient que le dixième de leurs récoltes : c'est ce qu'on appelait *frumentum decumanum.*

Quant aux pays de conquête, chaque propriétaire était obligé de fournir une quantité fixe de blé, à raison de tant par arpent, *frumentum stipendiarium.*

Outre le blé de dîme et d'impôt, les propriétaires étaient obligés de fournir, pour de l'argent, les grains que leur demandait le gouvernement, soit pour la subsistance des troupes, soit pour d'autres besoins, et de les conduire sur les lieux. On nommait ce blé, *frumentum emptum.*

La province était encore chargée de fournir au gouverneur, pour l'entretien de sa maison, un nombre fixe de mesures de blé, dont il avait droit de régler le prix arbitrairement. On composait avec lui pour l'ordinaire; et, suivant l'estimation convenue, on lui donnait ce blé en argent, *frumentum æstimatum.*

Sur ces différents articles, il se commettait des abus énormes.

Au lieu de donner la dîme seulement, le cultivateur devait livrer une quantité beaucoup plus forte, fixée arbitrairement par le décimateur. Le blé des dîmes ne suffisant pas aux besoins de Rome, la Ville envoyait au prêteur des sommes considérables pour acheter d'autre blé. L'excédant obtenu sur la dîme, était présenté par le préteur ou ses complices comme blé acheté, *emptum*. Si ce blé ne suffisait pas, on en achetait à un prix fixé par le préteur, et toujours moindre que celui que Rome assignait au préteur. Ce n'est pas tout; pour le blé acheté, *emptum*, vente forcée et qui emportait obligation de transport jusqu'au cantonnement de la légion, on choisissait à dessein les cultivateurs les plus éloignés, pour les forcer à se rédimer d'un transport onéreux.

Le blé estimé, *æstimatum*, pour les besoins de la maison du préteur, dont la valeur lui était payée en argent, a quelque analogie avec ce que nous appelons aujourd'hui remboursement de rations.

Les fonctions publiques n'étaient pas rétribuées à Rome; mais on voit par là ce qu'il en coûtait à la fortune publique et à la morale avec des fonctionnaires concussionnaires.

Les questeurs, dont le nombre a varié souvent chez les Romains, étaient chargés du soin des vivres; dans Rome, les édiles s'occupaient des approvisionnements et de la police des grains. On vit Tibère, quand le peuple se plaignait du haut prix des grains ou pour le flatter, faire baisser le prix pour l'acheteur, et tenir compte au marchand de deux sesterces de plus (1).

Il y avait encore les préfets (*præfectus annonæ*), qui avaient l'inspection des grains et en général de toutes les subsistances.

Le soldat romain en campagne buvait ordinairement de l'eau ; seulement il portait toujours dans son bagage du vinaigre dans une bouteille, pour être mêlé quelquefois à son eau. Le vin était une consommation de luxe ou d'un transport trop difficile. Quant à l'eau-de-vie, l'opinion générale est qu'elle a été découverte vers le XIIIe siècle (2).

Quelques érudits affirment que la composition de ce liquide a été décrite dans le cours du XIe siècle par l'Arabe Albucuses, à qui, faute de renseignements, on en attribue l'invention.

Quand Rome, énervée par ses propres conquêtes, par le luxe et par la mollesse, vit à son tour les barbares à ses portes et lui dicter des lois, les guerres, à cette époque de la décadence de l'empire romain, ne sont plus faites seulement par une armée allant combattre un ennemi et lui imposer des conditions ; c'est la migration de tout un peuple qui, ayant en tête ses guerriers, vient conquérir

---

(1) Tac., *Ann.*, lib. II, 87.

(2) Al. Monteil, *Hist. des Franç. des divers États*, t. I, p. 265.

et occuper une contrée plus clémente et plus féconde que celle qu'il abandonne, et qui partage le sol avec le vaincu. Ici, il n'y a plus à chercher les traces d'une administration militaire qui n'existe pas : quand cette troupe est envahissante et victorieuse, elle est dans l'abondance; une défaite suffit pour la livrer aux angoisses de la misère et de la famine.

CHAPITRE III.

DES SUBSISTANCES MILITAIRES SOUS L'ANCIENNE MONARCHIE.

L'empire romain corrompu, tyrannique pour les provinces conquises, s'écroulait sous les coups redoublés de peuples barbares pleins d'énergie et de force qui venaient du Nord et de l'Orient pour l'attaquer et le vaincre. Ces descendants des anciens Germains envahirent la province des Gaules, conservant, dans leur nouvelle conquête, leurs mœurs, leurs inclinations, leurs usages. Cependant, le Romain vaincu parviendra aisément, à cause de sa civilisation avancée, et presque à l'insu du vainqueur, à lui faire accepter ses lois, ses goûts, comme déjà il lui avait inoculé sa manière de combattre en luttant avec lui depuis 300 ans.

Ce n'est pas pendant les guerres multipliées que se firent entre eux les seigneurs féodaux, que nous trouverons des documents utiles à consulter pour une organisation administrative militaire ; chaque feudataire était obligé de fournir son contingent de combattants, et ceux-ci portaient avec eux une certaine quantité de vivres pour tenir la campagne un nombre de jours déterminé. C'est, sous un autre aspect, l'image des guerres des peuples de la Grèce, avec cette différence qu'ici, au lieu d'un peuple délibérant comme à Athènes, le zèle du chef féodal, son amour des combats, son ambition, étaient les seules règles qu'il consultât, quand il se mettait en marche avec sa troupe.

C'est à peu près au temps où la poudre à canon fut en usage dans l'armée et eut remplacé le bélier et la flèche, qu'on fait remonter l'obligation que les rois de France imposèrent aux populations de fournir des vivres pour les troupes sur le point d'entrer en campagne. La première fourniture réglée fut faite par les commis du roi, et date de 1311, sous Philippe le Bel.

En 1470, Louis XI créa deux commis généraux des vivres : tous les emplois d'armée n'étaient exercés que par commission, et ceux qui en étaient pourvus se nommaient tout simplement commis.

Il y avait deux sortes de ces commis : les uns étaient des personnes connues et capables que les lieutenants généraux et les gouverneurs des provinces établissaient dans les lieux nécessaires pour le passage des troupes. Ils y faisaient des approvisionnements de blé et autres fournitures à quoi les villes, bourgs et villages étaient taxés; et ils contraignaient les peuples à la fourniture de leurs taxes, lorsqu'ils y manquaient à l'échéance des livraisons.

Les autres commis étaient choisis par le roi lui-même, qui connaissait l'importance qu'il y avait d'avoir des gens d'honneur et expérimentés dans le métier. Quelquefois aussi le roi en laissait le choix aux commissaires généraux des vivres. Ces commis maniaient par leurs ordres les deniers royaux, faisaient les achats, tant pour munir les places frontières que pour faire subsister les troupes en campagne.

Les commis aux vivres demeurèrent longtemps dans cet état, et l'on voit qu'ils exercèrent toujours leur emploi par commission, sous les ordres de deux commissaires généraux jusqu'en l'an 1627.

Les trésoriers de l'extraordinaire des guerres étaient autrefois comptables de tous les vivres qui se consommaient par les troupes, tant dans les armées que dans les garnisons; mais, ne pouvant vaquer à tant d'affaires à la fois, ils obtinrent de Henri II la décharge du compte des vivres, et ce fut par un règlement fait à Saint-Germain en 1557 que ceux qui les distribuaient furent chargés de présenter leurs comptes à la chambre des comptes de

Paris. Depuis ce temps-là, non-seulement les commissaires généraux des vivres furent obligés de compter à la chambre de leur maniement, tant en argent qu'en munitions, mais tous les commis aux vivres devinrent aussi comptables, chacun en particulier, de tout ce qu'ils avaient distribué aux troupes.

Quant aux voitures dont on se servait pour les vivres, le peuple les fournissait de même par contribution, et ce fut encore Henri II qui, pour soulager son peuple, déchargea les contribuables à la taille de ces corvées. Pour cet effet, il créa vingt offices de capitaine de charrois, pour lever 4,000 chevaux de traits avec leurs harnais; mille charretiers, moyennant les gages, avances de deniers et les priviléges qui sont portés par l'édit de leur création, avec ordre de faire toutes les voitures, tant d'artillerie que de vivres, partout où il serait nécessaire pour le service de l'État.

Voilà de quelle manière on amassait anciennement les vivres en France pendant la guerre. Dès qu'elle finissait, et que les troupes étaient licenciées, chaque commis dressait un état au vrai de la recette et de la dépense des vivres dont il avait le maniement; et, après que ce compte était arrêté, ce qui restait en nature dans les magasins était distribué également aux peuples avec toute l'équité possible. Cette restitution fut ordonnée par

Henri III aux états de Blois en 1579. Car, avant lui, les rois avaient la coutume de donner le reste des vivres qui se trouvaient dans les magasins, à des personnes qu'ils voulaient gratifier.

Sous Louis XIII, le maniement des vivres des armées avait besoin d'une grande quantité d'officiers, à cause des troupes nombreuses qu'on avait à faire subsister deçà et delà les monts. C'est pourquoi ce prince érigea en titre d'office quatre commissaires généraux qu'il nomma conseillers-surintendants des vivres, pour joindre à deux charges semblables créées depuis longtemps, ce qui composait le nombre de six, afin d'être exercées triennalement.

Ils avaient la direction de toutes les étapes et fournitures particulières des vivres qui se faisaient aux gens de guerre, tant de cheval que de pied, dans l'étendue des provinces du royaume. Leurs appointements montaient à 3,000#; ils avaient droit de quatre pour cent de la fourniture qui se faisait dans les armées, et droit de charroi de deux journées pour *montre* de tous les équipages des vivres.

Le roi, voulant témoigner l'estime qu'il faisait de ces nouveaux intendants des vivres, leur permit encore l'entrée dans ses conseils, pour y proposer tout ce qu'ils trouveraient à propos du fait de leurs charges. Il les exempta aussi de toutes recherches et compositions de chambres de justice, pour ce qui regardait la qualité de leurs offices. Outre cela, il leur accorda plusieurs autres droits et priviléges concédés aux deux anciens commissaires généraux.

Louis XIV a donné les vivres à fournir par entreprise à des traitants qui les faisaient exercer par commission. Il y a un entrepreneur général des vivres, ou plusieurs, si l'occasion le demande. Ces entrepreneurs ont dans chaque armée un de leurs principaux commis, sous le titre de directeur général. On ne peut attendre que d'heureux succès d'une armée qui ne manque pas de vivres. Le soldat ne peut travailler, quand il n'est pas nourri; manier les armes, quand il ne peut se soutenir lui-même; avoir du feu et de la hardiesse, quand il n'a pas de sang dans les veines; quel moyen de souffrir les incommodités des chemins, des saisons, les veilles, les fatigues! Les désertions, les maladies, le relâchement de la discipline, la haine, l'animosité du paysan qui défend son bien, sont des effets du manquement des vivres (1).

Le régime des entreprises ou des régies fut tour à tour employé sous les règnes de Louis XV et de Louis XVI. Cependant, une innovation à

---

(1) *Dict. milit.* de Lachenaye-Desbois, aux mots Commis, Munitionnaire, etc.

noter eut lieu en 1788; les régiments furent chargés en temps de paix de confectionner eux-mêmes leur pain. J'entrerai dans quelques détails à ce sujet au chapitre VI : disons tout de suite que les espérances qu'on avait conçues de cette création ne se réalisèrent pas, autant à cause de l'embarras des finances d'alors que par la nature même de l'établissement nouveau, qui n'était pas né viable.

CHAPITRE IV.

COMMENT S'EXÉCUTAIENT AUTREFOIS LES VIVRES.

Le personnel des vivres à l'intérieur ou à l'armée se composait comme suit :

Un munitionnaire général ou surintendant des vivres, selon le cas ;

Un général des vivres ;

Un contrôleur général ;

Un commissaire général d'une province ;

Un commis général des travaux du pain ;

Un commis général du parc, pour la distribution du pain ;

Des gardes-magasins ;

Des commis particuliers.

Sur la manière d'exécuter le service, Nodot fait les remarques suivantes, qui sont utiles à consulter, car elles sont vraies aujourd'hui comme de son temps ; il suffit d'y changer quelques mots.

Il y a dans l'État plusieurs personnes fort entendues aux affaires de finances, parce qu'elles ont un cours ordinaire; mais les vivres sont d'une autre nature, il faut y avoir travaillé longtemps pour les bien régir, et être doué d'un génie particulier pour y réussir. Cela est si vrai, que de tous ceux qui s'y attachent; on en voit peu qui arrivent à ce degré de perfection qui fait un munitionnaire accompli; et cela n'est pas difficile à croire, puisque son esprit doit être d'une vaste étendue, pour prévoir et donner ordre à toutes les fournitures qu'il fait dans un même temps en plusieurs endroits différents; qu'il faut qu'il ait une conception vive et facile, pour répondre sur-le-champ au général de l'armée touchant les choses qu'il lui propose; que sa pénétration soit juste, pour deviner ce qu'il ne lui dit point; qu'il soit fertile en expédients pour les pressantes nécessités; très-économe, pour retrancher les dépenses inutiles; extrêmement appliqué à considérer la conduite de ses commis; infiniment entendu dans le détail : car il ne suffit pas de pourvoir au général qui est la subsistance des armées, il faut encore entrer jusque dans les moindres choses qui regardent ces fournitures... Un habile munitionnaire voit d'un coup d'œil l'état de ses magasins; il tient ses commis en règle, avec une honnête sévérité : il prend des mesures justes pour la fourniture journalière; il assure le service de toutes parts par sa prudence, et il pourvoit si bien à toutes choses, que souvent le général s'aperçoit que ses pensées sont mises en œuvre avant qu'il les ait produites. Un habile homme n'élève jamais de difficultés sans les résoudre; il trouve des expédients à tout; enfin il donne ses ordres d'une manière si juste, et il travaille si utilement, que le général et l'intendant n'ont d'autre soin des vivres que d'en applaudir la conduite... Il faut remarquer qu'il y a des généraux plus faciles à se découvrir les uns que les autres : un munitionnaire souffre beaucoup lorsqu'il sert sous un homme serré qui ne découvre qu'une partie de ses desseins, et qui même le fait quelquefois si tard qu'on se voit trop pressé pour bien exécuter ce qui est nécessaire; cela fait souvent du tort au service par le retardement. Lorsqu'on a à travailler avec un général de ce caractère, il faut se faire une étude particulière de chaque entretien qu'on se propose d'avoir avec lui; on ne manque pas de sujets pour le voir souvent et pour le mettre sur la matière qu'on veut approfondir. Quand un esprit, quelque sublime qu'il soit, est manié adroitement, il est impossible qu'il ne fasse pas entrevoir quelque chose de ce qu'on souhaite d'apprendre; et que même, dans l'ardeur du discours, il ne découvre plus qu'il ne voudrait, particulièrement lorsqu'il est avec un homme non suspect, et auquel il est obligé de déclarer les choses qui le regardent pour l'utilité du service... Quoique le munitionnaire ait droit de répréhension sur ses commis, il est néanmoins de la prudence d'user de sa supériorité avec modération; c'est-à-dire, que dans le commerce ordinaire qu'il a avec eux, il doit en user honnêtement. Il y en a cependant qui s'imaginent pouvoir traiter ces commis comme ceux que les gens d'affaires emploient à toutes mains, et ils se trompent : ceux-ci sont tout différents; leur emploi est un emploi d'armée, qui est considérable dans les premiers postes et à ne pas mésestimer aussi dans les inférieurs, quand ils sont remplis de sujets qui savent se distinguer par de bons airs et de bonnes manières qu'ils prennent avec les officiers, dont ils captivent l'amitié et se lient par un commerce continuel avec eux; ainsi leur emploi peut passer pour être de plume et d'épée. De plus, l'intérêt du munitionnaire l'oblige d'en agir avec distinction à leur égard, parce qu'il a besoin de leur secours pour mettre dans un mouvement juste ce grand corps de la manutention.

Les munitionnaires ne sont pas entièrement les maîtres des emplois des principaux commis. Feu M. de Louvois le leur a bien fait voir dans les guerres passées, ayant toujours placé des commis expérimentés à la tête des vivres, pour assurer le service. Il en a usé ainsi avec M. Janier même, à qui il a donné le sieur Bertier en 1662, pour servir pendant toutes les campagnes qui ont commencé par la guerre contre la Hollande, et il a continué avec une pareille attention dans la dernière guerre, tant en Flandre qu'en Allemagne et en Italie, jusque-là qu'il voulut savoir en 1691 quels commis les munitionnaires de l'armée de Piémont employaient; il s'en fit donner un état, et recommanda de faire travailler les anciens. Il est si vrai que les principaux commis aux vivres dépendent du secrétaire d'État qui a le département de la guerre, qu'il fait récompenser par Sa Majesté ceux qui réussissent dans quelque affaire extraordinaire. Le ministre dont nous venons de parler, fit donner au sieur Du Puys deux mille écus de gratification, pour avoir bien conduit le service au siége de Mons (1).

Aussi Louvois, après Sully, peut être proclamé le plus grand administrateur; il est le créateur du système d'approvisionnements, et on lui rend la justice de le considérer comme le plus grand vivrier (2).

Le général des vivres supplée, à l'armée, le munitionnaire ou le surintendant.

Le commis général du parc des vivres remplit

(1) Nodot, *Munitionnaire français*, pp. 2, 3, 173, 193, 567, 569.
(2) Audoin, *Hist. de l'Adm. milit.*, t. II, p. 218.

un poste fort important, non-seulement à cause de la capacité qu'il doit avoir pour l'exercice de son emploi, mais encore pour la droiture dont il est nécessaire qu'il soit doué. C'est lui qui, le jour de la distribution, doit recevoir des majors, aides-majors et maréchaux des logis l'état de leur régiment, compagnie par compagnie. Il ne doit pas quitter sa tente pendant la distribution, à moins que ce ne soit pour apaiser quelque désordre.

Le commis général du parc doit toujours camper au milieu des équipages, non-seulement pour veiller à tout, mais encore pour travailler avec tranquillité, ce qu'il ne pourrait pas au quartier général, où il serait souvent détourné par des visites. C'est sur les copies des revues signées qu'il se fait donner par les commissaires des guerres, qu'il se règle pour ses distributions; et s'il lui vient du pain gâté par les caissons ou autrement, et que le général de l'armée ou l'intendant soit cause de cette perte, il en dresse un procès-verbal circonstancié, en la forme qu'il doit être, pour le remettre au directeur général des vivres.

Ce commis a sous lui un aide de parc et plusieurs écrivains dans ses bureaux.

L'emploi de commis général des travaux est encore un des plus considérables de la manutention : il est confié, pour l'ordinaire, à un homme sage et expérimenté dans les vivres, parce que c'est sur lui que roule la subsistance de l'armée. Ce commis a un pouvoir despotique sur tout ce qui dépend des travaux, dont toutefois il rend compte au directeur des vivres et en reçoit les ordres directement : ces ordres sont continuels et se succèdent d'une distribution à l'autre sans interruption, depuis le commencement de la campagne jusqu'à ce que l'armée soit entièrement séparée. Ce commis a le soin de la réparation des fours, et d'en faire construire de neufs dans les places où il en manque. Il est à la tête des boulangers et de tous les ouvriers destinés aux travaux de la manutention ; c'est lui qui compose les brigades des boulangers, et qui partage la visite de tous les fours entre les commis destinés pour cet exercice.

Quand les équipages arrivent pour charger le pain, le commis de travail se rend avec ses états au bureau des commis du parc, et ils conviennent ensemble des ordres pour le chargement. C'est le commis de travail qui fait charger le pain. Tout le pain qu'on charge doit passer par les mains du commis à la conduite, le prenant deux à deux, le dessus l'un contre l'autre ; et cela s'appelle un compte qui est de quatre rations. Ils sont obligés indispensablement de manier tout le pain qu'ils chargent, afin qu'en le recevant du boulanger ils le considèrent et voient s'il n'est pas défectueux ; ce qui se connaît facilement en donnant avec les deux mains un demi-tour de chaque côté. Un de leurs plus grands soins est encore de prendre garde qu'on ne se trompe, dans le chargement, à mettre le pain frais en d'autres caissons que ceux qui lui sont destinés, et de recommander aussi aux boulangers de ne point mêler de pain vieux avec ce pain, parce qu'il pourrait se gâter dans la suite, étant gardé au camp d'une distribution à l'autre.

Il y a aussi des commis préposés aux travaux de munition des places pour les garnisons. Leur emploi est tranquille et leur exercice uniforme. Ils conviennent avec les majors ou aides-majors des régiments qui sont en garnison dans la place, du jour qu'on fera la distribution aux troupes, qui est ordinairement de deux en deux jours ou de quatre en quatre. Le commis d'une place va tous les soirs à l'ordre chez le gouverneur, pour apprendre s'il n'y a rien de nouveau à faire au sujet des vivres.

Outre ces commis, il y en a de préposés, par les entrepreneurs, à l'achat des grains. La science de ces commis consiste à se connaître en grains et à avoir l'adresse de les acheter à bon prix. On n'emploie, si l'on peut, dans cet exercice que des gens qui ont fait ce commerce, et non pas de ces sortes de commis qui ne savent pas seulement, comme on dit, de quelle manière le blé pousse.

Comme il est de la prudence de ne pas confier

le service du roi et des sommes considérables à des sujets douteux et peu capables de s'en bien acquitter, il est de la prudence d'un munitionnaire de connaître parfaitement ses commis. « Je » sais qu'on est quelquefois pressé, dit M. Nodot, » par certaines considérations, de donner de » l'emploi à ces sortes de gens; mais il faut » suivre encore dans cette occasion l'exemple de » M. Jacquier, qui payait des appointements à ces » commis de faveur et ne leur donnait aucun » exercice, persuadé qu'il était de gagner beau» coup plus en les payant pour ne rien faire, qu'en » les mettant en état de ruiner ses affaires : car, en » fait de munitions, un commis ignorant est funeste » à ses maîtres (1). »

Le commissaire général des vivres ordonnait et régularisait toutes les consommations; ils étaient les guides et les surveillants de tous les employés (2).

Ce n'est que plus tard que les commissaires des guerres furent chargés du contrôle des vivres : avant, ils avaient seulement la conduite, la police et la discipline des troupes; ils rendaient compte de leur état au secrétaire d'État de la guerre, et étaient chargés de faire observer aux troupes les

(1) *Dict. mil.* de Lachenaye-Desbois, aux mots Commis, Munitionnaire, etc.

(2) Audoin, *Hist. de l'adm. de la guerre*, t. II, p. 48. — Ordonn. de 1557.

ordonnances, ordres et règlements faits par Sa Majesté et les rois ses prédécesseurs (3).

Tout ce personnel vivrier est contrôlé par l'intendant des armées, qui doit avoir une parfaite connaissance de tout ce qui regarde la subsistance des troupes. Lorsque l'armée s'assemble, l'intendant donne à celui qui commande les vivres un état de toutes les troupes qui doivent former l'armée, et cet état lui sert de règle pour augmenter sa fourniture à proportion de leur nombre, et pour le temps qu'elles arrivent au camp. Pendant le cours de la campagne, l'intendant ne doit point perdre de vue toutes les manœuvres des vivres, et il doit se faire rendre compte de l'état des travaux, de la bonté du pain, de son poids; et, quand il reçoit des plaintes à ce sujet, il choisit le plus habile et le plus honnête homme d'entre les commissaires des guerres qui servent sous ses ordres, et il lui donne commission d'aller prendre connaissance de ces désordres.

La mauvaise qualité du pain peut provenir de la corruption des farines ou de la négligence de l'ouvrier, ce qui est aisé à connaître. Si ce sont les farines, le pain sent mauvais, et l'on trouve dedans les *marrons* encore tout entiers, qui sont des grumeaux de farine pourrie. Les commis méritent puni-

(3) *Dict. mil.* de Lachenaye-Desbois, au mot Commiss. des guerres.

tion de donner de telles farines à leurs boulangers ; et en cela les entrepreneurs sont à plaindre de voir perdre de bonne marchandise, faute de soins, outre le chagrin qu'ils ont de faire crier les troupes. Si la faute est dans la fabrication du pain, ce qui arrive par la friponnerie de l'ouvrier ou par son ignorance, on approfondit l'une et l'autre, et l'on fait châtier les coupables.

L'intendant d'armée n'arrête que l'état du pain qu'on a fourni aux troupes qui ont agi en corps d'armée ; c'est ce qu'on appelle l'état de campagne. Outre cet état, il y en a encore d'autres que les intendants des provinces frontières arrêtent de même avec les états des garnisons. Ces premiers contiennent le pain qu'on a livré aux passages des régiments destinés pour former les corps d'armée, et les seconds renferment celui qui a été fourni, dans les places de leurs départements, aux troupes qui y sont entrées ou y sont restées pendant la campagne. Tous ces états s'arrêtent sur les revues des commissaires des guerres.

Quoique les intendants d'armée soient juges-nés des procès que les munitionnaires et leurs commis peuvent avoir ensemble, cependant le roi en son conseil a toujours coutume de leur en délivrer une commission particulière, lorsque Sa Majesté voit que la guerre pourra durer, afin qu'ils règlent les différends sur les lieux, non-seulement à l'égard des commis, mais aussi de toutes sortes de personnes qui auront eu quelque affaire au sujet des vivres, tant en demandant qu'en défendant.

Les intendants des armées furent créés sous Louis XIII, en 1635 : on les nommait auparavant commissaires du roi ; c'est la qualité qu'ils avaient anciennement sous Henri III, en 1577. Les officiers généraux et gouverneurs ne font rien que de concert avec l'intendant d'armée, qui, pour tout dire en peu de mots, veille à la police, au paiement des troupes, à la fourniture des vivres et des fourrages suivant les revues, au règlement des contributions, à l'établissement des sauvegardes des hôpitaux, et à l'exécution des ordonnances du roi (1).

Voici dans quel ordre marchaient les équipages en campagne : Quand les équipages sont en marche, vous voyez d'abord la chapelle, les aumôniers ; ensuite la manutention, les employés ; puis les chars de farine, les fours, les brigades de boulangers ; les approvisionnements de viande, la brigade des bouchers ; les services de subsistances, de vivres, de fourrages, avec les nombreux commis, écrivains, aides, agents ; les charrettes des généraux, les immenses bagages des officiers ; l'hôpital, la pharmacie avec les médecins, chirurgiens-majors, apothicaires-majors et autres (2).

---

(1) *Dict. mil.* de Lachenaye-Desbois, au mot Intendant.

(2) Monteil, *Hist. des Franç. des divers États,* t. IV, p. 59, 3e édit.

CHAPITRE V.

DES MARCHÉS ET DES RÉGIES.

« On ne voit, dans les récits ordinaires de guerre,
» que les armées formées et prêtes à entrer en
» action; on n'imagine pas ce qu'il en coûte d'ef-
» forts pour faire arriver à son poste l'homme
» armé, équipé, nourri, instruit, et enfin guéri,
» s'il a été blessé ou malade. Toutes ces difficultés
» s'accroissent à mesure qu'on change de climat
» ou qu'on s'éloigne du point de départ. La plupart
» des généraux et des gouvernements négligent
» cette espèce de soins, et leurs armées fondent
» à vue d'œil : ceux qui s'y appliquent avec con-
» stance et habileté, réussissent seuls à conserver
» leurs troupes nombreuses et bien disposées (1). »
Un des premiers soins pour atteindre ce but, est

(1) Thiers, *Hist. du Consul. et de l'Emp.*, t. VII, p. 328.

d'assurer la subsistance des hommes ; on y pourvoit par des marchés ou par des régies.

Les marchés sont des engagements passés avec un ou plusieurs individus qui, moyennant des prix arrêtés d'avance, se chargent de fournir tout ce qui est nécessaire à la subsistance d'une armée à l'intérieur ou en campagne.

La régie, au contraire, est une administration au compte de l'État, dont les chefs ordonnent, dirigent les opérations, et que des agents, leurs subordonnés, exécutent. Ils sont les uns et les autres employés du gouvernement : au lieu d'entreprendre à forfait, ils comptent de clerc à maître ; on leur tient compte de toutes leurs dépenses et on paie leurs services.

Mais, quel que soit le mode dont on assure la subsistance d'une armée, que l'État fasse le service par les soins de ses propres agents, ou qu'il traite à forfait avec un ou plusieurs entrepreneurs, il est à propos de remarquer que le service des subsistances se compose de deux éléments indivisibles, l'élément commercial ou industriel, et l'élément administratif : ce sont deux bases fondamentales qu'il est impossible de négliger, sous peine de fausser toutes les règles de la raison, de la pratique et de l'expérience. Peu importe, en effet, qui de l'État ou d'un munitionnaire sera à la tête de ce service : il faudra toujours s'appliquer à avoir, dans l'intérêt du trésor public et de l'armée, ou dans un intérêt privé, un personnel probe et d'une grande capacité; former des approvisionnements en temps opportun et au meilleur prix possible; mettre en œuvre les denrées emmagasinées et les livrer aux troupes, c'est ce que j'appelle l'élément commercial : la manière dont sera traité ce personnel exécutant; dont on justifiera des achats faits, de la manutention, des approvisionnements et de la distribution, voilà l'élément administratif. Ce seul énoncé suffit pour démontrer que l'élément commercial est le pivot, le point d'appui de tout le service des subsistances; l'élément administratif a sans doute son utilité relative, mais enfin il n'occupe ou ne doit occuper que le second plan.

Pour le moment, sans nous expliquer sur la préférence à donner au système des marchés ou des régies, disons qu'on les a mis en pratique tour à tour et dans des circonstances diverses. Je vais indiquer ici quelques-unes des époques où ces modes différents de service ont fonctionné, et de là ressortira dans quel cas et à quelles conditions on doit préférer ou la régie ou l'entreprise.

Le premier munitionnaire dont il soit fait mention, est Amaury, bourgeois de la ville de Niort, qui, sous Henri III, en 1574, se chargea de fournir les vivres et les fourrages nécessaires à l'armée réunie au camp de Lusignan (1). Mais si Amaury fut le premier munitionnaire dont le nom soit venu jusqu'à nous, il n'est certainement pas le premier qui ait assuré le service d'une armée; l'anecdote suivante le prouve :

Après les victoires que remporta dans le Piémont le maréchal de Brissac, sous Henri II, et qu'il dut autant à la confiance qu'il inspirait qu'au courage des troupes, le duc de Guise, mécontent, fit licencier toute l'armée. Les soldats, désolés, criaient : Où trouverons-nous du pain! Brissac leur répondit : Chez moi, mes enfants, tant qu'il y en aura. Les fournisseurs qui avaient fait le service ne furent pas payés; il les conduisit à la Cour : le duc de Guise, effrayé, promit de payer, amusa ces malheureux et ne les paya pas. Brissac, las de ces temporisations et se croyant solidaire dans un engagement dont il avait garanti l'exécution, les amena chez lui : sa femme avait préparé une somme pour le mariage de sa fille ; il appela sa femme et sa fille : « Voilà, dit-il, des malheureux que leur aveugle » confiance dans la parole de votre mari, de » votre père, a ruinés. Ma fille, ne pouvez-vous » pas vivre sans un mari ou avec un mari moins » riche ? Ces hommes vont périr de misère si je » les abandonne ; que voulez-vous que je fasse ? »

(1) *Dict. mil.* de Lachenaye-Desbois, au mot Munitionnaire.

Sa femme et sa fille étaient dignes de lui ; la somme est apportée, elle est donnée tout entière aux fournisseurs (1).

Les marchés pour entreprise étaient terminés par cette clause au XVe et au XVIe siècle : « Et il » sera donné aux pauvres la somme d'un vingtième » des sommes allouées, pour qu'ils bénissent » l'opération. » Formule qui fut remplacée au XVIIe siècle par celle-ci : « Ladite somme de mille » écus sera répartie entre nous, pour être donnée » aux pauvres, suivant nos intentions (2). »

Au XVIe siècle, l'administration ne se borne pas seulement, lorsque les munitionnaires contractent avec elle, à les obliger de fournir en quantité suffisante le pain, la viande, les vivres ; mais elle leur fait encore souscrire l'engagement d'établir dans les camps des marchés approvisionnés de fruits, d'épicerie, d'eau-de-vie, d'étoffes, de cuir, de linges, de mercerie, en sorte que, sans aller courir au loin, le soldat puisse facilement se procurer ces divers objets (3).

Sully, grand administrateur et plein de probité, préférait la régie aux services des munitionnaires. Les essais déjà faits du régime de la régie lui permirent de s'entourer d'hommes assez forts pour le

(1) Audoin, *Hist. de l'adm. de la guerre*, t. II, p. 45.
(2) Audoin, *Hist. de l'adm. de la guerre*, t. II, p. 54.
(3) Monteil, *Hist. des Franç. des divers États*, t. III, p. 208.

seconder. Au siége d'Amiens, en 1597, les soldats, charmés de la prévoyance qui avait pourvu à tout et qui les empêchait de s'apercevoir des peines de leur état, appelèrent ce siége, le siége de *velours*. A la vérité, le roi et son ministre veillaient eux-mêmes (1). Sully, cependant, avait les défauts de son temps : il ne tenait compte d'aucune prescription ; il revenait sur tout ce qui avait déjà été jugé, et il regardait comme redevable envers le trésor quiconque avait fait des transactions avec lui (2).

Richelieu, grand ministre à tant de titres, n'aimait pas les vivres et ne voulut pas y appliquer son esprit si pénétrant ; il trouvait ce service une matière si peu claire, qu'il le nommait *la magie blanche*, par opposition à l'artillerie, qu'il appelait la *magie noire* (3). La régie était suivie en ce temps-là, et on l'a continuée sous Louis XIV : seulement, sous ce règne, le service des armées fut donné à des munitionnaires ; nous avons cité Jacquier, qui pourvut, à la satisfaction de Turenne, aux besoins de son armée. Il n'en fut pas toujours ainsi : en 1709, année célèbre dans les calamités humaines, une gelée détruisit toute espérance de récolte, et quintupla la valeur des grains en magasin. Le

(1) Audoin, *Hist. de l'adm. de la guerre*, t. II, p. 59.
(2) Sismondi, *Hist. de France*, t. XXII, p. 102.
(3) Nodot, *Munit. franç.*, p. 572.

ministre n'avait pu faire aucune avance aux fournisseurs, et ils avaient refusé d'en faire aucune ; de telle sorte qu'aussitôt qu'il put trouver un peu d'argent, il fut forcé de payer 50# le sac de blé pesant deux cents livres, tandis qu'au moment de la signature du même marché, il ne s'était vendu que 7# 10ſ. Les transports, par la rigueur de l'hiver, devenant longs, difficiles, coûteux, l'on ne put entrer en campagne que très-tard. Jamais les fournisseurs ne gagnèrent autant que durant les désastres de l'État. Insolents, parce qu'on avait besoin d'eux; impunis, parce qu'ils étaient riches, ils s'abandonnèrent à tous les excès. On a souvent répété l'anecdote du maréchal de Villars, qui, mécontent des fournisseurs, les menaçait de les faire pendre: « Monsieur le maréchal, répondit » l'un d'eux, je suis bien aise de vous dire qu'on » ne pend point un homme qui peut donner cent » mille écus. » Il avait mérité d'être pendu cent fois, disait le maréchal; je ne sais comment cela se fit, mais le maraud ne fut pas pendu.

Tous les fournisseurs ne furent pas également coupables : il s'en présenta de dignes d'éloges. Le ministre avait avoué l'impossibilité de faire des approvisionnements dans l'intérieur de la France, dont les habitants se disputaient le peu de subsistances. Un munitionnaire général, sans attendre du gouvernement ni argent ni garantie, sans en demander même, se procura, par son seul crédit chez l'étranger, tous les grains qui furent consommés aux armées. Les fourrages ne pouvaient être achetés que dans les localités et au comptant, il emprunta plusieurs millions. En 1710, il avait amoncelé pour nourrir durant toute la campagne cent mille chevaux; il répéta la même opération en Espagne jusqu'à la paix de 1714 : et, pour prix de son dévouement, il termina sa carrière dans une détresse affreuse, sans que la Cour parût conserver aucun souvenir de ses services. Colbert l'eût demandé pour son coopérateur! Proclamons au moins son nom: ce dévoué négociant se nommait Fargès; il fut, durant quinze ans, le nourricier des armées françaises, et eut bien de la peine à conserver pour lui-même subsistance et repos (1).

On cite encore les frères Pâris, entrepreneurs dans les guerres de Flandres, qui méritèrent la reconnaissance publique: Voltaire était actionnaire dans cette entreprise.

Un de ces Pâris, Pâris du Verney, commença la fortune de Beaumarchais. Pâris était l'homme de confiance de Mme de Pompadour: le vieux maréchal de Noailles l'appelait avec mépris *le général des farines*; et le maréchal de Saxe dit un jour à Madame, que

(1) Audoin, *Hist. de l'adm. de la guerre*, t. II, p. 388. — *Nota*. La biographie Michaud conteste cette fin misérable du financier Fargès.

du Verney en savait plus que ce vieux maréchal. Désireux d'attacher son nom à une création utile, Pâris usa de son influence sur la maîtresse du roi, pour lui faire prendre sous sa protection l'idée d'une école militaire destinée à former de jeunes officiers. Le plan de du Verney souleva beaucoup de clameurs. Mme de Pompadour y mit de l'obstination, et, grâce à elle, l'école militaire fut fondée par un édit de janvier 1751 ; de sorte que nos jeunes sous-lieutenants, qui peut-être ne s'en doutent guère, doivent l'école qui a précédé et engendré l'école militaire actuelle, à l'association d'une belle dame et d'un financier (1).

Le système des régies a fait quelques progrès sous Turgot et sous l'influence de ses doctrines économiques : c'est alors qu'on mit en régie le service des fourrages ; fourniture facile, mais abondante en abus. Bientôt les embarras du trésor firent donner la préférence aux fournitures ; et, en 1789, on en était venu à accorder aux fournisseurs des passeports à l'aide desquels ils faisaient circuler dans toute la France leurs marchandises affranchies de toute taxe, de tout droit, de tout impôt, sur leur seule déclaration que ces marchandises étaient destinées pour les troupes. Il en résulta de nom-

(1) M. Louis de Loménie, *Beaumarchais, son temps, etc.* ; *R. des Deux Mondes*, p. 294, octobre 1852.

breux abus; mais le service se fit; et, dans de semblables calamités, un ministre marche au but sans qu'il lui soit toujours possible de s'enquérir si tous les rouages nécessaires à son mouvement sont parfaitement en harmonie (1).

Le régime de la régie et des entreprises pratiqué sous la République, ne donna que des résultats déplorables. M. Thiers, dans son *Histoire de la Révolution française*, signale le fait en ces termes: « Les administrations qui exigent une longue pra» tique et une application spéciale, sont ordinaire» ment celles où une révolution pénètre plus tard. » Ainsi, on n'avait opéré presque aucun chan» gement dans les états-majors, dans les corps » savants de l'armée, dans les anciennes régies » des vivres.... On adressait de justes reproches » aux fournisseurs qui, par disposition d'état et » surtout à la faveur de ce moment de désordres, » exigeaient dans tous les marchés des prix » exorbitants, donnaient les plus mauvaises mar» chandises aux troupes et volaient l'État avec » impudence. » L'entreprise fut substituée sans aucun avantage, en 1795, au système de régie. Sous le Directoire, en 1796, quelques lignes d'un message des directeurs au Corps législatif expliquent en partie la cause de la mauvaise exécution

(1) Audoin, *Hist. de l'adm. de la guerre*, t. IV, p. 330.

de ces services. « .... Les créanciers de l'État, y » est-il dit, les entrepreneurs qui chaque jour » contribuent à fournir aux besoins des armées, » n'arrachent que de faibles parcelles des sommes » qui leur sont dues; leur détresse écarte des » hommes qui pourraient faire les mêmes services » avec plus d'exactitude ou de moindres béné- » fices (1). »

En 1799, le général Bonaparte, indigné des désordres de l'administration, portait un regard sévère sur les moindres détails; vérifiait lui-même les gestions des compagnies des vivres, faisait poursuivre les administrateurs infidèles. Il leur reprochait surtout de manquer de courage, et d'abandonner l'armée les jours de péril. Il pardonnait volontiers à ses soldats et à ses généraux des jouissances qui n'étaient pas pour eux les délices de Capoue; mais il avait une haine implacable pour tous ceux qui s'enrichissaient aux dépens de l'armée, sans la servir de leurs exploits ou de leurs soins (2).

Pour bien comprendre ce qu'était le service des fournitures à la fin du siècle dernier et au commencement de celui-ci, il faut se rappeler qu'aucune maison en France n'aurait voulu souscrire un emprunt: elle aurait perdu tout crédit en avouant

(1), (2) Thiers, *Hist. de la Révol. franç.*, ch. 3 et 6.

qu'elle était liée d'affaires avec l'État; et, si des spéculateurs téméraires avaient consenti à faire un prêt, ils auraient tout au plus donné 50 francs d'une rente de cinq pour cent, ce qui aurait exposé le trésor à supporter l'énorme intérêt de dix pour cent. Il y avait alors une autre manière d'emprunter: c'était de s'endetter avec les grosses compagnies de fournisseurs, chargées de l'approvisionnement des armées, en s'acquittant inexactement de ce qu'on leur devait. Elles s'en dédommageaient en faisant payer les services deux et trois fois ce qu'ils valaient. Aussi, les spéculateurs hardis, qui aiment les grandes affaires, au lieu de s'attacher aux emprunts, se jetaient-ils avec avidité sur les fournitures. On aurait eu le moyen, par conséquent, en s'adressant à eux, de suppléer au crédit; mais ce moyen était encore beaucoup plus cher que les emprunts mêmes. Le premier Consul entendait payer les fournisseurs régulièrement, pour les obliger à exécuter régulièrement leurs services et à les exécuter à des prix raisonnables (1).

Un entrepreneur, M. Vanlerberghe, avait satisfait l'empereur pour avoir fait activement et honnêtement, dans toute l'Europe, le commerce des grains pour le service des armées françaises: mais cet entrepreneur s'étant trouvé mêlé à des opérations

(1) Thiers, *Hist. du Consul. et de l'Emp.*, t. IV, p. 379.

de banque, le ministre du trésor, M. de Marbois, fut obligé de lui accorder un secours de vingt millions, pour que le service ne manquât pas. Ceci se passait en octobre 1805, lorsque les armées françaises étaient constamment victorieuses. Les difficultés seront bien autres, quand des revers viendront s'ajouter aux embarras de la situation. J'ai eu dans les mains un rapport semestriel d'un commissaire des guerres à Limoges, sur les différents services administratifs de son arrondissement: ce rapport, qui remonte à 1812, fait connaître l'état de gêne de chacun d'eux; il est difficile de s'en faire une idée, si on n'a pas sous les yeux des documents authentiques, habitué que l'on est aujourd'hui à voir la régularité avec laquelle s'exécutent tous les services publics. Voici quelques extraits de ce rapport :

Du 1er juillet au 31 décembre 1812.

Hôpitaux. Limoges. Saint-Léonard. — Les médecins et chirurgiens servent avec exactitude : les boissons et aliments sont constamment bons. Les administrateurs désirent voir acquitter l'arriéré, qu'ils réclament sans cesse....

Vivres-pain. — Le service du garde-magasin est, malgré la plus rude pénurie, courant et habituellement bon : mais, depuis les premiers jours de novembre, le préposé M. Garnot, qui a donné sans cesse des marques de zèle, qui n'a pas craint jusqu'ici de faire des avances considérables et des sacrifices, est dans une gêne et une perplexité inexprimables, dont M. le commissaire ordonnateur, M. le conseiller d'État chargé de la subsistance des troupes et Son Excellence le ministre-directeur sont informés. Peu s'en est fallu qu'on ne fît fournir le pain aux militaires en station et en route par les habitants, par suite du manque de matières; mais M. le préfet du département a bien voulu, ainsi que M. le maire, prêter une somme de 3,400 francs, qui a été sur-le-champ convertie en matières, mais qui n'a pas encore été remboursée. On doit avouer que, s'il n'était pas fait d'approvisionnements, si l'Autorité ne fait pas passer de fonds très-promptement, il faudra invoquer le secours de M. le préfet, ou voir le service abandonné. — Limoges, 31 décembre 1812.— La signature du commissaire des guerres est illisible (1).

Au temps de la prospérité impériale, la difficulté des approvisionnements s'était fait sentir plus d'une fois. M. Thiers dit, à l'occasion de la campagne de 1807 : « Si Napoléon avait eu alors » assez de vivres et de moyens de transport pour » traîner après lui de quoi nourrir l'armée pen- » dant quelques jours, il eût immédiatement ter- » miné la guerre, ayant affaire à un ennemi assez » malavisé pour venir se jeter sur la droite de ses » quartiers. Aussi, toute la question consistait-elle, » à ses yeux, dans un approvisionnement qui lui » permît de refaire ses soldats épuisés par les » privations, et de les réunir quelques jours sans » être exposé à les voir mourir de faim, ou à

(1) Le *Livret d'emplacement* de 1812, p. 45, porte à la résidence de Limoges M. Camuzat de Mauroy, commissaire des guerres provisoire.

» laisser une moitié d'entre eux en arrière, comme » il lui était arrivé à Eylau (1). »

La paix, mettant enfin un terme à cette guerre à outrance, permit d'apporter quelque ordre dans les finances et de payer les services publics avec régularité. L'entreprise Doumerc, qui avait succédé en 1814 à la direction générale, cessa en 1817, après la mauvaise récolte de 1816 : c'est alors qu'on revint à une direction générale, qui dura de 1817 à 1824. Je passe sous silence les marchés souscrits, à tort ou à raison, en 1823 pour la campagne d'Espagne : disons seulement que ces marchés furent la cause ou le prétexte de la suppression de la direction générale des vivres. C'est ainsi qu'on agit généralement en France: quelque chose cloche-t-il? et l'on sait qu'il n'y a rien de parfait ici-bas! on ne se mettra pas en peine de l'améliorer, parce que pour cela il faudrait de l'étude, de l'application, de l'esprit de suite; on aime bien mieux faire ce qui est au pouvoir du premier venu, qui n'a besoin ni de pratique, ni d'expérience: on supprime! Après la direction générale, ce fut une division du ministère de la guerre qui eut la charge de pourvoir à la subsistance de l'armée; mais une division, c'est bien coûteux! on supprima la division : un simple

(1) *Hist. du Consul. et de l'Emp.*, t. VIII, p. 411.

chef de bureau fut trouvé en état de pourvoir à tout. Je ferai voir dans les chapitres suivants les conséquences désastreuses de cette manière de procéder; pour le moment, je vais citer une lettre de Napoléon appréciant le régime des entreprises et des régies.

Au ministre Dejean, directeur de l'administration de la guerre.

Tolosa, 5 novembre 1808.

..... Aucun de mes ordres n'a été exécuté, parce que l'ordonnateur n'est pas sûr, et qu'on ne traite qu'avec des fripons. Il faut envoyer à Bayonne un ordonnateur au-dessus du soupçon. Je ne veux point de marchés. Vous savez que les marchés ne produisent que des friponneries..... Partez bien du principe qu'on ne fait des marchés que pour voler; que, quand on paie, il n'y a pas besoin de marchés, et que le système de la régie est toujours le meilleur (1).

C'est cette pensée que développe M. Audoin, ancien secrétaire général du ministère de la guerre, quand il dit:

..... En payant très-cher de bons employés, on diminue les dépenses. Dire que cette économie devient la proie des fournisseurs, et ne profite point à l'État, qui paie toujours ce qu'il s'est engagé à payer, c'est avancer une proposition fausse; car l'intérêt de l'État, quand il a le malheur de recourir aux fournisseurs, est d'assurer le succès de ces fournisseurs. Si ceux-ci ne gagnent pas, il faut ou les suppléer dans leur service, ou leur accorder des dédommage-

(1) Thiers, *Hist. du Consul. et de l'Emp.*, t. IX, p. 370.

ments : le premier moyen est ruineux, le second est indispensable; car si on le refuse, l'exemple de la ruine de celui qui a traité repousse loin du gouvernement tous ceux qui auraient eu le désir de traiter, et le prive du seul expédient que sa misère lui laisse. La ruine du fournisseur n'est pas seulement une calamité, considérée dans son influence sur les opérations du gouvernement ; elle en est une non moins grande, considérée dans ses rapports avec le commerce et l'agriculture, où elle porte le désordre et le bouleversement. Le système des entreprises, que quelques êtres insouciants croient le plus favorable à la paresse des ministres, est donc celui qui exige de leur part des connaissances plus étendues et une plus active surveillance. Avec des agences, un ministre, achetant au comptant, peut léser le trésor public ; mais le commerce, n'éprouvant par cette faute ni gêne, ni embarras, fait refluer les capitaux, accélère leur mouvement, alimente l'agriculture, garantit les transactions, et met tout un peuple en état de supporter sans effort les charges publiques. La question de l'avantage des agences sur les entreprises sera facilement résolue dans tous les États où les revenus et les dépenses seront en balance. Toutes les fois qu'un gouvernement pourra payer ce qu'il achète, il s'affranchira de l'humiliante assistance d'un tiers qui s'interpose entre le vendeur et lui, dévore les bénéfices, multiplie les chances et rend tout incertain et dangereux..... Les avantages politiques de ce mode sont de garder le secret des opérations, de conserver à l'État les bénéfices qui seraient faits par les fournisseurs, et de ne pas se dessaisir de l'influence que donne une grande entreprise (1).

---

(1) Audoin, *Hist. de l'adm. de la guerre*, t. II, pp. 59 et 227.

Opposons à cette critique du régime des entreprises, l'éloge qu'en fait un intendant militaire, M. Vauchelle, dans son *Cours d'administration*. Il faut cependant remarquer, pour être juste, que M. Vauchelle ne paraît avoir en vue que l'entreprise des fourrages, et encore des entreprises morcelées par département ou par place; M. Audoin, au contraire, ne voit qu'un entrepreneur général, soit à l'intérieur, soit à l'armée: l'entrepreneur de M. Vauchelle ne peut fonctionner qu'en temps de paix et à l'intérieur. Cette distinction établie, voici comment s'exprime M. Vauchelle :

Un entrepreneur, affranchi des entraves administratives, attentif à toutes les circonstances qui affectent le prix des choses, et prompt à saisir celles qui peuvent lui être favorables, ayant l'argent à la main, et procédant par les voies simples, économiques et promptes du commerce; un entrepreneur, disons-nous, aura toujours, incontestablement toujours, le pouvoir de procurer les mêmes choses à bien meilleur compte qu'aucune administration publique, quels que soient d'ailleurs l'habileté et le zèle de ses agents. Sans cesse préoccupée du soin de sa responsabilité, et par là même irrésolue; gênée et ralentie dans tous ses mouvements par les règles et les formes, sans unité de vues et sans force toujours prête pour l'exécution, cette administration ne sera jamais assurée de saisir à temps les occasions favorables, ni de pouvoir se prémunir ou se défendre contre les mauvaises chances. Il y a dans l'intérêt privé un instinct d'économie et de gain que l'intérêt public ne possède ni n'inspire (1).

(1) Vauchelle, *Cours d'adm. milit.*, t. III, p. 61.

8

Quelques-unes des raisons alléguées par M. Audoin pour combattre les entreprises, ne sont plus admises aujourd'hui en économie politique: l'assistance d'un tiers qui s'interpose entre l'État et le vendeur, n'est pas considérée comme humiliante; l'État, aujourd'hui, est heureux de voir les capitalistes mettre à sa disposition leurs trésors et leur crédit, c'est un signe de prospérité; et, pour la France, ce fait ne date pas de bien loin. Nous avons dit précédemment qu'en 1804, par exemple, aucun banquier n'aurait osé avouer un emprunt souscrit au profit de l'État; là vraiment était l'humiliation: or, qu'il s'agisse d'emprunt, de travaux publics ou de fournitures, on regardera toujours favorablement l'empressement des capitalistes à venir seconder les vues ou les besoins du gouvernement. Mais M. Audoin a mille fois raison quand il démontre qu'un entrepreneur général qui suspend ses paiements, soit pour fausses opérations, soit parce que l'État ne remplit pas ses engagements, occasionne dans le commerce et dans l'agriculture désordre et ruine. Ces faits se sont vérifiés de son temps, et M. Audoin les a présents à la mémoire: c'est en quelque sorte le côté moral et politique de l'entreprise.

M. Vauchelle voit dans l'entreprise la facilité de réunir des approvisionnements par des voies simples et économiques; en principe, cette assertion est contestable; mais il a raison du moment qu'il suppose une *administration irrésolue, sans unité de vues, et sans force toujours prête pour l'exécution.* C'est là, en effet, le portrait d'après nature de l'administration à bien des époques; mais il n'est pas impossible qu'elle soit autrement constituée. Si une administration est préoccupée de sa responsabilité, un entrepreneur n'est-il pas inquiet sur le succès qu'il attend de telle ou telle de ses opérations? N'hésite-t-il pas aussi quelquefois? et n'échoue-t-il pas souvent! L'instinct de gain et d'économie qui l'anime, n'est-il pas plutôt à craindre qu'à encourager, dans l'intérêt de la partie prenante, c'est-à-dire de l'armée?

Pour résumer ces deux opinions contraires, nous dirons que toute régie est impossible avec un gouvernement qui ne fera pas les fonds nécessaires; et l'entreprise, à ces conditions, ne sera encore qu'un expédient. L'entreprise peut prospérer aussi avec une administration faible et peu capable; si, au contraire, cette administration repose sur une base large, forte et bien entendue, la régie offrira des avantages matériels et moraux qu'on ne peut pas attendre d'une entreprise: enfin, il faut remarquer que l'entreprise, comme l'entend M. Vauchelle, n'est pas possible en temps de guerre. Or, il y a, à mon avis, un moyen infaillible de vérifier si une mesure est bonne en administration militaire, c'est de se demander : Est-elle praticable en campagne ? Cette question est la pierre de touche indispensable de tout règlement ou organisation militaire ; c'est là qu'il faut ramener toute proposition de ce genre, j'aurai plus d'une fois l'occasion d'en faire l'application dans le cours de ce travail.

CHAPITRE VI.

LA TROUPE SE FOURNISSANT CHEZ LE BOULANGER CIVIL.

En 1850, M. le général d'Hautpoul, ministre de la guerre, mit à exécution un projet que j'avais entendu signaler souvent comme une amélioration praticable; il voulut que la troupe achetât son pain chez un boulanger civil à son choix. De là, réduction possible dans les dépenses et dans la comptabilité. Cette mesure avait quelque chose de séduisant; on se disait : Le soldat achète en ville sa viande et le pain qui entre dans sa soupe, sans le concours du personnel des subsistances militaires; pourquoi n'achèterait-il pas également le pain qu'il mange, et qu'on appela à cette occasion *pain de table*, pour le distinguer du *pain de soupe*? Mais le problème est plus compliqué qu'il n'en a l'air, et sa solution moins facile qu'on ne le suppose.

D'abord, la similitude qu'on veut établir entre la viande et le pain du soldat est fausse en plusieurs points: la viande se présente à l'acquéreur dans son état naturel; il est assez facile d'en apprécier la nature et la qualité. Le pain est un composé, et on ne peut pas sans peine connaître les parties qui le constituent; de là des sources d'abus pour le pain, qu'il est plus aisé d'éviter quand il s'agit de la viande: le pain ou le biscuit est la base de l'alimentation du soldat, surtout en campagne; que ce service soit bien fait, le soldat est coulant pour le reste. Il suffit d'ailleurs qu'une troupe soit dans une ville populeuse, pour trouver facilement la viande dont elle a besoin; le boucher qui abat un bœuf pour donner à un consommateur riche un morceau de choix, assure forcément par ce fait la part du soldat; il n'en est pas de même du pain: on fait du pain de luxe, sans être obligé d'en fabriquer d'une qualité moindre; il suffit d'acheter des farines d'un choix plus ou moins supérieur. Quant au pain de soupe, la proportion achetée par la troupe varie avec la taxe: si elle s'élève, on en achète moins; si elle baisse, la quantité s'augmente: on prend aussi en considération le prix des autres aliments dont se nourrit le soldat.

Ce n'est pas tout: la ration de pain de munition est à un prix plus bas que le pain généralement consommé dans les villes; pour que la troupe puisse acheter son pain chez le boulanger, il faudra ou augmenter le prix de la ration, c'est-à-dire les dépenses du budget, ou traiter à l'avance avec des boulangers, pour qu'ils confectionnent un pain spécial d'un prix moindre. Les charges de l'État sont assez lourdes, on ne peut pas songer à les aggraver; on sera donc forcé ou de réduire le poids de la ration du pain, ou de s'entendre avec des boulangers pour avoir un pain d'un prix et d'une qualité inférieurs. Les deux modes ont été mis en pratique. Les boulangers qui traitaient avec les régiments, mêlaient aux farines de froment des farines de seigle dans une certaine proportion, ou ils achetaient des farines dites du commerce d'une qualité inférieure : quand on réduisait le poids de la ration, qui est de 750 grammes, en la portant à 500 ou 600 grammes seulement, on achetait du pain d'une qualité supérieure, et au taux de la taxe; ou bien l'économie faite sur le prix du pain permettait d'augmenter la ration de viande.

Ce régime nouveau avait quelque analogie avec ce qui fut tenté, et sans succès, en 1788. Voici ce qu'on lit dans l'*Annuaire militaire* de cette date :

Des essais réitérés ayant produit des résultats d'une grande économie et des aperçus encore plus avantageux pour l'avenir, Sa Majesté s'est déterminée à charger en temps de paix ses régiments de la manutention de leur pain et même en partie de l'administration des achats; mais, pour ne rien mettre au hasard dans une partie aussi importante, elle a réglé que les 253 mille sacs qui sont actuellement dans ses magasins, seront portés jusqu'à 400 mille, pour assurer ainsi la subsistance des troupes pendant quinze mois et avoir les premiers moyens de faire la guerre. L'inspection de ses magasins, la livraison des matières, quand elle sera jugée nécessaire, soit que les grains s'élèvent à un prix trop onéreux aux masses de boulangerie des régiments, soit qu'il soit indispensable de les renouveler, tous les détails relatifs à cette partie et à celle des fourrages, est confiée à une commission appelée *directoire des subsistances,* et composée de six membres des anciennes compagnies, d'un commissaire ordonnateur, et de deux officiers généraux membres du conseil. Ce *directoire* s'occupera aussi de la formation d'un fonds d'équipage des vivres, que Sa Majesté veut toujours avoir en réserve, et pour lequel elle destine un fonds particulier; et, afin d'améliorer une machine tout organisée et qui puisse être chargée du service en guerre, elle a conservé un certain nombre d'inspecteurs, de sous-inspecteurs et de préposés qui pourront en guerre devenir les principaux agents de ce service.

Les mêmes vues d'économie déterminent Sa Majesté à supprimer la régie des fourrages, et à confier cette fourniture à ses troupes, sous l'inspection immédiate des officiers généraux divisionnaires et des commissaires des guerres, et sous la surveillance du *directoire des subsistances.* Sa Majesté a déterminé, par un règlement du 1er avril, la manière dont l'administration des vivres et des fourrages devra être régie par ses régiments (1).

(1) *Annuaire milit.* de 1788, p. 452. — Ordonn. du 17 mars 1788 portant règlement sur l'adm. générale de l'armée.

La création du général d'Hautpoul était plus simple que celle de 1788, puisqu'on s'adressait directement aux boulangers civils pour avoir du pain; comme en 1788, le ministre conservait un noyau du personnel des subsistances, en cas de guerre: mais pour que le système de 1850 eût chance de durée, il eût fallu qu'avec le prix de la ration de pain de munition le soldat pût acheter chez un boulanger un poids équivalent de pain blanc; il y eût eu là, à un certain point de vue, avantage pour la troupe, qui aurait consommé du pain blanc, au lieu de pain de munition. Il y avait aussi sécurité pour la qualité; car, achetant le même pain que la population, le contrôle de la police municipale s'exerçait tout naturellement sur le pain du soldat : contrôle qui perdait toute son efficacité, du moment qu'il fallait traiter pour un pain spécial à prix réduit. Dans ces dernières conditions, la mesure n'était plus bonne pour la troupe; car elle se trouvait à la merci d'un boulanger, qui, selon qu'il serait ou ne serait pas honnête, pouvait frauder le pain presque impunément. Cependant, sous l'impulsion du ministre qui l'avait inauguré, ce régime fut expérimenté avec beaucoup de zèle et d'intelligence par les chefs de corps et par les commandants de compagnie.

Quelques vices de détail, inévitables d'ailleurs, se révélèrent. Pour un détachement en route, commandé par un sous-officier, par exemple, lorsque le pain était fourni en nature par les soins de l'administration, le soldat se montrait difficile et exigeant sur la qualité du pain qu'on lui donnait; avec le système nouveau, il recevait la valeur de son pain en argent, et il économisait sur le prix pour acheter un supplément de tabac, d'eau-de-vie, etc.: peu lui importait qu'au bout de dix ou vingt étapes de ce régime, il entrât à l'hôpital, il savait qu'il y serait bien reçu; c'était même, pour le mauvais soldat, un moyen d'être dispensé de service pendant un certain temps. Et, soit dit en passant, les hommes qui ont préconisé la vie en commun du militaire, comme un exemple d'économie et un modèle à suivre, n'ont pas vu le désordre dû à l'absence de la responsabilité individuelle qui cesse de peser sur l'homme vivant en communauté et aux dépens de la société.

Une autre mesure du général d'Hautpoul indisposa quelques militaires; c'était celle qui exigeait que le pain du soldat fût mis en commun, au lieu d'être réparti par portion égale entre chacun d'eux, comme cela se faisait depuis longtemps. Le soldat recevant un pain de munition pesant 1,500 grammes pour deux jours, en disposait à son gré: ainsi, les ouvriers des régiments, qui sont payés à ce titre, et qui ont plus d'argent à leur disposition que le simple soldat, vendaient ordinairement leur pain pour avoir du pain blanc, en payant la différence de leur poche; quelques sous-officiers, les enfants de troupe, en faisaient autant; le soldat malade à la chambre, se procurait par ce moyen quelques douceurs. Avec le pain en commun, ces échanges n'étaient plus possibles : les gros appétits étaient satisfaits aux dépens des petits. C'est, au fond, ce qui se passe dans la maison du père de famille; mais la vie en commun du soldat n'a que les dehors de la vie de famille : en fait, chacun veut avoir sa part en propre, suivant les allocations réglementaires, et il ne prétend la céder que quand il veut et à qui il veut. On ne manqua pas de voir dans la prescription ministérielle une pensée socialiste, et on faisait tout bas un reproche sérieux au ministre de sacrifier ainsi aux idées nouvelles et funestes de l'époque. Ce reproche était mal fondé, et prouve seulement notre manque de mémoire : l'innovation prétendue du ministre était renouvelée d'un règlement provisoire du 1er avril 1788, portant en propres termes : « Le pain sera *consommé en commun* » dans les chambrées; cependant, le soldat qui » sera dispensé de vivre à l'ordinaire, aura son » pain (1). » Du reste, cette application nouvelle d'une ancienne mesure n'était pas heureuse au

(1) *Annuaire mil.* de 1788, p. 453.

fond ; car elle était impraticable en campagne. Là les distributions ne sont pas toujours régulièrement faites, quelque soin qu'on y donne; il est alors utile, indispensable, de distribuer à chaque homme la part qui lui revient : un soldat prévoyant et expérimenté économisera, sur sa ration de pain ou de biscuit, une petite part destinée à suppléer à une distribution absente; avec le pain en commun, personne ne voudra se priver, ou l'économie faite sera gaspillée et perdue.

Mais une objection plus grave a été faite contre ce système, c'est qu'il menaçait de porter atteinte à la discipline. Quand il s'agissait de réduire le poids de la ration de pain pour avoir du pain d'une qualité supérieure, ou une ration de viande plus forte, les commandants de compagnie consultaient les soldats ; ne pouvant pas être unanimes sur les changements à adopter, il s'ensuivait qu'on mécontentait les uns en contentant les autres : cette diversité de régime, au lieu d'être un avantage, était un inconvénient ; de plus, l'intervention des chefs de corps dans les traités avec les fournisseurs pouvait avoir de graves dangers à un jour donné. C'est ce qui résulte d'une enquête fort bien faite par le successeur de M. le général d'Hautpoul au ministère de la guerre. Dans le rapport de la haute commission nommée à la fin de 1850 pour étudier la question des subsistances militaires, on trouve l'opinion émise à ce sujet par les généraux et par les chefs de corps : la plupart condamnent le nouveau système, et demandent le rétablissement des manutentions. Voici ce que dit un colonel : « ..... S'il » est dans la nature du soldat de se croire volé, » il vaut mieux que ses soupçons tombent sur » des étrangers que sur leurs officiers : les con» séquences en seraient funestes..... » Un général parle dans le même sens : « ..... Les plaintes du » soldat ne s'adresseraient plus, comme autrefois, » à un agent inconnu..... Des plaintes à d'injustes » soupçons, il n'y a malheureusement pas loin; » et je ne crains pas d'avancer qu'il se présente » là un élément destructeur de la discipline. » Enfin, l'avis du comité de fortifications est : « qu'il » ne pense pas qu'il dût se commettre moins » d'abus, si l'on chargeait l'industrie privée de la » fourniture du pain de munition; bien au con» traire, car, s'il peut arriver qu'un agent comptable » fasse des bénéfices illicites sur les fournitures, » on ne peut pas supposer que l'entrepreneur ait » plus de moralité, et qu'il sera plus retenu par » la crainte d'amendes et de pertes sur son » cautionnement, que ne peut l'être l'agent de » l'administration par celle de voir laisser à son » compte les fournées de pain mauvais ; et d'être » en outre déplacé ou même réformé.... Il semble

» donc, qu'au point de vue de la qualité du pain,
» la fourniture doit encore rester entre les mains
» de l'administration militaire (1). »

Ce mode d'assurer la subsistance de l'armée, essayé dans une année très-favorable à son succès, puisque le blé était abondant et à bas prix, n'a pas pu se soutenir après la chute du ministre qui avait voulu le mettre en pratique; il n'était pas moins coûteux que le régime précédent; il ne donnait pas une satisfaction plus grande aux besoins du soldat; il faisait peser sur les chefs de corps une responsabilité immense et nuisible à la discipline; enfin, n'étant pas applicable en campagne, il aurait fallu créer à l'improviste, quoi qu'on ait dit, une administration novice, ne pouvant que mal seconder un général en chef dans ses opérations militaires, ce qui conduisait inévitablement, au moment décisif, au régime de l'entreprise.

(1) *Rapport de la haute Commiss. des subs. mil.*, pp. 25, 47, et aux notes p. 47.

CHAPITRE VII.

ADMINISTRATION CENTRALE DU MINISTÈRE DE LA GUERRE.

Dans les premiers chapitres de ce travail, nous avons assisté en quelque sorte à la naissance du service des subsistances militaires. Cyrus encourage des marchands, et fait au besoin des avances de fonds à ceux qui voudront porter des provisions à la suite de l'armée ; de là à un traité avec un fournisseur, il n'y a pas loin : en attendant, chacun était dans la nécessité de pourvoir à ses propres besoins.

A Rome, les questeurs, les préfets de l'*annone*, sont chargés de veiller aux approvisionnements fournis par les provinces sous diverses formes.

En France, on approvisionne l'armée par des réquisitions, quand les troupes n'étaient pas nourries par les soins des capitaines qui les tenaient à leur solde. Une ordonnance de 1470, œuvre de Louis XI, créa la première administration des vivres; Henri II étendit et améliora ce service, en supprimant les réquisitions. Plus tard, Sully; Le Tellier, qui créa les équipages des vivres; Louvois, son fils, donnèrent un soin particulier aux subsistances militaires : les surintendants des vivres, d'après l'édit de 1627, étaient spécialement chargés de tout ce qui avait rapport à la distribution des vivres, étapes, fournitures à faire aux troupes de toutes armes dans les camps, villes, villages et routes. Sous l'Empire et sous la Restauration, une direction générale centralisait et dirigeait les subsistances : à la suppression de la direction générale en 1823, ce service fut réuni aux autres services dépendants du ministère de la guerre. Mais le ministre ne peut pas s'occuper exclusivement de cette question, y apportât-il toute l'aptitude nécessaire : si encore il y avait auprès de lui des hommes spéciaux, comme il en existe pour l'artillerie, pour le génie, pour le service de santé, le ministre qui aurait à cœur d'organiser les subsistances militaires, trouverait là des éléments précieux pour exécuter ses projets. L'Empereur, qui a tout renouvelé en France, n'a pas fait autrement; quand il avait tracé le plan d'une création, il s'adressait aux hommes pratiques et tenait grand compte de leurs observations.

Un ministre de la guerre, le mieux intentionné du monde, dans l'état actuel des choses, pourra difficilement bien faire, parce qu'il n'aura personne du métier pour seconder ses vues. Que voyons-nous en effet? Un général ou un intendant militaire, sous le nom de directeur de l'administration, est chargé à la fois des services des subsistances, des hôpitaux, de l'habillement, des convois, de la solde, que sais-je encore! Ce fardeau est si lourd, qu'un directeur ne peut pas employer une heure à l'étude de l'affaire la plus considérable : le reste de son temps se passe à donner des audiences et à signer des ordres qu'il n'a pas le loisir de lire; en réalité, c'est sur le chef de bureau et sur des commis en sous-ordre, que repose la direction du service des subsistances. Si, par hasard, ce chef du bureau a été un moment employé d'un entrepreneur du service des Invalides, et il n'en est pas plus praticien pour cela; si c'est un intendant militaire en retraite, — au grand scandale de plusieurs de ses collègues qui trouvaient qu'il dérogeait en acceptant des fonctions aussi humbles; — en général, ce chef de bureau aura fait son chemin dans l'administration centrale, en passant tour à tour de grade en grade, du bureau des hôpitaux, par exemple, à celui de la gendarmerie ou de la solde, jusqu'au jour où il sera nommé chef du bureau des subsistances, c'est-à-dire un homme nouveau, se faisant une idée du service, non d'après les faits vus, étudiés, approfondis sur les lieux, mais sur une image créée par sa fantaisie et sur ce qu'il recueillera à droite et à gauche d'hommes plus ou moins spéciaux; de tout cela il composera un à peu près, dont il se servira tant bien que mal pour dépenser les soixante-sept millions annuels jugés nécessaires au service de l'armée : oui, c'est à ce chiffre de soixante-sept millions que s'élève le budget de 1849, pour les vivres, les fourrages et le chauffage! Peut-on comprendre qu'une somme aussi considérable soit à la discrétion d'un homme qui n'a jamais pratiqué les subsistances militaires; quand il faudrait non pas un homme, mais le cours de plusieurs hommes ayant été toute leur vie dans ce service, pour faire un emploi intelligent d'un pareil capital! L'importance des subsistances militaires depuis Henri IV, Louis XIV et Napoléon, n'est-elle plus la même? La science, qui a fait tant de progrès, a-t-elle remédié à l'inconstance des récoltes? a-t-elle rendu superflu ou plus facile l'art des approvisionnements? a-t-elle trouvé le moyen de pourvoir sans peine aux besoins d'une armée? L'État est-il assez riche pour que l'économie dans les dépenses soit chose à dédaigner?

Non, mille fois non ! L'importance de ce service n'a fait que grandir avec une civilisation plus avancée et plus raffinée, qui a habitué les hommes à une vie moins rude et plus recherchée ! Et qu'on ne dise pas qu'il y a l'intendance militaire qui partage, avec le bureau du ministère, la responsabilité de l'emploi des fonds : il n'en est rien ; les pouvoirs de l'intendance à l'intérieur sont tellement limités, qu'il n'y a pas un de ses membres qui osât autoriser une dépense extraordinaire de cinq francs avant d'avoir pris les ordres du ministre. D'autres bureaux du ministère de la guerre disposent sans doute de sommes considérables, le bureau de la solde, par exemple ; mais ici tout est prévu, réglé par des tarifs et par des règlements : pour les subsistances, au contraire, rien ne peut être arrêté d'avance, tout est subordonné aux circonstances et aux saisons ; de là nécessité d'avoir des hommes spéciaux, habiles, à la tête de ce service, sous peine de voir les trésors de l'État follement dissipés par l'ignorance et par la présomption.

Le passage de M. le comte d'Hautpoul au ministère de la guerre offre un exemple bon à citer de ce qu'on peut attendre des bureaux tels qu'ils sont constitués. Le général s'est beaucoup occupé de subsistances militaires ; il l'a dit à la tribune, et je le crois : nommé ministre, avait-il un plan préparé d'avance qui devait prévaloir quand même ?

Je l'ignore; ce qu'il y a de certain, c'est qu'avant de faire aucun changement, il voulut qu'un rapport consciencieux lui fût fait sur cette question, et à cet effet il créa une commission, composée :

Du directeur de l'administration,

Du directeur de la comptabilité générale,

Du chef du bureau des hôpitaux,

Du chef du bureau de l'habillement,

Du chef du bureau du personnel administratif,

Et du chef du bureau des subsistances.

Ce dernier était rapporteur, et devait peser d'un grand poids dans la balance, puisque seul, ou à peu près, il avait la spécialité des subsistances. C'est une chose assez étrange en soi que, pour faire un rapport sur une question technique, on forme une commission dont la majorité des membres est plus ou moins étrangère au sujet à traiter : qu'attendre, en effet, comme application pratique, des chefs du bureau des hôpitaux et de l'habillement? C'était, de plus, demander beaucoup en pensant que le rapporteur pourrait trouver à reprendre à ce qui s'était fait depuis quelques années; car c'était en quelque sorte son propre ouvrage qu'il fallait ou critiquer ou louer : ce dernier parti était plus naturel, et il a été suivi. Aussi faut-il lire ce rapport du 8 décembre 1849, qui n'a été imprimé qu'en 1850, le général d'Hautpoul n'étant plus ministre. On peut le diviser en deux parties : j'appellerai l'une historique ; l'autre, celle des chiffres. La première partie ne brille pas précisément par la modestie, mais elle était peut-être hors de saison ici : il fallait se faire connaître à un ministre nouveau qui paraissait mettre en doute le savoir-faire de l'administration, et voici ce qu'on lui dit ; j'abrége seulement :

Pages 17 et 18..... Après la révolution de Février..., la manutention de Paris, miraculeusement sauvée, a fait face à toutes les demandes : en juin 1848..., l'administration nourrit l'armée et les gardes nationaux qui accoururent de toutes les parties de la France... En juillet 1830, il en avait été tout autrement ; les vivres manquèrent à la faible garnison de Paris. En 1848, l'armée des Alpes, à peine formée, reçoit un approvisionnement de vivres et de fourrages qui lui permet de franchir la frontière, si elle doit entrer en campagne. L'armée d'Algérie est approvisionnée subitement pour dix-huit mois. Plus tard, l'expédition de Rome est ordonnée, et, dans les dix jours de l'ordre ministériel, les magasins militaires de Marseille et d'Alger versent sur Civita-Vecchia tout ce que réclame la nourriture des hommes et des chevaux... Ces résultats parlent par eux-mêmes, surtout si on les rapproche des circonstances dont il est impossible de ne pas conserver la mémoire. En 1823..., les marchés Ouvrard... En 1830, plusieurs mois de préparatifs avaient été nécessaires pour réunir les approvisionnements de subsistances de l'armée d'Afrique, et il avait fallu recourir à l'intervention d'un riche banquier de Paris, qui, agissant comme commissionnaire acheteur dans cette opération importante, y a trouvé des avantages considérables pour sa maison.

Voilà un éloge en règle, en style du jour : à la vérité près, il n'y manque rien ; car je ne peux pas appeler vérité l'exagération des faits ou leur représentation sous un jour tellement faux qu'ils ne sont plus reconnaissables. En quoi consiste cet approvisionnement de l'armée des Alpes pour franchir la frontière, et celui *subitement* trouvé pour l'Algérie? à quels prix ont-ils été obtenus? Voilà ce qu'on ne dit pas. Je raconterai dans la suite de ce travail ce que j'en sais; ce qu'il y a de positif, quant à l'armement d'ustensiles de boulangerie indispensable pour qu'un personnel vivrier puisse fonctionner utilement et à propos, c'est qu'on n'y avait pas même songé; il n'y avait rien de prêt à ce sujet. Pour l'approvisionnement de l'expédition de Rome, on le prend à Marseille et sur les réserves de l'armée d'Afrique; y a-t-il rien là d'extraordinaire? Le rapprochement de ce qui s'est passé sous la Restauration en 1823 pour la campagne d'Espagne, et en 1830 pour la conquête d'Alger, n'est pas plus juste ni plus exact. Il est facile de parler après coup de la campagne de 1823; mais ceux qui savaient ce qu'avait été la guerre de 1808 et de 1809, étaient fondés à prendre leurs précautions pour une expédition qui a été en grand ce qu'a été en petit celle de Rome dans ces dernières années : vienne une guerre comme pouvait le devenir celle d'Espagne, et nous verrons ce que fera l'administration actuelle! Ne reprochons pas à la Restauration d'avoir été quelques mois à préparer l'expédition d'Alger; que ne sommes-nous en ce temps, où nous jouissions d'une profonde paix! où une armée de moins de deux cent mille hommes suffisait à la France! Plus tard, cette armée s'est élevée à trois cent, puis à quatre cent mille hommes : les munitions de toutes sortes se sont accrues en proportion dans les magasins militaires, et on a pu y puiser largement pour assurer en 1848 ou 1849 telle ou telle expédition, sans grande peine pour l'administration; mais le trésor et la dette publique savent ce qu'il nous en coûte, sans que nous soyons, je crois, plus heureux pour cela! La manutention militaire de Paris a cessé de fonctionner en 1848, faute d'armée à nourrir; en juillet 1830, elle a été envahie par l'émeute, et son travail a été suspendu pendant vingt-quatre heures; j'y étais : la garnison s'est procuré du pain et d'autres aliments chez les marchands civils; ce fait s'est renouvelé en 1848, les comptes des comptables en font foi : voilà la vérité. C'est, à coup sûr, manquer de tact et d'habileté que de critiquer l'administration de M. Boinod, ancien ordonnateur en chef de l'Empire, homme d'une vertu antique, et qui, à la tête de la manutention de Paris, a laissé les traces les plus honorables à suivre, soit pour la loyauté comme comptable, soit pour la simplicité et la clarté de ses comptes : avec trois commis et un commissionnaire acheteur, il a fait face à tous les besoins du service, avant comme après 1830. Qu'on mette en regard la masse de paperasses que l'on noircit aujourd'hui quai de Billy, et son état-major d'employés !

Comme étude de mœurs administratives, la lecture de ce rapport du 8 décembre est fort intéressante ; elle témoigne combien il est difficile à un ministre de connaître la vérité, quand, par un intérêt quelconque, on veut la lui dissimuler : mais si on a pu tenir impunément un semblable discours à un ministre nouvellement arrivé au pouvoir, c'est avec satisfaction que l'on voit qu'il n'a pas été dupe longtemps de ces assertions plus ou moins inexactes ; il semble même avoir pris à tâche de les réfuter dans un acte officiel. Ainsi, à cette affirmation du rapport qu'en juin 1848 la manutention de Paris a fait face à toutes les demandes, le ministre, dans un rapport au président de la république du 20 octobre 1850, déclare que : « Dans » les journées de juin 1848, ce ne fut pas la » manutention de Paris, malgré des efforts inouïs, » qui put faire vivre 50,000 soldats et 100,000 » gardes nationaux ; l'administration de la guerre » fit appel aux départements voisins... Pendant ce » temps, les habitants fournissaient aux soldats » pour plus de cent mille francs de vivres, qui

» ont été remboursés par le département de la » guerre (1). »

Quant aux achats exécutés par la maison S..., nous n'avons pas supputé le bénéfice qu'elle a réalisé; mais nous savons que tout le monde a été unanime pour louer l'excellente qualité de ses approvisionnements. L'opération de la maison S... ne prouve pas l'impuissance de l'administration en 1830; seulement, un ministre a jugé à propos, à tort ou à raison, de faire acheter par un négociant les approvisionnements de l'armée, au lieu d'en charger les comptables du service, ce qui du reste se fait depuis quelque temps et couramment pour les achats de l'intérieur et de l'Algérie, qu'il s'agisse de froment, de lard salé ou de vin. Or, voir dans tel ou tel mode d'approvisionnement par les soins d'un comptable ou d'un négociant un titre d'éloge, c'est être de facile composition : il en serait autrement si l'on prouvait, ce que l'on ne fait pas, quelle économie on a obtenue par l'un ou l'autre mode. Ce qu'il y a de piquant dans le reproche qu'on adresse à ce sujet à l'administration de 1830, c'est que M. le comte d'Hautpoul était alors directeur de l'administration de la guerre, et que le blâme, si blâme il y a, le touche directement : mais quand on est en train de se louer, y regarde-t-on de si près !

(1) *Rapport de la haute Comm. des subs. mil.*, p. 107.

A la page 8 du même rapport, on lit : « Tous les » intendants militaires sont munis d'appareils d'un » usage facile, qui leur permettent de découvrir » les défauts de mouture et les moindres mélan- » ges. » Il y a, pour l'intérieur et l'Algérie, au plus trente ou quarante appareils-Donny, qui sont utiles quand on sait s'en servir, et dont l'usage n'est pas aussi facile qu'on veut bien le dire ; or, je ne crains pas d'affirmer qu'il n'y a pas un intendant sachant le faire fonctionner, et que l'appareil reste sans emploi, enfoui dans les archives.

Le ministre savait certainement à quoi s'en tenir sur la plupart des assertions du mémoire que j'analyse ; et peut-on, en conscience, le blâmer de n'en avoir pas tenu compte ? Ce qu'on doit seulement regretter, c'est qu'il n'ait pas jugé à propos de consulter des hommes compétents, qui lui eussent tenu un tout autre langage.

Dans des rapports manuscrits présentés au ministre ou communiqués aux commissions du budget, on a souvent comparé le prix du pain de munition sous Louis XIV à ce qu'il coûte aujourd'hui, en tenant compte de la valeur nominale des monnaies à ces deux époques, et la comparaison était à l'avantage du prix actuel. Mais ce rapprochement de chiffres ne peut satisfaire que des hommes superficiels ; c'est facile à prouver.

Nodot dit que le ministre Louvois, quand il avait à passer des marchés, calculait ainsi :

Le sac de grain de la qualité de la munition, pesant 200 livres, vaut en Bourgogne, supposons. .	9#	»^{s}
Il coûte de voiture, rendu au lieu le plus avancé sur la frontière.	5	»
Pour les frais de cuisson et autres.	4	10
	18#	10^s

Ainsi, le sac de 200 livres, qui suffit pour la subsistance d'un soldat pendant la campagne, et rend 180 rations, vaudra 18 livres 10 sols : ce sont deux sols et quelques deniers chaque ration (1).

Remarquons que ces prix sont ceux alloués pour une armée destinée à agir en Allemagne, et qu'à l'intérieur le prix de la ration était ordinairement de six deniers en moins, c'est-à-dire un quart au-dessous du prix donné plus haut. Aujourd'hui, les communications sont plus faciles qu'autrefois, et les frais de transport, par conséquent, moins coûteux, ce qui affecte sensiblement le prix de la ration. Attachons-nous donc seulement aux frais de cuisson et autres, qui, étant à 4# 10^s, représentent 8 à 9 francs de notre monnaie actuelle. Le rapport du 8 décembre 1849, mentionné au commencement de ce chapitre, fait ressortir, page 28, les frais de cuisson et autres à 3^c,47 par ration ; soit, pour 180 rations, 6^f,25^c : mais dans ce prix ne figurent pas les frais de conservation des blés, les déchets de criblage, ni le supplément de dépense pour le temps

(1) Nodot, *Munit. franç.*, p. 564.

de guerre, au lieu de l'état de paix où nous sommes; il faut tenir compte aussi des retards multipliés dans les paiements sous Louis XIV, et de la régularité avec laquelle ils se font aujourd'hui : croit-on que tout cela ne compense pas la différence qui existe entre le chiffre de 8 à 9f et celui de 6f,25c? Je n'ai fait ce rapprochement que pour démontrer combien sont difficiles et peu exactes ces comparaisons du temps présent avec une époque qui ne lui ressemble en aucune façon.

Posons des chiffres plus sérieux: le ministère de la guerre passa, le 1er août 1848, un marché pour la fourniture de 800,000 kilogr. de lard salé; je ne sais si ce marché fait partie de l'approvisionnement réuni *subitement* en Algérie, toujours est-il que le prix était à 125 francs les cent kilogr., livrables depuis la fin d'octobre 1848 jusqu'au 31 janvier 1849. Le fournisseur sous-traita à Nantes et dans d'autres villes à des prix tels, qu'il avait un bénéfice d'environ quinze francs par cent kilogrammes. Ce n'est pas tout : le fournisseur recevait de l'administration de forts acomptes au moment de l'embarquement de ce lard, et il ne payait, lui, les sous-traitants que trois ou quatre mois après la réception en Algérie; ce qui n'était pas un léger avantage, à cette époque où la rareté des espèces se faisait vivement sentir. Et c'est cette administration qui, dans son rapport du 8 décembre 1849, fait une grosse affaire de la commission donnée à une maison de banque de Paris d'acheter les denrées nécessaires à l'expédition d'Alger, *opération qui a été,* dit-elle, *un avantage considérable pour cette maison.* Mais si la maison S... avait eu, en 1848, la commission d'acheter les 800,000 kilogr. stipulés au marché du 1er août, à quel prix se serait élevé son droit de commission? A un franc par cent kilogrammes, suivant le règlement; doublons si on veut, cela fait une somme de 16,000 fr. : et le marché du 1er août donne un bénéfice sept fois plus fort, c'est-à-dire de 120,000 fr. environ. Ce fait montre sous son jour véritable la manière fausse et mesquine de raisonner et d'opérer des bureaux de la guerre. Quand ils ont vu le chiffre auquel s'élevait la commission d'achat de la maison S..., ils auront regretté sans doute une aussi grosse somme donnée à cet intermédiaire entre l'État acheteur et le vendeur : faisons, se seront-ils dit, une économie; supprimons la commission du commissionnaire, et achetons directement au vendeur. Il n'y a à cela qu'une petite difficulté, c'est de savoir acheter; et l'administration ne le sait pas : la preuve, c'est que nous la voyons payer cent mille francs de trop pour une fourniture de faible importance, qui assure les besoins d'une armée de 50,000 hommes pour quatre-vingts jours seulement. Eh bien, il est certain que dans tous ses marchés

elle commet la même faute : elle ne voit, par la suppression de la commission, qu'un côté de la question, ce que coûte le commissionnaire, sans mettre en balance ce que le commissionnaire a gagné à l'État en opérant avec intelligence ; abstraction faite encore de cette considération morale, qu'il vaut mieux payer ostensiblement une commission à un intermédiaire qui n'achète la denrée que ce qu'elle vaut, que de se laisser surfaire de telle sorte, qu'on compromet involontairement et du même coup sa capacité et sa moralité dans l'opinion publique. Voici, au sujet de cet achat de lard salé, ce que me racontait M. C..., chef d'une des fortes maisons de salaisons à Nantes : « L'adminis-
» tration de la guerre a mis en adjudication cette
» fourniture en juillet, avec des conditions de
» livraison rapprochées. Or, à cette date, les porcs
» sont chez les éleveurs à l'engrais ; ils ne sont pas
» en vente, et on n'en connaît pas le prix : c'est
» absolument comme si vous vouliez faire une
» adjudication de blé nouveau en mai, livrable en
» juin, lorsque la récolte ne se fait qu'en juillet ;
» l'erreur est aussi grossière. Si l'adjudication
» avait été faite au 1er octobre, on eût trouvé dix
» adjudicataires pour un ; dans ce temps-ci surtout
» (1848), où les affaires sont suspendues, les porcs,
» comme beaucoup d'autres produits agricoles, se
» sont donnés à vil prix. Mais les fournisseurs qui

» voulaient traiter cette affaire, se gardèrent bien
» d'entrer dans toutes ces explications, qui cependant
» ne pouvaient pas être ignorées de l'administration
» de la guerre, car je les lui avais fournies
» en 1847 : avec toute la meilleure envie du monde
» de traiter, les fournisseurs n'auraient pas pu
» signer leur marché si les conditions de livraison
» n'avaient pas été retardées; et, en effet, elles
» furent reportées à la fin d'octobre et échelonnées
» jusqu'à la fin de janvier 1849. — L'administration
» s'est complaisamment rendue à cette condition,
» qui n'existait pas dans le premier cahier des
» charges, et c'était là cependant le point capital;
» de telle sorte que, d'une affaire qu'elle semble
» avoir rendue impossible, tout exprès pour une
» adjudication publique, elle en fait, avec des
» concessions dont elle n'a peut-être pas apprécié
» toute la valeur, non-seulement une affaire possible,
» mais encore une affaire d'or. »

Le même rapport du 8 décembre 1849 établit, pages 5 à 7, sur l'avis d'une commission dont faisaient partie MM. Payen, Magendie, etc., que le pain de munition est supérieur au pain de 2e qualité de Paris : partant de là, on fait à la page 33 des rapprochements de chiffres fort contestables. On prend la moyenne de la 1re et de la 2e qualité de pain de Paris, et on compare le chiffre en résultant avec celui du pain de munition de Paris; on fait le même rapprochement pour Metz, Strasbourg, Nantes, etc.... Mais le pain de munition est-il exactement dans le rapport moyen qu'on prend entre la taxe de la 1re et de la 2e qualité? Non évidemment! Ce n'est pas tout : le pain de luxe à Paris n'est pas taxé, mais il n'en est pas de même dans toutes les villes de France : il y a des villes, au nombre de celles mentionnées au rapport, où le pain de luxe est taxé sous la dénomination de 1re qualité; de telle sorte que :

Le pain de luxe de Paris, non taxé, correspond à la 1re qualité taxée d'une ville de départemt
Le pain de 1re qualité de Paris, taxé, correspond à la 2e qualité taxée d°
Le pain de 2e qualité de Paris, taxé, correspond à la 3e qualité taxée d°

Que fait le rapport? Sans avoir égard à cette différence fondamentale, il met sur la même ligne la 1re qualité d'un département et celle de Paris, quoique l'une corresponde au pain de luxe de l'autre; et, de ce rapprochement, il résulte que le pain de munition revient à un prix fabuleusement réduit, comparativement au pain des villes. Ici, l'administration centrale s'attache à des mots, sans en chercher ou sans en approfondir la relation; et, parce que les taxes du pain des villes de Paris, de Metz, de Nantes, etc..., portent le mot 1re qualité, on croit que ces mots ont la même valeur entre eux, et on les fait marcher de pair : on semble ignorer même que les farines de telle et telle localité cotées 1re, 2e qualité, etc..., et employées à ce titre, sont loin d'être d'une qualité identique entre elles. Et cependant les bureaux triomphent du résultat de leur comparaison : triomphe facile, mais qui ne prouve pas ce qu'ils veulent prouver.

Cette administration croit faire merveille en supprimant une dépense qu'elle juge parasite, parce qu'elle n'en apprécie pas l'importance, et ne s'aperçoit pas que ce qu'elle retranche d'un côté se décuple de l'autre, et tourne en surcroît de dépense. Pour s'édifier à ce sujet, il faut étudier le prix de revient de la ration de pain de munition. A la page 32 du rapport du 8 décembre, on trouve le prix de la ration de pain, pour toute la France, pendant douze ans, de 1838 à 1849 inclusivement, mais sans aucun des éléments nécessaires pour faire juger si l'administration a bien ou mal opéré; de sorte qu'on n'est pas plus avancé après avoir lu ce document qu'avant. Il n'est pas douteux que le prix de la ration ne peut pas être le même chaque année; il doit forcément subir l'influence du prix des blés : de telle sorte que si le kilogramme de pain coûte, je suppose, vingt-cinq centimes, quand le sac de 100 kilogr. est à vingt francs, il devra être payé *environ* cinquante centimes, quand ce même blé coûtera quarante francs; je dis *environ*, parce qu'il y a dans les éléments de la taxe du pain des dépenses fixes qui modifient légèrement en moins le prix du pain, lorsque, comme dans l'exemple ci-dessus, le prix du sac de blé double. J'ignore si l'administration centrale a un terme de comparaison pour se rendre compte du prix de la ration; ce qu'il y a de sûr, c'est qu'elle ne fait pas connaître sa méthode : et c'était pourtant bien le cas, ou jamais, dans un rapport à un ministre à qui l'on voulait prouver que l'on a bien administré; cependant, si on veut la juger sur parole, voici ce qu'on lit, page 12 : « Les » achats ont toujours été effectués avec une » entente parfaite des intérêts du trésor; c'est une » justice que lui rendent ses contradicteurs eux-» mêmes. » Cette justice est contestable, nous l'avons vu pour un achat de lard salé; et, pour le prix du pain, l'administration ne donne aucun moyen de vérifier si ses paroles sont d'accord avec ses actes.

Je vais suppléer, autant que je le pourrai, à ce défaut de renseignements. De même que l'autorité municipale suit le cours des farines ou des froments pour arrêter la taxe du pain, de même il semble indispensable, pour apprécier à sa juste valeur le prix de la ration de pain de munition, de la comparer aux cours des froments : si ces cours baissent, le prix de la ration doit baisser; il augmentera quand le cours des blés sera plus élevé; c'est un point de repère sans lequel il est impossible, selon moi, de se prononcer en connaissance de cause : cependant, cela ne suffit pas encore; il faut avoir égard au chiffre de l'approvisionnement en blé ou en farine existant en magasin au 1er janvier d'un exercice, et laissé au 31 décembre pour les besoins de l'exercice suivant. On comprend en effet que si, dans une année d'abondance, on fait un approvisionnement qui surpasse de six mois, je suppose, les besoins de cette même année ; en consommant cette réserve quand une disette survient, il faut, pour se rendre compte du prix réel de la ration pendant cette année disetteuse, faire abstraction de la réserve achetée à bas prix, ou porter le prix de cette réserve au taux du cours du blé pendant la disette. Je n'ai pas à ma disposition les chiffres de ces approvisionnements légués par une année qui finit à une année qui commence : mais j'ai pris sur le *Moniteur*, pour les douze années du rapport, les prix moyens mensuels du froment de 2e qualité des marchés régulateurs, publiés par le ministre du commerce ; j'ai donné à l'hectolitre le poids commun de 76 kilogr., et j'ai calculé le produit en pain sur 156k,78 par cent kilogr. de froment (la ration de pain étant de 750 grammes). J'ai obtenu un *prix nu* par ration que je compare à celui du rapport ; la différence représente les frais de gestion, qui varient peu avec une bonne administration. Il y a deux manières de faire ce relevé ; celle qui se présente le plus naturellement, du 1er janvier au 1er décembre, réunit les prix de deux récoltes différentes qui peuvent influer sur le *prix nu* de la ration : pour éviter cet inconvénient, on peut faire le relevé des douze mois du 1er septembre au 1er août de l'année suivante; c'est ce que j'appelle *année de récolte*, par opposition à l'autre année, qui est l'*année civile*. Le tableau suivant présente ces deux sortes de relevés : le *prix nu* de la ration de pain varie sans doute sur chacun de ces relevés, mais de manière cependant à se confirmer plutôt qu'à se contredire; c'est une sorte de vérification de mes calculs, qui est, je crois, en faveur de mon terme de comparaison.

En voici le tableau :

ANNÉES.	PRIX de la RATION de pain d'après le rapport.	Marchés régulateurs. — Année civile.		DIFFÉRENCE avec LE PRIX du rapport.	Marchés régulateurs. — Année de récolte.		DIFFÉRENCE avec LE PRIX du rapport.
		PRIX moyen de l'hectolitre.	PRIX NU de la RATION en résultant		PRIX moyen de l'hectolitre.	PRIX NU de la RATION en résultant	
	C.	F. C.	C.	C.	F. C.	C.	C.
1838	18.28	15.15	12.72	5.56	14.38	12.07	6.21
1839	20.46	17.94	15.06	5.40	17.18	14.42	6.04
1840	18.55	17.84	14.97	3.58	18.66	15.66	2.89
1841	17.48	14.62	12.26	5.22	14.72	12.37	5.11
1842	18.88	15.72	13.19	5.69	15.63	13.11	5.77
1843	18.03	16.15	13.56	4.47	15.99	13.42	4.61
1844	17.51	15.40	12.93	4.58	16.14	13.54	3.97
1845	18.73	14.87	12.47	6.26	14.17	11.89	6.84
1846.	24.32	18.66	15.70	8.62	17.24	14.46	9.86
1847	24.26	24.16	20.28	3.98	25.23	21.18	3.08
1848	18.81	13.38	11.24	7.57	15.11	12.70	6.11
1849	18.37	12 23	10.37	8.»»	12.31	10.33	8.04

De 1838 à 1845 il faut ajouter au prix de la ration, d'après le rapport, environ un centime, pour que la comparaison soit égale avec le prix des quatre années suivantes, attendu que, dans cette dernière période, les farines sont blutées à 15 pour cent, au lieu de 10, pour les huit premières années. Cependant, notons que, dès 1840, le pain de munition des garnisons de Paris, de Versailles et de Saint-Germain était bluté à 15 pour cent.

On voit tout de suite, d'après le tableau ci-dessus, aux années 1846 et 1847, ce qu'il y a d'incomplet et d'inexact dans les prix de la ration de pain d'après le rapport; en 1847 ce prix est moins élevé qu'en 1846, bien que le prix de l'hectolitre de froment ait coûté 5f,50c et 8f de plus, selon que l'on prend pour terme de comparaison les prix de l'année civile ou de l'année de récolte. Sans avoir recours aux chiffres du tableau, tout le monde a présent encore à la mémoire le prix élevé du pain en 1847; eh bien, dans cette année, la ration est à un prix moins élevé qu'en 1846. Cette différence du prix de la ration de pain dans l'année disetteuse de 1847, n'a pas échappé à la commission des lois organiques; je lis à ce sujet la note suivante, que je trouve dans le rapport de la haute Commission des subsistances, page 80. « La commission des lois organiques s'est trompée invo-

» lontairement en alléguant que le résultat avanta-
» geux obtenu en 1847 par l'administration de la
» guerre, avait été dû à l'emploi d'une partie des
» blés de la réserve, décomptée au prix de revient
» des années précédentes. » Pourquoi ne pas expliquer tout de suite cette différence de prix? Car, si on a bien opéré en 1847, comme on veut le laisser croire, d'où vient qu'on n'a pas eu le même bonheur en 1846? Pourquoi cette discrète réserve? Jusqu'à explication nouvelle, ne paraît-il pas démontré plutôt que les opérations de 1846 ont été dirigées d'une manière déplorable; car enfin, pourquoi n'avoir pas fait en 1846 ce qu'on dit avoir si bien fait en 1847?

Une erreur matérielle a été commise pour l'année 1849: le prix de la ration est porté sur le rapport à 18c,37, plus 1c,15 pour divers frais indiqués en observation; mais si on consulte le tableau, page 28, on voit que le chiffre de 1c,15 figure déjà dans le prix de 18c,37. Cette erreur existe-t-elle pour les années antérieures à 1849? C'est ce que je ne puis pas vérifier; mais il est à regretter que de semblables inexactitudes soient commises dans un travail de cette sorte.

Avec de telles omissions ou inexactitudes, on voit qu'il est difficile de signaler les vices d'une administration qui semble mettre autant de soin à dissimuler ses opérations qu'une autre, plus sûre d'elle-même, en apporterait à les exposer au grand jour. Cependant, quelques autres rapprochements que chacun peut faire, suffiront pour indiquer une mauvaise administration. En 1839 et 1840, le prix du blé est à peu près le même; pourquoi le prix de la ration varie-t-il d'une année à l'autre de près de deux centimes? Est-ce seulement la conséquence naturelle du blutage à 15 p. % au lieu de 10 des blés consommés dans quelques places de France? C'est ce qu'il eût été bon d'expliquer. Les différences entre les *prix nus* de la ration et les prix du rapport sont de trois à neuf centimes, autre indice d'une fausse direction donnée à l'ensemble du service; sans cela, ces différences, qui ne doivent représenter que des frais de gestion, seraient presque invariablement au même chiffre: s'il en est autrement, n'est-ce pas parce que les achats de froment sont faits à des prix trop élevés ou en temps inopportuns?

Je crois qu'il résulte évidemment de ces chiffres que le mode d'approvisionnement laisse beaucoup à désirer; c'est là le point sur lequel des économies seraient possibles, si des mains habiles, expérimentées, étaient chargées de ce soin. Du reste, il n'en peut être autrement, si l'on réfléchit que dans les adjudications de froment qui se font maintenant pour assurer le service, la plupart des prix limites de l'administration sont à deux et trois francs au-dessus ou au-dessous des cours, indépendamment des époques mal choisies de ces adjudications. Qu'arrive-t-il de là? C'est que, quand le prix limite est trop bas, il n'y a pas adjudication; et, quand il est trop élevé, l'adjudicataire en profite. Je dis en profite, parce que, dans beaucoup de localités, il n'y a pas de concurrence à ces adjudications; et voici ce qui se passe : le marchand de grains a une soumission dont le prix est en blanc; il la remplit, séance tenante, du prix vrai qu'il désire de ses grains, s'il voit qu'il a des concurrents sérieux; et d'un prix plus élevé, s'il est seul. L'un d'eux m'a avoué, dans une occasion, avoir forcé, à cause de cela, son prix d'un franc par cent kilogrammes. — Je croyais bien, me dit-il, être au-dessus du prix limite; il était donc bien élevé? — Je lui répondis, pour atténuer le mauvais effet de cette supposition, et pour éviter que des tentatives de cette sorte se renouvelassent, que le hasard l'avait favorisé et qu'il touchait presque au prix limite. Le fait vrai, c'est qu'il y avait encore une marge d'un franc.

Il y a quelques années, c'est en 1850, les négociants en blés à Nantes furent fort émus par la publication, dans les Actes administratifs du département, d'une circulaire au sujet des adjudications de grains : dans ce document on s'exprimait en termes qui n'étaient ni justes ni mérités, sur l'intervention du commerce et des commissionnaires dans les achats des céréales, dont l'administration de la guerre voulait s'affranchir. Un journal de Nantes publia cette lettre, et tous les négociants allèrent en corps à la préfecture réclamer contre de semblables expressions. — Le préfet fit de son mieux pour atténuer le langage peu mesuré de la circulaire, et il écrivit quelques jours après une nouvelle circulaire dans laquelle il disait que c'était d'après les ordres du ministre de la guerre que la précédente circulaire avait été publiée; qu'il ne fallait y voir qu'une mesure générale, et qu'elle ne concernait en particulier aucun des honorables négociants en grains de la ville de Nantes (1). Mais l'un de ces négociants, qui me racontait cette affaire, ajoutait : « On parle de socialisme; eh bien, cette » circulaire était du socialisme en action : ceux » qui l'ont écrite n'ont pas ombre de connais- » sances en économie politique; et, quant à nous » en particulier, ils devraient bien s'apercevoir » que nous ne courons pas beaucoup après les » adjudications du département de la guerre à » Nantes. — C'est vrai; et pourquoi cela? vous » seriez bien payé. — Ce n'est pas tout d'être bien » payé, faut-il encore ne pas s'exposer à voir sa » marchandise refusée : or, les termes du cahier » des charges sont tels, qu'il est impossible de

(1) *Recueil des Actes adm.*, 1850, pp. 54 et 77.

» livrer des blés remplissant les conditions vou-
» lues. — Mais vous savez bien que nous ne
» sommes pas des Turcs. — Nous ne voulons pas,
» après avoir signé un traité, être à la merci de
» celui ou de ceux qui doivent le faire exécuter.
» Aussi avions-nous raison de nous récrier, en
» nous voyant représentés, dans un document
» public, comme des vampires. Mais sachez donc
» bien qu'il n'y a pas un de nous qui, dans une
» semaine, ne vende ou n'achète 400,000 kilogr.
» de blé, que vous avez bien de la peine à con-
» sommer à la manutention de Nantes dans une
» année; et que, dans un temps donné, ce n'est
» jamais nous qui aurons besoin de vous, mais
» plutôt vous qui pouvez avoir besoin de nous. —
» Croyez bien que le rédacteur de cette malencon-
» treuse circulaire n'a pas eu l'intention d'y mettre
» toutes les mauvaises choses que vous y avez
» vues. — Faut-il donc, dit-il en me quittant,
» lui appliquer ces paroles divines : *Dimitte illis,*
» *non enim sciunt quid faciunt!* (2) — Je ne dis
» pas non!! »

Depuis quelque temps, l'administration centrale a remplacé la gestion abonnée par la gestion de clerc à maître : au moyen d'un prix par ration, le comptable était chargé de l'entretien du mobilier,

(2) Saint Luc, cap. XXIII, 34.

de la mouture, du salaire des boulangers, etc...; il y avait aussi un chiffre fixé pour le nombre de rations de pain ou de biscuit que le comptable devait rendre par cent kilogrammes de blé ou de farine: c'est là ce qu'on appelle gestion abonnée. Cet abonnement était calculé de manière à accorder au comptable un léger bénéfice: ce principe est consacré par l'ordonnance royale du 28 novembre 1821, créant la caisse de retraite du personnel des subsistances. Ce mode de compter avait l'avantage de simplifier les écritures; de rendre le comptable fort attentif à surveiller son service, s'il ne voulait pas que ses intérêts pécuniaires en souffrissent: mais, comme il n'y a rien de parfait en ce monde, il pouvait arriver que, dans l'exploitation du service, le comptable se préoccupât trop de ses intérêts personnels au préjudice de ceux de la troupe; sur les points de fortes garnisons, le comptable avait des bénéfices, exagérés par l'envie ou par l'ignorance, qui offusquaient certaines personnes. C'est alors qu'on songea à remplacer la gestion *abonnée* par la gestion de *clerc à maître*. Ce mode de gérer avait été pratiqué par M. Boinod à la manutention de Paris, et avait donné de fort beaux résultats; mais il suppose dans le gérant une grande probité, jointe à beaucoup de savoir et de pratique: en effet, dans cette sorte de gestion, il n'y a pas de limites fixes pour les dépenses en argent ou en matières. Le gérant produit des quittances justifiant qu'il a payé tant, et tout est dit : pour les matières, quand il déclarera que mille sacs de blé pesant, je suppose, chacun cent kilogrammes le 1er janvier, ne pèsent plus au 31 décembre suivant que quatre-vingt-dix-huit kilogrammes, par suite de dessiccation et de manœuvres d'entretien ; quand il dira que tel nombre de sacs de farine ne lui a donné que tant de rations de pain, comment l'administration pourra-t-elle contrôler cette déclaration ? Elle n'a aucun moyen pour cela. Il faut, en outre, que le gérant soit aussi économe du bien de l'État que du sien propre ; toutes choses qui supposent de grandes vertus dans le personnel que l'on charge d'une semblable gestion : tenter ce mode de gérer dans les places les plus considérables, en y appelant l'élite des comptables, c'était une épreuve à faire et qui eût pu avoir de bons résultats. L'administration centrale ne l'entendit pas ainsi : après un essai qui n'eut pas le temps d'être décisif, tous les services furent mis en gestion de clerc à maître ; mais, comme on ne jugea pas à propos d'accorder au gérant toute la confiance que comporte cette gestion, on créa une commission de surveillance auprès de chaque comptable, qui le tenait pieds et poings liés. En droit, il était gérant ; en fait, il ne gérait pas, il ne faisait qu'exécuter les ordres de la commission : tous les individus attachés au service, jusques et y compris le concierge de l'établissement, obéissaient à la commission, et tous tenaient, chacun de leur côté, des registres contrôlant les mouvements des magasins. Il est facile de comprendre quelle complication d'écritures entraîna un tel système ; mais c'est encore le moindre inconvénient : le gérant fut ahuri, d'abord, par les ordres contradictoires de cette commission, composée en majorité de personnes étrangères au service ; ensuite, il fut blessé de la suspicion qui pesait sur lui, et il laissa aller les choses, puisqu'on lui en retirait la direction. Cette commission ne pouvait pas fonctionner constamment ; elle a été enfin supprimée, sans avoir donné aucun résultat décisif, au moins aux yeux des hommes pratiques.

Ce mode de gestion a aussi ses abus, auxquels on ne songe pas : de même qu'en supprimant les jeux publics, le législateur n'a pas pu supprimer la passion du jeu dans le cœur de l'homme ; de même, le comptable qui cherchait, comme comptable abonnataire, à se créer des bénéfices plus ou moins illicites, n'y a pas renoncé, parce qu'on a changé le mode de comptabilité. Ces abus sont les gratifications que le gérant peu scrupuleux reçoit des fournisseurs pour être plus ou moins indulgent dans les réceptions de grains, de bois, de sel, etc... ; et il pourra, de plus, se permettre les autres méfaits qu'il commettait comme abonnataire. Ce nouveau mode de comptabilité a décuplé les écritures, fatigué les comptables honnêtes, et n'a pas empêché ceux qui ne le sont pas de continuer leurs fraudes.

Cependant, l'administration centrale se félicite d'une grande victoire qu'elle croit avoir remportée sur la question du rendement. Qu'est-ce donc que le rendement? C'est le produit en pain qu'on obtient d'un sac de farine : l'eau qu'on mélange à la farine dans le pétrissage, est absorbée par cette farine; une partie s'évapore à la cuisson, l'autre reste dans le pain : en règle générale, cent kilogrammes de farine donnent 134 kilogrammes de pain; c'est le taux moyen exigé par la boulangerie générale des hospices de Paris pour le pain de 1re et de 2e qualité qu'elle confectionne. Supposons maintenant que, par un procédé quelconque, on arrive à faire deux cents kilogr. de pain avec ces mêmes cent kilogr. de farine, qui, dans l'état présent, ne produisent que 134 kilogr. de pain : sera-t-il indifférent, pour moi consommateur, de payer le même prix le kilogramme de ces deux sortes de pain? Non évidemment; car, dans le premier cas, quand le rendement est de 134 kilogr., je trouve dans ce kilogramme de pain 746 grammes de farine, base fondamentale de mon alimentation, et 254 grammes d'eau seulement; dans le second cas, la farine n'entre en proportion que pour 500 grammes et l'eau pour 500 autres grammes : or, 500 grammes de farine me nourriront évidemment moins que 746 grammes ; et je paie, dans le second cas, 246 grammes d'eau le même prix que coûtent dans le premier cas 246 grammes de farine. C'est enfin comme si, avec un kilogramme de viande, je faisais un litre ou deux litres de bouillon du même prix : si je ne cherche à obtenir qu'un litre, ce litre sera meilleur, plus nourrissant, et partant moins cher, à prix égal pour le consommateur ; cela saute aux yeux. Eh bien, voilà sept ans que l'administration centrale est arrêtée sur cette question, et elle ne peut pas encore la comprendre ! Cette administration, comme tout ce qui est puissant, a ses flatteurs ; ils lui ont persuadé qu'il était dans l'intérêt du service d'avoir un rendement considérable ; c'est dans ce sens qu'a été rédigée une circulaire du 22 avril 1852 qui accorde des bons points aux comptables qui travaillent bien : on y lit, entre autres choses, ceci : « Mon intention bien » formelle est qu'il soit tenu un compte parfaite- » ment équitable aux officiers d'administration.... » des succès qu'ils obtiendront en *améliorant la* » *qualité du pain, en élevant le taux du rendement,* » etc... » Améliorer la qualité du pain et élever le taux du rendement, c'est vouloir concilier deux choses inconciliables ; c'est, en logique, un paralogisme : la qualité du pain ne peut être que compromise par l'élévation du rendement, qui consiste à remplacer de la farine par de l'eau, sous un poids en pain donné. C'est raisonner comme ce fou qui cherchait à faire du pain à bon marché, dans l'intérêt du consommateur, avec du blé payé cher, pour encourager l'agriculture. Il y a aussi une dépêche ministérielle indiquant la manière de travailler la pâte, en vue du rendement, et menaçant de remplacer les comptables qui ne donneraient pas un fort rendement, par d'autres comptables plus intelligents ! Les indications de cette dépêche sont telles, que si un comptable, accusé de mal gérer, paraissait devant un jury d'équité composé d'hommes compétents, et que le rapporteur lût la dépêche du 26 février 1852 à laquelle je fais allusion, comme dictée par ce comptable, le jury ne pourrait pas se dispenser de le condamner, qu'il le jugeât coupable par ignorance ou par calcul.

Il y a un autre péril à donner des encouragements pour le rendement, c'est qu'on excite à la fraude le comptable peu scrupuleux et qui a de l'ambition. Un des moyens faciles d'élever le rendement, c'est de ne pas donner au pain le poids voulu. Ce vol au préjudice de la troupe est pratiqué souvent pour se procurer un gain illicite, et cela a réussi à certains comptables ; mais, s'ils y trouvaient une source de profits, ce n'était jamais du moins une occasion de récompense publique : aujourd'hui, celui qui saura mieux ruser, a chance d'être signalé comme un comptable modèle. Ce danger, qui n'est pas chimérique, est plus funeste et plus démoralisateur mille fois qu'un gain honteux qu'on cache et qu'on désavoue. Sans doute, ce n'est pas ainsi que l'administration centrale entend que les choses doivent se passer; cependant, si c'est une conséquence de ses instructions malentendues, elle se montre inhabile, et n'est pas moins responsable du mal qu'elle provoque, au lieu de le prévenir.

En définitive, le rendement doit être ce qui est indispensable pour faire un bon pain; mais aller au delà, c'est remplacer de la farine par de l'eau, ce qui équivaut à une réduction de la ration du soldat : de telle sorte que si, dans l'hypothèse que j'ai faite plus haut, on obtenait un rendement de 200 kilogr. de pain par 100 kilogr. de farine, il faudrait forcément augmenter le poids de la ration de la troupe dans une proportion directe à l'augmentation de rendement trouvée. Ainsi, quand l'administration publie que, par la gestion de clerc à maître, elle a obtenu un plus grand rendement et une amélioration dans le service, elle se trompe ou trompe les autres : il est vrai qu'elle peut prétendre que le comptable abonnataire ne se faisait pas faute de produire un rendement excessif qui lui profitait, tandis qu'elle, administration centrale, ou, pour mieux dire, son budget, en profite. Cependant, ce profit se dissipe en dépenses mal ordonnées, et ne rentre pas au trésor; car le budget de la guerre n'a que des augmentations sur ce chapitre: d'ailleurs, puisque tout rendement a pour but de réduire la partie substantielle de la ration de pain, qui oserait avouer qu'il travaille et s'évertue depuis longtemps à trouver un moyen déguisé de réduire la ration de la troupe? L'administration elle-même, qui marche à ce but avec tant de sollicitude, ne s'en doute même pas, j'en suis persuadé. Quant au comptable de mauvaise foi qui chercherait dans un rendement exagéré à se créer un bénéfice illicite, nous l'avons déjà dit, ce n'est pas un changement dans le mode de comptabilité qui moralisera ce personnel, si ce personnel est sans probité (1).

(1) On lit dans le *Moniteur universel* du 17 octobre 1853, au sujet du *Dictionnaire des altérations des substances alimentaires*, par M. Chevallier, que le pain de munition contient en eau p. % 50,86, et le pain blanc ordinaire de Paris 45,42 seulement. Ce pain de munition sur lequel on a opéré, est-il bluté à 10 ou 15 p. %, c'est ce qu'on ne dit pas; mais évidemment ce supplément d'eau n'est pas en sa faveur.

CHAPITRE VIII.

L'INTENDANCE MILITAIRE : SES THÉORIES ADMINISTRATIVES.

Quand il me tombe sous la main des livres avec ce titre : *Cours d'administration*, j'éprouve un mouvement involontaire de dépit. Quoi, me dis-je, l'auteur prétend-il que l'on puisse enseigner l'administration, comme la grammaire ou l'algèbre ! Sans doute il y a des cours de droit administratif ; mais le droit administratif n'est pas plus l'administration, que le droit commercial n'est le commerce. Un administrateur qui a étudié l'administration dans des livres seulement, n'est pas plus en état d'administrer, qu'un homme n'est apte à guérir un malade s'il n'a appris la médecine que dans des livres, sans jamais aller s'instruire au chevet d'un malade, ou disséquer dans un amphithéâtre. Aussi avons-nous vu le projet d'une école d'administration, mis en avant il y a quelques années, ne pas pouvoir se soutenir devant une discussion sérieuse, par des hommes compétents. J'ai un exemple curieux de ce que peut donner en administration la science des livres. Un comptable me racontait un jour la visite qu'il fit à un officier qui, nommé major au concours, avait obtenu le n° 1, et qui venait prendre le commandement d'un dépôt. Le major, ayant reçu le comptable, se met aussitôt à parler subsistances : il cite la date du règlement de ce service, les circulaires modifiant le rendement; il passe ensuite aux abonnements de manutention, et aux fournitures de pain dans les gîtes d'étape; il n'omet rien de ce qui regarde la comptabilité-matières. Le comptable, voyant qu'il a affaire à un homme qui n'est pas fâché de faire voir ce qu'il sait d'administration, lui dit qu'indépendamment des vivres, il a aussi le service des fourrages dans les gîtes d'étape : et l'autre de reprendre que cette sorte de fourniture est réglée par telle et telle disposition; qu'une circulaire de telle date prescrit de peser les fourrages distribués aux troupes sur des balances à plateaux, et que les romaines sont interdites. Le comptable, pour lui donner la réplique, ajoute qu'il est chargé accidentellement d'un service spécial en dehors de ses attributions ordinaires, les lits militaires auxiliaires. Aussitôt, le major cite les circulaires créant ce service, la répartition et le chiffre des fournitures. Quelquefois, me disait le comptable, il lui arrivait de prendre le Pirée pour un homme; mais, en somme, on voyait que ce major méritait bien le n° 1, qui lui avait été donné. — Pour moi, voulant savoir s'il était aussi habile à la pratique qu'en théorie, je consultai le trésorier et le capitaine d'habillement qui servaient sous les ordres de ce major : ils étaient courroucés contre celui-ci, qui paraissait tout savoir et qui ne savait rien; ils avaient d'autant plus de peine à se tirer d'affaire avec lui, qu'il les accablait de citations et de dates, et que, pour le persuader, il leur fallait, sur la moindre question, produire des textes précis, ce qui rendait leurs rapports fort pénibles et fort laborieux. Cependant, craignant que des subordonnés ne fussent des juges prévenus et peu équitables, je voulus savoir ce qu'en pensait l'intendant militaire de la division : c'était un homme fort capable, jugeant les hommes et les choses froidement et de haut : au premier mot que je lui dis, il se mit à sourire; déjà le digne major avait fait briller devant lui son érudition administrative de fraîche date; l'intendant était bon et généreux, il se contenta de me répondre : Il se formera!

Si cependant les livres ne font pas les administrateurs, ils exercent une certaine influence que l'on ne peut pas contester : je n'en veux pour preuve que le *Cours d'administration* de M. Vauchelle, ancien intendant militaire, qui est à sa 2e édition, ce qui indique la faveur et l'autorité dont jouit cet ouvrage. Mais cette faveur est-elle méritée en tout point? est-elle due à la théorie administrative développée par l'auteur et aux textes des règlements annotés par lui; ou à l'une de ces deux causes seulement? Il est superflu, pour l'objet qui m'occupe, de trancher cette question. Dans ce chapitre et le suivant, où je me propose d'étudier l'intendance militaire en ce qui regarde les subsistances, je ferai voir que ce corps s'attache principalement à des formules et à des mots, et que, quand il faut sortir des généralités pour entrer dans la pratique des choses, il est complètement impuissant et au-dessous de sa tâche; de manière que si j'atteins mon but, j'aurai prouvé qu'en théorie et en fait l'organisation de l'intendance militaire est vicieuse, et repose sur une base fausse et équivoque.

Pour le moment, je m'appliquerai surtout à faire ressortir le peu de valeur de cette espèce de synthèse administrative qu'on nous présente sous forme d'axiomes ou de sentences, en termes quelquefois sonores et brillants; le tout recouvert d'un vernis scientifique, mais qui sonne creux et faux lorsqu'on le sonde avec attention et sévérité. C'est le *Cours d'administration* de M. Vauchelle qui me fournira la preuve de ma proposition; car cet ouvrage résume, selon moi, non-seulement la pensée individuelle d'un intendant très-laborieux, mais encore celle qui a cours chez la plupart des membres de l'intendance militaire.

L'ouvrage de M. Vauchelle peut se diviser en deux parties distinctes : l'une comprenant les textes ou l'analyse des règlements annotés et *arrangés*, comme il le dit lui-même, de façon à en pouvoir coordonner et combiner l'enseignement ; l'autre consacrée à la partie dogmatique et scientifique. C'est à celle-ci que je m'arrêterai : quant aux règlements, je ferai voir par des faits, dans le chapitre suivant, comment l'intendance militaire les entend et les applique.

L'unité est le but auquel tend M. Vauchelle dans son *Cours*; il appelle de tous ses vœux la création d'un règlement d'administration générale; de plus, il croit utile, possible de créer la science de l'administration militaire. « Nous manquons, dit-il, de » doctrines et, pour beaucoup de choses, d'une » fixité de règles dont le défaut rend l'enseignement de l'administration embarrassant et » difficile..... La science de l'administration militaire n'est pas encore faite, j'ai voulu essayer » de prouver qu'elle peut l'être (1). » Certes, je le

(1) Vauchelle, *Cours d'adm. milit.* Avant-propos, 2e éd., t. Ier, p. 2.

crois sans peine, l'enseignement de l'administration est embarrassant et difficile! Seulement, l'auteur aurait dû voir qu'il est impossible. Se peut-il que ce soit le même homme qui tienne ce langage, après avoir ainsi défini l'administration : « Pourvoir » à l'entretien de l'armée et en particulier à tous » les besoins de l'homme de guerre, dans quelque » position qu'il se trouve, en activité ou en repos, » en santé ou en maladie (1); » et qui ait dit dans son *Avertissement :* « Hâtons-nous donc, dans une » prudente prévision de l'avenir, de recueillir les » traditions de ces vingt-cinq années de guerre » qui, sous la République et sous l'Empire, furent » fécondes en tant d'événements merveilleux. » Voilà des pensées d'un homme d'expérience, et exprimées en bons termes! je m'empresse de le reconnaître, car je n'aurai pas souvent occasion de donner des éloges. Disons-le donc encore une fois, l'administration ne s'enseigne pas plus qu'un général ne peut enseigner le moment de livrer bataille : l'imprévu, de bonnes combinaisons, voilà ce dont l'administrateur habile, comme le général en chef, doit savoir tirer parti, chacun agissant dans le cercle de ses attributions respectives; car l'un et l'autre opèrent dans des conditions qui sont loin d'être identiques. Les traditions que veut conserver

(1) Vauchelle, *Cours d'adm. milit.* Avant-propos, t. Ier, p. 2.

M. Vauchelle, sont les fruits de l'expérience; c'est la science pratique, celle qui ne s'apprend ni sur les bancs de l'école ni dans les livres, celle que nulle autre ne peut remplacer : ce qu'on apprend dans les livres et par l'enseignement, ce sont des textes de règlement et des théories; mais tout cela n'est pas l'administration. Nodot, qui vise non à faire de la science, mais simplement à l'étude des faits, dit avec un grand sens : « Quoiqu'on ait » exposé (dans cet ouvrage) toute l'idée qui se » peut donner pour faire les vivres et qu'on soit » entré dans un détail très-exact, il ne faut pas » pour cela qu'on se figure de pouvoir y réussir » avec cette seule théorie; il faut y joindre la » pratique pour se la rendre familière..... Une » campagne en enseigne plus que vingt ans de » commerce par lettres (1). »

L'unité, telle que l'entend notre auteur, n'est pas meilleure, à mon avis, que ce qu'il appelle science administrative. Et cependant moi aussi je veux l'unité dans l'administration, c'est-à-dire un chef dans les mains duquel aboutissent les fils divers qui doivent faire mouvoir la machine administrative; mais faut-il, pour poursuivre ma comparaison, que les fils et les rouages de cette machine soient tous les mêmes, et jetés dans un

(1) Nodot, *Le Munit. franç.*, p. 560.

moule unique? Non vraiment! et c'est en cela que je ne suis plus d'accord avec mon auteur. Je veux l'unité administrative, comme on entend l'unité dans l'armée. Quand nous voyons un général en chef faire mouvoir dix mille, cent mille hommes, chacun obéissant à l'ordre qu'il a reçu et concourant à un but déterminé, nous disons en ce sens qu'il y a unité: mais ne nous arrêtons plus à voir fonctionner et agir cette troupe à la surface, examinons toutes les parties diverses qui la constituent; y a-t-il encore unité? Nullement: le génie, l'artillerie, la cavalerie, l'infanterie, etc., forment autant de corps distincts et *un*, chacun dans son espèce; telle devrait être et telle n'est pas l'administration militaire. Ce mot *administration militaire* paraît très-simple; en réalité, il est aussi complexe que le mot *armée*. Quels rapports y a-t-il, par exemple, entre la comptabilité d'un régiment et celle des services des hôpitaux, du campement, des subsistances? Quels rapports peut-on trouver dans le matériel de ces divers services? dans les connaissances spéciales qu'exige chacun d'eux? Aucun évidemment! Toutefois, en vertu de l'unité, aujourd'hui un même homme a été déclaré propre à diriger et à contrôler ces services si différents: de là l'origine de l'impuissance que l'on remarque dans cette direction et dans ce contrôle, tant de la part de l'intendance militaire que de l'administration centrale, qui, elle aussi, est faussée par le principe de l'unité.

M. Vauchelle dit : « Pour administrer comme » pour commander une armée, il faut avant tout » savoir comment elle est faite. De son organisa- » tion naissent les besoins et les droits, et consé- » quemment l'administration elle-même (1). » Ce n'est pas de l'*organisation* d'une armée que *naissent ses besoins;* les besoins de l'armée sont antérieurs à son organisation, ses besoins sont ceux de l'homme pris isolément ou réuni en corps : c'est de toute évidence. Passons donc sur ce détail, qui est un *lapsus,* et venons à la proposition principale : Pour administrer comme pour commander une armée, il faut avant tout savoir comment elle est faite. Cette pensée est vraie appliquée à un intendant en chef administrant une armée, comme au général qui la commande ; mais le *Cours d'administration* de M. Vauchelle n'a pas été écrit, que je sache, pour servir à l'instruction des intendants en chef, ils n'en ont que faire : aussi, sous cette proposition générale, y en a-t-il une particulière fort contestable et qu'on veut appliquer au premier comme au dernier des administrateurs de l'armée : Pour administrer, par exemple, les subsistances, même de toute une armée, il est facile de soutenir

(1) Vauchelle, *Cours d'adm. milit.* Avant-propos, p. 29.

et de démontrer qu'il ne faut pas, le moins du monde, savoir comment l'armée est faite; il est bien plus important et plus essentiel de savoir comment se font les vivres. Mais, avec cette proposition générale, on arrive tout naturellement à poser le syllogisme captieux que voici : Pour administrer une armée, il faut savoir comment elle est faite; or, il n'y a qu'un militaire qui sache cela, donc il convient de recruter l'administration de l'armée par des militaires. C'est ainsi qu'on justifie le recrutement de l'intendance militaire par l'armée; assertion au moins étrange de la part d'un administrateur qui veut s'appliquer à recueillir les *traditions des vingt-cinq années de la République et de l'Empire*, car il sait bien que ce n'est pas ainsi que se recrutait à cette époque l'administration. Mais ces contradictions qui se remarquent fréquemment dans le *Cours* de M. Vauchelle, trouvent leur explication dans ce passage de la dédicace de la 2e édition de son ouvrage à M. le maréchal Soult : « Le principal mérite de cette » édition sera de refléter, dans les limites de sa » spécialité, les traits de votre administration. » Ceci n'est pas un compliment banal; l'auteur indique ainsi son point de départ : Trouver bon et justifier ce qui existe aujourd'hui. Cependant, en s'imposant cette tâche difficile et ingrate, le vieil homme l'emporte de temps en temps sur l'homme nouveau; il reste fidèle à l'ancienne administration, dont il a fait partie, qu'il aime, qu'il a vue à l'œuvre, tout en cherchant à faire l'éloge de la nouvelle, qui ne lui ressemble guère, et dont l'éducation et les traditions sont tout autres. De là des assertions discordantes faciles à concevoir : j'aurai encore occasion de signaler les difficultés insurmontables que se crée notre auteur avec le parti pris de louer le présent.

Les aphorismes sont bons, à condition d'exprimer une pensée juste en termes clairs et simples : celui-ci n'est pas dans ce cas : « En administration, » tout se résout en comptabilité et par la comptabilité (1). » Oui, en administration tout se résout par la comptabilité; mais c'est à tort que l'on affirme que tout se résout en comptabilité ! C'est comme si l'on disait : En physiologie animale, toute alimentation se résout en sécrétion : or, l'alimentation a pour but le développement et l'entretien du sujet; la sécrétion n'en est qu'une conséquence. Si tout en administration se résout en comptabilité, autant prétendre qu'on fait de l'administration pour faire de la comptabilité; ce qui est absurde. L'administration a pour but l'organisation et la marche d'un service public ou privé; la comptabilité n'en est que la suite nécessaire.

---

(1) Vauchelle, *Cours d'adm.*, t. 1, p. 35.

Notre auteur dit que la *direction* et le *contrôle* sont les attributions spéciales du ministre de la guerre, et des fonctions du corps de l'intendance militaire ; ce qui constitue ce qu'on appelle la *haute administration* du département de la guerre (1). La direction et le contrôle constituent, je le veux bien, la haute administration, à la condition de faire une distinction dans les actes de l'intendance militaire : quand un sous-intendant vérifie la feuille de journée d'un corps, quand il fait le recensement d'un magasin des vivres et des fourrages, et qu'il compte des sacs de farine et des bottes de foin, il ne fait certainement pas de la haute administration. C'est ainsi que l'entendait un intendant militaire qui est aujourd'hui lancé dans une grande opération industrielle : un jour, il y a de cela vingt ans, il reçut la visite d'un major qui lui exprimait le désir d'entrer dans l'intendance militaire, et qui lui énumérait complaisamment toutes ses connaissances administratives. — Tout cela est fort bien, lui dit M. le baron d'H... ; mais où avez-vous appris la haute administration ? — Le major resta coi et chercha longtemps ce que c'était que la haute administration. Le fait est qu'il n'est pas aisé d'en donner une définition satisfaisante : pour moi, je serais assez disposé à ne qualifier comme actes de

(1) Vauchelle, *Cours d'adm.*, t. I, p. 34.

haute administration que ces dispositions d'ensemble qui émanent de l'initiative d'un administrateur en chef : un ministre, un directeur de l'administration, un intendant aux armées, peuvent faire de la haute administration ; mais, dans l'état actuel des choses, l'intendance militaire, à l'intérieur et sur le pied de paix, ne fait pas de haute administration, elle ne fait que de l'administration terre à terre.

Ailleurs, M. Vauchelle dit :

Les vivres, les transports, les hôpitaux, les ambulances, sont tout en campagne.... Que l'inspection aux revues, si elle subsistait encore, se recrutât, sans condition d'examen, par les officiers comptables et par les majors des régiments, rien de mieux ni de plus conséquent; il n'y a là que de la *comptabilité*, et une sorte de comptabilité qui ne peut assurément s'apprendre nulle part aussi bien que dans les corps de troupe. Mais ce que l'on appelle *administration* est ailleurs ; elle est précisément dans celles des attributions que l'intendance a reçues du commissariat des guerres; elle constitue une véritable science qui a ses éléments, ses principes, ses règles dans le droit civil, dans la statistique, dans l'économie politique, et ne peut se passer de la connaissance de l'histoire, voire même de celle de quelque langue étrangère; toutes choses dont la gestion d'une comptabilité n'exige ni l'étude, ni l'application. — L'armée n'en est pas moins, à nos yeux, le meilleur recrutement qui puisse être donné à l'intendance militaire;.... elle lui doit de très-honorables acquisitions. L'appel fait aux officiers de toutes armes, sans acception d'emploi, a heureusement élargi le cercle de la concurrence ; et des épreuves difficiles et sérieuses garantissent que la carrière ne s'ouvrira qu'aux sujets les plus instruits et les plus capables (1).

On ne peut pas mieux faire ressortir l'importance des services administratifs. Quant à l'ancienne inspection aux revues, je ne crois pas qu'il soit bien exact de dire qu'elle ne faisait que de la *comptabilité;* la revue d'un corps sur le terrain, l'inspection de ses magasins, c'est mieux que de la comptabilité : quoi qu'il en soit, ceux qui ont créé cette comptabilité simple, claire, bien coordonnée, ceux-là ont fait, à mon avis, de la haute administration. Cette *véritable science* qui est nécessaire à l'intendance militaire, doit comprendre en première ligne la connaissance parfaite des choses dont l'armée fait emploi; c'est ce que ne dit pas notre auteur, c'est une omission grave de sa part : et quand il dit que l'armée n'en est pas moins le meilleur recrutement; lorsqu'il énumère les épreuves sérieuses, difficiles, les études spéciales des candidats, je me demande si les choses se passent bien ainsi; ou, pour mieux dire, à la manière dont les choses se passent, un officier de l'armée est-il bien préparé à remplir les fonctions de l'intendance militaire? N'est-ce pas là encore une conséquence du parti pris de trouver bien ce qui existe? Qu'il y ait des hommes rares, heureu-

(1) Vauchelle, t. III, pp. 72 et 81.

sement doués, qui devinent en quelque sorte les choses avant de les voir, je le crois ; on en cite : mais, pour le commun des candidats, s'ils ne sont ni trésoriers, ni capitaines d'habillement, quelles études spéciales ont-ils faites ? Aucune ; car je n'appelle pas étude, cet effort de mémoire qui consiste à apprendre des dates de règlements, de circulaires, comme ce digne major dont j'ai parlé au commencement de ce chapitre. Qu'arrive-t-il ? C'est que ces jeunes membres de l'intendance qui étudient l'administration dans les livres, ne veulent faire que de la haute administration ; j'en ai vu qui ont inventé les plus belles choses à ce sujet, entre autres une comptabilité universelle destinée à remplacer celle d'aujourd'hui, qu'ils traitent avec un souverain mépris, et qu'ils dédaignent d'apprendre bien entendu : en attendant, ils ne connaissent ni les uns ni les autres le terre à terre de l'administration, sans lequel cependant une administration fonctionne mal.

Ces faits sont si évidents, si patents, qu'il me semble qu'ils ne peuvent être niés que dans un intérêt tout personnel : or, je crois que c'est là le mobile unique qui a déterminé le choix du recrutement de l'intendance par l'armée ; et voici le petit calcul qui a été fait. Le contrôle est une chose antipathique à l'homme en général, qui aime à agir à sa guise ; mais il est supporté plus facilement par tout autre que par le militaire, qui, par état, est habitué au commandement et qui se plie avec peine à ces formalités qu'exige une bonne administration : de là des tiraillements, des mots dont souffrait souvent le contrôleur, qui aurait bien voulu exercer son mandat sans avoir le commandement contre soi. C'est alors que l'on songea à créer dans l'intendance militaire une hiérarchie correspondante aux grades militaires, et à prendre dans l'armée le personnel destiné à la recruter, pensant rendre celle-ci plus clémente pour les siens, et le contrôle plus commode et plus facile ; sans s'apercevoir que l'antagonisme entre le contrôlé et le contrôleur était soulevé plutôt par la nature des fonctions, que par le rang des personnes qui les exerçaient : aussi, toutes ces combinaisons ont-elles été faites uniquement pour favoriser des convenances individuelles, malentendues, au grand préjudice du corps de l'intendance et du contrôle, c'est-à-dire du trésor public. Il résulte de cet état de choses que le service de l'ancienne inspection aux revues, le contrôle de l'administration d'un régiment, qui n'est, au dire de M. Vauchelle, qu'une affaire de comptabilité, est confié à un sous intendant, c'est-à dire à un homme qui, ayant exercé comme membre de l'intendance depuis quelques années, doit avoir, à mérite égal d'ailleurs, plus d'expérience qu'un adjoint de 1re et de 2^e^

classe qui débute. Pourquoi cette manière d'agir? Parce qu'un colonel serait blessé d'être en rapport, pour l'administration de son régiment, avec un membre de l'intendance d'un grade inférieur au sien. Le sous-intendant sera également chargé de la surveillance d'un hôpital militaire, moins à cause de l'importance du service, que parce que, messieurs les médecins militaires supportant assez difficilement ce contrôle, on désire leur imposer par un grade plus élevé : ces motifs n'existant pas pour les services des subsistances et du campement, ils sont soumis au contrôle d'un adjoint de 1re ou de 2e classe, bien que ces services soient signalés comme plus difficiles à administrer que celui d'un régiment. Il est de toute évidence que, dans ces occasions, l'exercice d'un contrôle efficace est sacrifié à des convenances de hiérarchie et toutes personnelles.

Si le personnel de l'intendance n'a rien gagné en capacité administrative par le recrutement aujourd'hui en vigueur, a-t-il au moins gagné en considération auprès de l'armée? J'en doute, et en voici la preuve. Un commandant du génie m'a raconté qu'accompagnant son général inspecteur, ils allèrent dans une petite ville où était un adjoint de 1re classe. Celui-ci sortait de l'arme du génie, et il crut se bien faire venir du général en le lui disant; mais il fut au regret de cet aveu, quand il entendit le général lui dire : Il faut, monsieur l'adjoint, que vous me le disiez pour que je le croie ! — Le commandant eut l'air de ne pas entendre, et détourna bien vite la conversation. Cependant, en sortant, étant seul avec le général, il voulut le faire expliquer, et lui reprocha doucement la rude parole qu'il avait adressée à cet adjoint. — « Quoi ! » dit le général, ne voyez-vous pas que ce mon- » sieur n'a pas voulu rester quinze ou vingt ans » capitaine, comme vous et moi, et qu'à cause de » cela il a laissé, *pour un service qu'il ne connaît* » *pas*, un service qu'il connaissait, je suppose, et » auquel il aurait dû être fier d'appartenir ! »

L'intendance elle-même est la première à signaler les vices de son organisation : voici, au sujet de l'assimilation des grades, ce qu'écrivait en 1848 un intendant militaire justement distingué, et qu'on cite toujours pour justifier le recrutement par l'armée de l'intendance militaire. M. Pâris de Bollardière, dans une brochure sur les officiers de santé militaires, dit : « Que serait-ce si j'entrepré- » nais de vous produire les inconvénients de » l'assimilation dans l'exercice des fonctions d'un » corps qui n'est pas celui des officiers de santé, » mais qui, libre autrefois dans son action, juste- » ment considéré par ses services, puissant par » ses sommités dont les noms sont burinés aussi » sur l'Arc de triomphe, tend chaque jour à s'amoin-

» drir, à s'effacer, à disparaître, depuis que les » mailles de l'assimilation le garrottent? J'ai les » mains pleines de preuves de cet abaissement » continu du corps de l'intendance militaire; je » ne les ouvrirai pas aujourd'hui (1) ! »

Un sous-intendant qui a gardé l'anonyme, mais qu'on dit être aujourd'hui intendant militaire, signale l'insuffisance de l'intendance en ces termes énergiques :

Les tarifs de solde n'ont plus d'application sérieuse, la solde de congé est rayée de nos codes : généraux, officiers supérieurs, officiers de tous grades, se promènent en France, voire même à l'étranger, dans toutes les directions, en dehors de leur commandement, et ne sont présents que sur des états émargés d'avance, sur des situations fournies par des officiers généraux et autres officiers compétents, qui ne reculent pas devant un émargement, devant un certifié qui constitue un faux en écriture publique, au détriment du trésor; et l'homme du contrôle, dont la moindre résistance briserait la position et l'avenir, s'incline profondément et donne par sa signature la sanction légale à ce faux en écriture publique, encourant ainsi et pour ce seul fait la dégradation et les fers. Passons à des faits plus graves :

L'affaire du comptable des vivres de la garnison de Paris, dont la gestion frauduleuse a pour résultat final un déficit de 379,000 fr.;

L'affaire plus récente et non moins coupable de l'officier comptable des vivres de Montpellier;

L'affaire Audoni, capitaine trésorier au 74e de ligne, qui

---

(1) *Des Officiers de santé militaires*, p. 48. Alger, 1848.

vient d'être condamné par le conseil de guerre à dix ans de travaux forcés et à la dégradation militaire, pour avoir volé les fonds de la solde dont il était comptable;

Les affaires traduites il y a quelques années devant les conseils de guerre de la 20e division militaire, dont la dernière, celle du major et du capitaine d'habillement du 56e de ligne, fut suivie d'une condamnation et étouffée dans ses conséquences par la crainte du scandale qui devait ressortir de la mise en accusation de trente-sept capitaines d'habillement dont les investigations de la justice avaient dévoilé les actes coupables;

L'affaire Tastel, lieutenant au 8e léger, qui accuse publiquement de concussion le colonel, le major et le capitaine d'habillement de son régiment; accusation qui a été étouffée par la radiation de cet officier des contrôles de l'armée, alors que les tribunaux auraient dû en être saisis.

Toutes ces turpitudes, toutes ces dilapidations, tous ces scandales administratifs, ne révèlent-ils pas l'impuissance de l'administration à les prévenir; l'abaissement dans lequel elle est tombée; la nécessité enfin patente, impérieuse, urgente de la relever (1)?

L'auteur de cette brochure voit le mal dans l'insuffisance des moyens mis à la disposition du contrôle et dans l'absence d'indépendance nécessaire à son action : cela y est sans doute pour beaucoup, mais ce n'est pas tout; ce qui manque essentiellement à l'intendance, c'est la connaissance des choses sur lesquelles son contrôle s'exerce. J'ai été entraîné incidemment sur cette question, j'y reviendrai dans le chapitre XII.

---

(1) *Budget de la guerre, 400 millions!* pp. 10 à 14. Lyon, 1847.

Un règlement général d'administration, comme le demande M. Vauchelle, n'est autre chose qu'une utopie; ou, si on en créait un qui portât ce nom, ce ne serait plus qu'une sorte de cadre renfermant des prescriptions générales et tellement élastiques qu'il faudrait y ajouter immédiatement un règlement spécial pour chaque service. C'est ce que nous verrons à l'occasion de la comptabilité des matières, dont je parlerai au chapitre XI. Notre auteur dit cependant: « Un achat, une adjudication publique ou un marché quelconque, une » livraison, une réception, un procès-verbal, un » arrêté de compte, un visa, sont assurément une » même chose, quel que soit d'ailleurs le service » ou l'objet de service auquel ils se rapportent (1). »

Au point de vue de la comptabilité, cette affirmation est juste; mais elle est radicalement fausse au point de vue de l'administrateur. En effet, que le ministre des finances donne l'ordre aux payeurs d'exiger à l'appui des mandats de paiement de fournitures ou l'ordre d'achat, ou le marché, ou le procès-verbal d'adjudication; oh, alors, oui, peu importe la nature de la chose, c'est une affaire de comptabilité! Mais pour l'administrateur, un achat n'est pas un mot abstrait, c'est une chose; et pour acheter cette chose au moment opportun, il faut

(1) Vauchelle, *Cours d'adm. milit.*, t. I, p. 35.

connaître les lieux, les temps et la chose elle-même. Il en sera de même pour un marché ou une adjudication publique; les stipulations du cahier des charges varieront selon la nature de la chose à adjuger. Il y a quelques années, un intendant militaire fut brusquement changé de résidence, pour avoir, dit-on, échelonné les époques de livraison d'une fourniture d'orge de telle sorte que les derniers versements étaient faits après la rentrée de la récolte nouvelle, ce qui modifiait de beaucoup le prix de cette denrée; et l'intendant n'avait sans doute pas songé à cela. Un procès-verbal de réception indiquera, pour des blés par exemple, l'essence, le poids de l'hectolitre, l'année de récolte de ce blé, etc.; pour de la toile, elle sera en chanvre, en lin, en phormium, etc...; toutes choses profondément différentes. Ne voir dans ces diverses opérations qu'un fait unique, c'est s'arrêter à des mots; c'est méconnaître la base fondamentale de l'administration, qui a pour but la direction des services et qui doit connaître les matières employées, leur transformation, etc....

J'insiste sur ce point, il est capital; les explications dans lesquelles je suis entré auront prouvé, j'espère, que ce qui, au premier aspect, pouvait ressembler à une chicane de mots, avait une portée plus sérieuse et plus profonde: il faut parfois peser sur les mots; car, mal compris, ils sont cause de beaucoup d'erreurs. C'est le même motif qui m'a porté à commenter plusieurs passages du *Cours* de M. Vauchelle, parce que cet ouvrage est dans les mains de toute la *jeune* intendance; — il y a dix ans, il est vrai, l'on donnait cette épithète aux membres de l'intendance sortant de l'armée. — Il est souvent utile de remonter à la source de la vérité administrative, un peu détournée de son cours : il faut demander surtout qu'on aille au fond des questions, au lieu de s'arrêter à la surface, comme le font aujourd'hui et l'administration centrale et la plupart des membres de l'intendance militaire. Quand ce point de vue fort simple sera reconnu et compris, la réforme de l'administration militaire ne sera pas éloignée.

CHAPITRE IX.

L'INTENDANCE MILITAIRE : SES ACTES.

Quand un comptable des subsistances militaires a occasion, dans ses relations de société, de parler des difficultés de son service à quelques chefs d'administration civile, ingénieurs en chef des ponts et chaussées, directeur des contributions directes ou indirectes, par exemple, on croit ordinairement qu'il s'agit des rapports du comptable avec la troupe; et quand ces personnes insistent, soit par intérêt pour le comptable, soit pour connaître la manière dont fonctionnent les diverses branches du service public, elles paraissent fort surprises d'apprendre que les embarras réels d'un comptable viennent de l'administration elle-même.. — Mais enfin, disent-elles, quelque modestes que soient vos fonctions, vous faites partie de l'administration; et il n'est pas d'usage de frapper sur les siens :

n'avez-vous donc pas de règlement? — Oui, répond le comptable, nous faisons partie de l'administration; le nom que nous portons le prouve : mais nos chefs naturels, qui devraient être nos protecteurs-nés, ne se piquent guère d'être équitables envers nous; souvent ils font, sans nous entendre et à nos dépens, la cour aux chefs de corps ou aux généraux, quand ceux-ci formulent quelque plainte, fondée ou non. Il est des occasions, rares il est vrai, où le comptable, sacrifié à tort, obtient une éclatante justice; et on cite un ordre du jour d'un ministre de la guerre, le maréchal Soult, rétablissant dans son poste un comptable dont le lieutenant général avait provoqué la suspension : mais, le plus souvent, on paie le comptable en belles paroles; et si, à force de sollicitations, il obtient une gestion équivalente à celle qu'il a perdue injustement, on croit avoir rempli envers lui tout ce que la justice réclame. Sans doute il n'est pas d'administration civile ou militaire qui n'ait de semblables faits à enregistrer, parce qu'il est dans la nature du cœur humain d'avoir ses faiblesses, et de chercher l'appui des grands en frappant au besoin les petits : toutefois, voici ce qui appartient en propre à l'administration militaire et surtout au service des subsistances, c'est qu'on semble prendre à tâche de ne tenir aucun compte de nos intérêts pécuniaires; on les blesse, on les sacrifie, sans respecter les règlements et l'équité; on nous traite plutôt en ennemis qu'en serviteurs utiles à qui on doit aide et protection. — Et quand le comptable cite des faits à l'appui de son dire, ces chefs de service s'étonnent et trouvent dans de tels procédés l'explication sinon la justification de bien des désordres.

Les subsistances ont encore cela de particulier que, les choses qui les composent subissant l'influence des saisons, du temps et des lieux, un tarif invariable n'est pas possible et ne peut pas les réglementer. Si la récolte a été de bonne qualité, on pourra avec un sac de cent kilogrammes de froment faire de meilleur pain et en plus grande quantité que si la récolte était tout à fait mauvaise. A l'armée, les comptables sont chargés du service de la viande: un bœuf quelconque, pesé sur pied, ne donnera pas, à poids égal, la même quantité de viande propre à être distribuée aux troupes; selon l'espèce et l'origine de ce bœuf, selon qu'il sera gras ou maigre, le chiffre de la viande distribuable variera. Le règlement a cependant posé des chiffres, mais il y a là forcément une large part à faire à l'appréciation; de là une source de réclamations, avec une administration qui ne connaît pas ou qui connaît mal le service, et qui ne se pique pas d'une justice bien sévère. Voici des faits:

Les comptables, pour les achats qu'ils effectuent,

ont des droits de commission : ce droit était d'un franc par cent kilogrammes de viande distribuable. Dans les premières années de l'occupation de l'Algérie, il arriva que l'armée disséminée sur tout le territoire conquis, se trouva une fois, par ordre du général en chef, concentrée autour d'Alger; de telle sorte que le service de la viande passa, par le fait, dans la main d'un seul comptable. Il eut des achats considérables à faire, et une commission proportionnée. Tant que le service avait été divisé, il ne s'était élevé aucune objection sur le chiffre de la commission; mais quand l'intendant militaire la vit perçue par un seul, il la trouva exorbitante et fit une réduction des quatre cinquièmes, c'est-à-dire que la commission d'un franc fut réduite à vingt centimes. En vain le comptable invoqua le règlement, la non-rétroactivité, la peine qu'il avait eue, les frais qu'il avait faits; on n'écouta rien, la réduction fut opérée et maintenue.

D'après le règlement des subsistances, la viande distribuable se calcule sur le poids brut, c'est-à-dire la bête étant pesée sur pied, et sous la déduction d'un chiffre déterminé pour les déchets ou issues. En Algérie, on trouva généralement que le poids net n'était pas aussi élevé qu'il aurait dû l'être, d'après les fixations réglementaires. De là réclamations des comptables. J'ai eu en main sur ce sujet un dossier intéressant à consulter, en ce qu'il renferme à la fois les lettres de l'intendant de l'armée, celles du sous-intendant et du comptable. Je veux en donner une analyse, parce qu'on verra que si tout à l'heure l'intendance n'a pas tenu compte du règlement, qui était favorable au comptable, elle en soutient maintenant la stricte exécution, parce qu'il est à son préjudice. Le comptable disait cependant une chose fort naturelle : Je suis gérant de clerc à maître, et je vous dois ce que je trouve; c'est d'ailleurs ce que constatent les procès-verbaux dressés par le sous-intendant militaire. A cela l'intendant de l'armée répond, le 23 mai 1840 :

.... Quant à la réclamation qui concerne le rendement en poids net des bestiaux abattus pour le service, je ne saurais y donner suite. Il existe des dispositions réglementaires qui règlent cette question, dont on ne peut s'écarter. Je désapprouve donc les épreuves des abats auxquels vous avez procédé... *Signé*...

Le comptable répond et combat cette interprétation forcée du règlement. Sur ces entrefaites, l'intendant est remplacé, et son successeur prend sur ce litige un biais qui serait une véritable perfidie, s'il avait été le résultat d'un calcul ; mais j'ai la conviction intime que c'est sans mauvais vouloir et avec la meilleure intention du monde qu'il prescrit ce qui suit, à la date du 16 août 1841 :

.... L'ensemble d'une gestion permet seul de juger s'il y a lieu de reconnaître des déchets de cette nature; il convient donc de rejeter jusqu'en fin de gestion la différence qui existe entre le taux légal et celui auquel le comptable se porte en recette dans ses comptes, et de rétablir les quantités de viande au taux réglementaire... *Signé...*

Nouvelles observations du comptable, que le sous-intendant militaire, à la date du 31 août 1841, appuie en ces termes :

.....Il est incontestable que la tare allouée par le règlement ne peut suffire ici : il n'y aurait pas de service possible pour un comptable qui y serait soumis... Une fois cette vérité admise que la viande sur pied ne peut donner le produit en viande distribuable qu'exige le règlement, il n'y a que les officiers de l'intendance militaire qui puissent constater les déchets réels par procès-verbaux, et il me semble que les procès-verbaux établis à cet effet doivent avoir aux yeux du comptable et de l'autorité supérieure toute la valeur accordée toujours à de tels actes. Je pense qu'il y a le plus grave inconvénient à regarder comme non avenu un procès-verbal dressé par un membre de l'intendance. Nos opérations doivent être faites avec attention et conscience ; mais elles doivent inspirer toute confiance à ceux que nous contrôlons, ainsi qu'à nos supérieurs... *Signé...*

Je vais citer un passage de la lettre du comptable, elle est du 26 août 1841; les circonstances particulières et générales qu'il développe méritent d'être pesées : on verra qu'il y a des hommes d'un mérite réel occupant ces modestes emplois; les efforts qu'ils ont à faire pour remplir leurs devoirs ; et que les obstacles les plus sérieux viennent, comme je l'ai dit, de l'administration elle-même :

.... Je ne puis accepter la décision de M. l'intendant de l'armée qui rejette, jusqu'en fin de gestion, les différences qui existent entre le taux légal et celui auquel je me suis porté en recette ; on concevra facilement que je refuse de me soumettre à une mesure qui me laisse indéfiniment sous la crainte d'une imputation partielle ou générale, qui absorberait et au delà le peu que je possède. Il y a plus, c'est qu'il ne me semble pas possible de différer le plein et entier effet des procès-verbaux que je produis, attendu que celui qui les a établis, et qui avait toute qualité pour le faire, n'a constaté qu'après avoir vu et apprécié ; s'il en était autrement, où serait ma garantie et quelle confiance les comptables pourraient-ils désormais accorder à des fonctionnaires dont les actes, exposés à être contestés, manqueraient du caractère de fixité qui fait leur force ? Dès lors, il n'y aurait plus de sécurité, et par conséquent plus de service. Pénétré du danger que me fait courir un tel état de choses, je repousse pour l'avenir les conditions nouvelles qui découlent du principe émis par M. l'intendant... Si donc les conditions sans lesquelles je dis qu'il est impossible de mener à bien mon service, ne sont pas maintenues, je suis prêt à le remettre entre des mains plus habiles ; qu'on me donne un successeur......

Qu'il me soit permis, avant de finir, de regretter vivement que l'on ait fait ici une position si pénible à l'administration dont je suis membre : j'espère que mes observations, qui se rattachent à une question de haute moralité, ne seront pas prises en mauvaise part. Depuis quelques années, les désastres survenus à quelques comptables en Afrique ont servi d'aliment à la presse ; l'opinion publique, mal éclairée, les a jugés défavorablement ; et aujourd'hui l'attention générale se porte de nouveau sur divers procès qui s'entament et dont beaucoup de personnes se promettent de faire jaillir le scandale. Par quelles causes déplorables un corps utile, dont les services seraient plus appréciés s'ils n'étaient sous le coup de préjugés aveugles, mais justifiés sous certains rapports, se voit-il entouré de déconsidération et de mépris? Ces causes si souvent signalées, que l'autorité ne peut ni ne doit ignorer, les voici : c'est la persistance à suivre une fausse route, en maintenant l'application de mesures dont le retrait ou la modification, réclamés depuis longtemps par l'expérience, sont toujours différés; ce sont les conditions impossibles qu'on impose à un comptable, et qui le forcent malgré lui à se compromettre, pour satisfaire à des exigences reconnues injustes. Malheur à celui qui, dès le début, n'a pas le courage de lutter contre ces conditions, de rompre le cercle vicieux où elles tendent à l'enfermer; s'il passe outre, il est perdu : ou il se ruine, ou il est forcé d'employer des moyens que la conscience désavoue, que la nécessité légitime à ses yeux, mais qui finissent souvent par l'amener devant un conseil de guerre.

Ce qui se passe en ce moment dépose énergiquement contre un système qui, en produisant le découragement et la désaffection, achève de perdre le peu de traditions administratives qui restent : qu'on le change, et l'on verra notre corps, chez lequel les bons éléments sont loin de manquer, reprendre le rang d'où il ne devait jamais déchoir, et reconquérir en peu de temps la considération et la force sans lesquelles il ne parviendra jamais à rendre les services importants que l'armée attend de son institution!

Voilà un langage digne, qui honore celui qui le tient et le corps dont il fait partie, en même temps qu'il est un reproche vivant à l'administration supérieure, qui ne sait pas mieux employer pour le service de l'armée des hommes de cœur et d'intelligence ; car les choses sont aujourd'hui ce qu'elles étaient en 1841. Quelle étrange administration ! voilà un de ses agents qui lui déclare en face que ses actes et sa conduite produisent la fraude, le découragement et la désaffection, et elle ne s'en émeut pas ! Dans les autres services publics, les subordonnés sont conduits, guidés par leurs chefs ; ici, nous voyons ces subordonnés obligés de ne prendre conseil que de leurs propres forces, et de se bien garder de suivre les instructions de leurs supérieurs, s'ils ne veulent pas plus tard voir leurs intérêts compromis !!

Voici la conclusion de ce débat : Le sous-intendant, ce qui est rare, secondant le comptable, dont il avait apprécié la loyauté et la capacité, continua, nonobstant les ordres des deux intendants de l'armée, à rédiger des procès-verbaux constatant l'abattage des bestiaux et le rendement en viande distribuable ; le comptable produisit ces actes à l'appui de ses comptes, qui furent liquidés tels qu'il les avait présentés. Et fait remarquable, qui prouve combien la direction de l'intendance est périlleuse pour les comptables, c'est que parmi ceux d'entre eux qui se conformèrent aux ordres de l'intendant en chef, par respect pour l'autorité supérieure ou parce qu'ils n'en prévoyaient pas toutes les conséquences, soit aussi que les sous-intendants, obéissant à la lettre aux instructions de l'intendant en chef, ne voulussent pas dresser les procès-verbaux nécessaires; ou par toutes ces causes réunies, beaucoup furent inquiétés à la liquidation définitive, et restèrent sous le coup d'imputations qu'ils ne rembourseront jamais, sans parler de procès sans fin qu'ils soutiennent au conseil d'État. Aussi, un comptable me disait-il que la position faite à beaucoup d'entre eux à l'armée était telle, qu'ils n'avaient qu'à choisir entre la ruine et le conseil de guerre : la ruine, s'ils remplissaient leurs devoirs; le conseil de guerre, si leurs fraudes étaient découvertes. Quelle responsabilité pèse, aux yeux des hommes sérieux, sur une administration qui met ses subordonnés dans des situations aussi équivoques!

A l'intérieur, l'administration centrale étant consultée sur la moindre chose, l'initiative de l'intendance est presque nulle; cependant, ce peu, quel qu'il soit, n'est pas meilleur qu'à l'armée. En voici seulement un trait : Au chapitre VII, j'ai parlé des comptables abonnataires qui, moyennant une prime fixe par ration, doivent pourvoir à certains frais de manutention. A dater de 1846, les Chambres ont alloué un surcroît de dépenses pour améliorer le pain de munition, en portant à quinze pour cent, au lieu de dix, l'extraction du son dans les farines. La présence du son dans le pain a surtout pour effet d'arrêter le développement de la pâte, de rendre la mie du pain plus compacte, plus serrée ; avec une extraction de son plus grande qu'auparavant, le pain se développe davantage, et par conséquent il doit en entrer moins dans un four. C'est ce qui arrive en effet : les comptables abonnataires demandèrent une allocation supplémentaire, en disant : Mon abonnement a été basé sur la capacité d'un four pouvant contenir 400 rations de pain, aujourd'hui ce même four n'en reçoit que 360 ; le salaire de mes ouvriers et le combustible que je consomme sont les mêmes pour 360 que pour 400 rations, il y a lieu de m'indemniser. A l'inspection de 1847, l'administration n'avait encore rien décidé. Un comptable, pour mettre l'intendant inspecteur dans l'obligation de se prononcer, ordonna à ses ouvriers de faire entrer dans le four les 400 rations qu'il contenait autrefois ; le pain sera mal fait indubitablement, mais il espérait par là provoquer un ordre précis de l'intendant militaire. Il n'en fut rien ; celui-ci se borna à écrire la note suivante sur le registre de visite, destiné à recevoir l'avis des officiers de semaine sur les denrées mises en distribution : « ... La presque totalité des pains qui » nous ont été présentés n'a pas les proportions » réglementaires ; ils sont difformes et présentent » d'énormes baisures, ce qui prouve qu'ils sont » beaucoup trop serrés dans le four, en vue d'éco-

» nomiser la dépense du combustible. A l'avenir, » les fournées devront être exécutées de manière » à laisser la faculté au pain de se développer....
» Ce 13 juillet 1847. *Signé...* »

Mais vous savez bien, monsieur l'intendant inspecteur, que le comptable ne veut pas *économiser le combustible*; il tient seulement à se renfermer dans la limite des allocations administratives : cette affirmation de votre part, contraire à la vérité et inscrite sur un registre à la disposition des officiers de la garnison, aurait-elle pour but d'indisposer la partie prenante contre le comptable? Dans ce cas, cette manière d'agir est-elle digne et loyale? Autorisez une dépense supplémentaire; exprimez seulement le désir que l'administration centrale se prononce, et le comptable exécutera vos ordres; autrement ils seront non avenus! En effet, sans tenir compte de la note, le comptable continua à faire remplir son four le plus possible. Le général inspecteur vint à quelques jours de là, et lut sur le registre la note de l'intendant; il y inscrivit à son tour les lignes suivantes, qui mettent le doigt sur la difficulté : « Les observations de M. l'intendant sont basées sur une appréciation des dimensions présumées des fours. Le comptable déclare » qu'en mettant 180 pains (360 rations), les bai- » sures trop grandes disparaîtraient. J'ai vu le four » rempli par 380 rations; les baisures existent

» encore, et le four était comble : d'où il paraît » évident qu'on ne devrait mettre au four employé » dans la place de .... que la quantité de 360 » rations. Ce fait a besoin d'être vérifié rapidement, » car le comptable est placé dans une situation » intolérable. Cette réduction, si elle est constatée, » et si des épreuves sévères donnent ce résultat, » nécessitera une indemnité envers le comptable... » Ce 16 juillet 1847. *Signé* général de Rumigny. »

Le parti était pris de ne point allouer d'indemnité, on ne tint aucun compte de l'avis du général; et pourtant il jugeait *intolérable* la *situation* faite au comptable. On lira, quelques pages plus loin, ce que me disait un général qui, comme colonel, avait présidé une de ces commissions des manutentions militaires dont j'ai fait mention au chapitre VII; il s'étonnait que, dans de telles conditions, un plus grand nombre de comptables ne se retirassent pas. Eh bien, l'administration centrale et l'intendance militaire ne voient pas cela! Qu'un comptable, je l'ai démontré, gère de clerc à maître ou par abonnement, on lui fait toujours une *situation intolérable!!*

J'ai vu un adjoint de 2e classe avoir pour son début bien des embarras. Il était chargé de contrôler un service des vivres et des fourrages: il désirait faire son devoir de contrôleur le mieux possible, c'est naturel; mais c'est difficile quand on est tout neuf. S'adresser pour cela au comptable, ce n'est pas possible; l'adjoint s'en méfie, et puis il ne peut pas lui faire voir qu'il ne sait rien : donc, pour s'instruire sur quelques détails, il consultait à droite et à gauche. Un jour, il questionna le maître de l'hôtel où il mangeait, sur la paille qui se vendait en ville ; il y en avait de deux sortes : la paille longue, c'est-à-dire coupée au rez du sol, et la paille courte, celle coupée à quinze ou vingt centimètres au-dessus du sol, et par conséquent n'ayant pas ce qu'on appelle le chaume. Cette dernière était achetée par le magasin militaire; et l'aubergiste avait dit qu'il ne faisait usage que de la paille longue, qui était bien *meilleure*. L'adjoint fait appeler le comptable chez lui, et lui demande pourquoi il n'achète pas de paille longue, qui est bien *meilleure* que la paille courte. Le comptable explique que la paille courte est plus abondante que la paille longue; celle-ci, apportée en petite quantité sur le marché, sert principalement à l'approvisionnement des consommateurs de la ville : quant à la qualité, la paille courte vaut au moins la paille longue. On discute longtemps sur l'épithète *meilleure*, et, pour preuve à l'appui de son opinion, l'adjoint cite le dire de son maître d'hôtel. Sans doute, reprend le comptable, la paille longue est meilleure pour un aubergiste, qui n'a pas à renouveler aussi souvent la litière de ses écuries, et qui ne donne presque jamais à manger de paille aux chevaux qui y séjournent; mais il n'en est pas ainsi des chevaux d'un régiment de cavalerie, la ration de paille qu'ils reçoivent entre pour une part dans leur nourriture. — Néanmoins, on se quitte en gardant chacun son opinion. Le comptable, qui avait un ordre d'achat de paille, croit mettre fin à toute observation ultérieure en achetant de la paille courte ; mais cette opération soulève une tempête : on le met aux arrêts, on rend compte au ministre ; l'intendant de la division, homme bon, mais faible, sans initiative et d'une capacité fort contestable, laisse faire et approuve tout bas l'adjoint : le ministre ne décide rien. Le comptable alors achète de la paille longue, qu'on distribue immédiatement : le capitaine de semaine ne dit rien les premières fois; mais cette paille, plus dure que l'autre, à cause du chaume qui en fait partie, est bientôt laissée par les chevaux, habitués à la paille courte, qui est plus tendre. Les officiers se plaignaient, il est vrai, de n'avoir pas de litière, leurs chevaux mangeant toute la paille courte; mais c'était en réalité faire l'éloge de cette paille : avec la paille longue, il y avait de la litière de reste. On demande bientôt de la paille courte; le comptable explique dans quelle position il se trouve placé, et déclare qu'il ne donnera de paille courte que sur un ordre formel de l'adjoint. Les chefs de corps vont se plaindre au général de division : celui-ci veut voir les deux sortes de paille au magasin même, et s'y rend à l'improviste avec le chef d'état-major et un commandant d'escadron. A la seule vue des deux espèces de paille, le général s'écrie : Quel est celui (je supprime ici une épithète toute militaire) qui prétend que la paille longue vaut mieux? est-ce le comptable, dit-il, en s'adressant au chef-ouvrier? (Le comptable n'était pas prévenu de cette visite.) Le chef-ouvrier répondit que M. l'adjoint avait donné ordre d'acheter de la paille longue. En ce moment arrivait à la hâte l'adjoint, qui avait été averti tardivement de cette visite inopinée. Le général, sans mettre pied à terre, repartit immédiatement, en disant à l'adjoint : La paille courte vaut mieux, voilà mon avis!

Mais ce n'était pas celui de l'adjoint, qui supposait aussi que le comptable faisait un mauvais choix de paille longue, pour indisposer la troupe. Pour s'assurer de la qualité de la paille longue, il venait souvent au magasin : il remarqua, une fois entre autres, une voiture dont la paille longue, belle, dorée, était d'un aspect plus agréable que l'autre : il voit que cette voiture est déchargée à part, au lieu d'être réunie à la masse commune; cela lui paraît louche, mais il ne dit rien, et le lendemain il vient assister à la distribution. Il y avait, bien entendu, de la paille longue préparée : le capitaine fait ses observations ordinaires à l'adjoint; celui-ci combat son dire, et prétend que si la paille longue ne vaut pas la paille courte, c'est que le comptable y met du mauvais vouloir; puis, s'adressant au chef-ouvrier, qui avait fait décharger la veille la charrette de paille suspecte : Apportez-moi, dit-il, une botte de cette belle paille longue que vous avez reçue hier. — Il n'y en a pas d'autre, répond le contre-maître, que celle que vous voyez ici. — Oui-da! s'écrie l'adjoint en colère; venez avec moi, capitaine, je vais vous montrer la paille que je veux vous faire distribuer. Il court au hangar écarté où avait été emmagasinée la charretée en question : Tenez, dit-il d'un air triomphant! — Vous me la baillez belle, dit le capitaine (j'adoucis l'expression), qui croyait qu'on voulait le mystifier; ne voyez-vous pas que c'est de la paille de seigle! — Oui, reprit le chef-ouvrier, qui comprit alors l'erreur de l'adjoint, c'est de la paille pour lier les bottes de foin.

Ce fut le coup de grâce : ce pauvre adjoint ne mit plus les pieds au magasin des fourrages; il reçut presque en même temps l'ordre d'aller en Afrique. Le général intervint officiellement, pour demander qu'on distribuât de la paille courte dans une certaine proportion, et tout fut dit. Ajoutons enfin que ce même adjoint assistant à un criblage de blé, le comptable lui fait remarquer de petits insectes tombant avec les criblures : Connaissez-vous, lui dit-il, ces petites bêtes? — Non vraiment, dit l'adjoint. — Ce sont des charançons. — Voilà un homme appelé à juger de l'état d'un approvisionnement, à prononcer sur la réception des blés, et qui ne connaît pas les charançons!

Un jour que j'étais en voyage, je m'arrêtai dans une ville dont je connaissais le comptable : il m'accueille parfaitement et veut me faire voir son établissement; dans le magasin aux farines, j'aperçois vingt ou trente sacs de farine de commerce placés sur le passage et en évidence. — Vous employez des farines de commerce? — Oui, me dit-il avec un sourire rusé. — Et votre sous-intendant ne voit pas cela? — Il ne sait pas distinguer de la farine blutée de la farine brute, comment voulez-vous qu'il connaisse de la farine de commerce!

Un colonel, maintenant général, qui a présidé une de ces commissions de vérification créées auprès des manutentions militaires à l'occasion des gestions de clerc à maître, me disait un jour : « Je n'avais pas fait une étude spéciale du service » des vivres; mais, appelé par les circonstances à » m'en occuper, j'y donnai tous mes soins : ma » surprise fut grande de voir que mes observations » étaient aussi nouvelles pour le sous-intendant » que pour moi; si bien qu'après un peu d'étude,

» j'en savais plus que lui. Je le lui fis remarquer » avec ménagement : il s'excusa en énumérant » la multiplicité de ses obligations et la grande » quantité de signatures qu'il avait à donner; de » sorte, dit-il, que la plupart des sous-intendants » peuvent être considérés comme des machines à » signature! » Je pris occasion de là pour signaler au colonel combien est fausse et difficile la position des comptables des subsistances, qui se voient dirigés et contrôlés par des hommes ne connaissant pas ou connaissant mal le service, et qui ne trouvent auprès d'eux aucun appui sérieux dans l'accomplissement de leurs devoirs, souvent pénibles : ceci, ajoutai-je, explique pourquoi quelques comptables, fatigués, dégoûtés, profitent de la première occasion qui se présente pour abandonner cette carrière ingrate. — Je suis de votre avis, reprit le colonel; et, s'il y a lieu de s'étonner d'une chose, c'est de ne pas voir un plus grand nombre d'entre eux se retirer.

Dans une autre place, un adjoint, président d'une de ces commissions que j'ai désignées plus haut, entendait non pas seulement présider, mais tracer à sa guise la marche des opérations; les autres membres de la commission n'étaient que des témoins muets ou à peu près de ce qu'il décidait : il ne se donnait même pas toujours la peine de convoquer la commission; mais, à la fin du trimestre, il ne manquait pas d'envoyer à chaque membre une foule de pièces à signer, comme si l'on s'était régulièrement réuni. Le membre de la commission qui me racontait ce fait, me dit qu'un jour il se refusa net à signer des choses qu'il n'avait pas vues et pour lesquelles il n'avait pas été convoqué. — Non pas, me disait-il, que je veuille ou puisse suivre en personne une opération sans désemparer; mais quand la commission est réunie, les membres qui la composent s'entendent pour qu'un ou deux d'entre eux soient toujours présents. — L'adjoint vint trouver le membre récalcitrant, lui demandant s'il suspectait ses actes : l'autre répondit qu'il ne suspectait personne; mais que, le ministre ayant jugé à propos de nommer une commission, c'était sans doute pour qu'elle fonctionnât : que, du reste, il ne voulait être un obstacle ou un embarras pour qui que ce fût, et que le soir même, le maire, qui l'avait nommé, recevrait sa démission motivée. — Oui, me disait-il, ce sont les complaisances dont se rendent coupables les membres d'une foule de commissions, qui provoquent ces désordres dont nous avons vu un échantillon il y a quelques années dans la marine, à Rochefort. — Soyez persuadé, répondis-je, qu'on se sera bien gardé de faire connaître au ministre de la guerre les motifs de votre démission.

Comme il faut se borner sur un sujet où les preuves abondent, je ferai une dernière citation : un comptable, dans un intérêt de lucre illicite, mêlait des farines de qualité inférieure à ses farines de munition ; des plaintes s'étant élevées plusieurs fois, on voulut faire une épreuve de fabrication de pain. Le règlement prescrit, en pareil cas, de se servir des instruments et des ouvriers du comptable : cette prescription est rationnelle ; car, si l'épreuve donne un résultat satisfaisant, cela démontre clairement que le pain dont on se plaignait n'était pas composé de la même façon. Mais, pour l'épreuve en question, on n'entendit pas procéder ainsi : on ne voulut faire usage ni du pétrisseur-mécanique employé par le comptable ni de ses ouvriers. Le produit de l'épreuve fut bon, comme on devait s'y attendre : le comptable, pour s'excuser, cria fort contre les inventeurs modernes, attribuant le succès de l'épreuve au mode différent de procéder, et disant qu'il voyait bien que le pétrisseur-mécanique ne remplissait pas son but. Le fait est que ces instruments sont des moyens excellents de fabrication ; mais le comptable, pris en faute, était bien aise de donner le change au sous-intendant et à une commission inexpérimentés. On le crut ; l'instrument fut mis de côté pour quelque temps, et tout fut dit.

Je ne veux pas finir ce chapitre sans citer quelques actes en faveur de l'intendance militaire. Il est, en petit nombre il est vrai, des intendants militaires appliqués qui étudient sérieusement une question, et qui la jugent de haut et bien. J'ai parlé de ce sous-intendant qui, en Afrique, malgré les ordres de l'intendant de l'armée, constatait les déchets qu'il avait reconnus sur la viande distribuée aux troupes; voici deux faits qui témoignent en faveur de quelques autres d'entre eux :

Le trésorier d'un régiment de cavalerie qui avait ses escadrons de guerre en Algérie, venait de mourir; et son successeur était si peu au courant de ce travail, que ses écritures présentaient, avec les faits réels, une différence en argent de vingt à trente mille francs. Après avoir cherché vainement la cause de ce résultat étrange, et n'en pouvant venir à bout, il fait part de son embarras au sous-intendant. J'ignore si celui-ci avait la science suffisante pour guider ce trésorier novice; mais ce qu'il y a de sûr, c'est qu'il n'avait pas l'application nécessaire pour faire une semblable recherche, qui exigeait plusieurs jours de travail assidu : le commis entretenu qui était à la tête de son bureau, n'était pas assez habile non plus. Le sous-intendant fut heureusement tiré de cette difficulté par un adjoint de 2e classe qui était sous ses ordres, et qui avait été un bon trésorier. Il se mit à l'œuvre, et l'ordre fut bientôt rétabli dans la comptabilité de ce régiment. Eût-on obtenu le même résultat avec un adjoint qui n'eût pas été trésorier? Non, évidemment.

Un comptable m'a raconté qu'étant chargé d'un service des fourrages, et les magasins étant insuffisants, on élevait chaque année des meules de foin en plein air. Le comptable faisait en sorte que le déchet extraordinaire résultant de l'installation de ces meules dehors, fût le moins élevé possible. Un nouveau sous-intendant arrive dans la place; et, après s'être informé de la manière dont on procédait à ce sujet, il dit au comptable : — Ce n'est pas ainsi que je l'entends; pour faire aussi peu de déchets, il faut que vous mêliez au bon foin le foin décoloré qui est sur le flanc des meules, par exemple. — Le comptable convint que c'était en effet ce qui avait lieu. — Cela ne doit pas être, reprend le sous-intendant; procéder de la sorte, c'est faire comme les entrepreneurs des fourrages, qui songent peu à la santé des chevaux, et ne s'appliquent qu'à exécuter leur service le plus économiquement possible, à cause du profit qu'ils en retirent : l'administration ne doit pas agir ainsi, son affaire capitale est la bonne alimentation des chevaux; ce foin flétri, sans saveur, que vous mêlez au bon foin, ne donne qu'une mauvaise nourriture; cela ne doit pas être! — Mais l'administration centrale, dit le comptable, fera inévitablement des observations sur ces déchets de foin, qui cette année seront plus considérables que les années précédentes. — Ne craignez rien, j'en fais mon affaire. — Ce sous-intendant est aujourd'hui en retraite; qu'il me soit permis de le nommer, c'est M. de Monbrun. Certes, par là il ne faisait pas de la haute administration; mais il faisait de l'administration pratique, qui a bien sa valeur, car elle est de tous les jours et de tous les instants. Les magistrats, les jurisconsultes, n'ont plus à rédiger le Code civil, qui est fait depuis longtemps; mais ils ont à l'étudier, à se pénétrer de son esprit, à l'appliquer sans cesse: toutes choses qui, si elles ont moins d'éclat qu'une création, ne contribuent pas moins à rendre une société heureuse et prospère. De même en administration: mais pour cela il faut des hommes d'un esprit pratique, ferme, juste et droit; ennemis de ce charlatanisme de bureau qui ne craindra pas de nous dire: Les chevaux de troupe de la résidence de M. de Monbrun se portaient aussi bien avant que depuis son arrivée; seulement, celle-ci nous vaut un surcroît de dépense pour des déchets que ses prédécesseurs ne constataient pas.—Oh! Messieurs, combien vos économies coûtent cher à l'État!

Si les faits révélant l'insuffisance du contrôle de l'intendance militaire n'étaient qu'une exception, il faudrait en prendre son parti ; car il n'y a pas d'administration où ne se glissent des incapacités : malheureusement, ici ce sont les administrateurs comme quelques-uns de ceux que j'ai cités, qui font exception ; tous ceux qui sont en rapport pratique avec l'intendance militaire, seront obligés de reconnaître cette vérité. Et, qu'on le remarque bien, il ne s'agit pas de légères contestations entre l'intendance et un comptable; ce serait une vétille, et on aurait tort de s'y arrêter : c'est l'administration elle-même compromise dans son principe fondamental; car elle ne remplit pas les obligations qui l'instituent gardienne des intérêts de l'État, avec la charge de pourvoir aux besoins de l'armée. Au lieu de donner ses soins à d'aussi importants devoirs, elle perd et fait perdre à tout ce qui l'entoure un temps précieux qu'elle dissipe mal à propos, sans motif et sans but. La question de cette paille courte et longue, par exemple, a donné lieu à une correspondance considérable; le dossier est d'un volume effrayant : il y a de tout, procès-verbaux, enquête, commission ; et pourquoi? Parce qu'il y a à la tête du service des administrateurs qui ne savent pas administrer ; et, par le même motif, nous voyons des comptables coupables exercer impunément des fraudes au détriment de l'armée et du trésor public.

CHAPITRE X.

LIQUIDATIONS DE L'ADMINISTRATION CENTRALE. — POURVOI DEVANT LE CONSEIL D'ÉTAT.

Dans le chapitre précédent, en montrant à l'œuvre l'intendance militaire, j'ai fait connaître en même temps l'administration centrale et ses actes ; car, appelée à prononcer en dernier ressort sur les gestions des comptables, ses décisions tendent plutôt à aggraver qu'à adoucir leur position : elle a même à ce sujet une sorte de principe fort singulier, c'est que, lorsqu'un intendant propose une mesure qui pèse sur un comptable, sans examiner si cette disposition est légale et juste, elle l'approuve ; ou elle garde le silence et s'abstient de prononcer, uniquement parce que le chef a pris l'initiative, et qu'il ne serait pas selon les règles de la hiérarchie, à son avis, que le comptable pût avoir raison. C'est tout autre chose si la proposition de l'intendant est en faveur du comptable; dans ce cas, on ne se croit pas engagé à l'approuver. On comprendrait ce scrupule, s'il s'agissait de questions de personnes et de déférences; mais quand il faut interpréter tel ou tel article du règlement, qui est une affaire de simple administration, ce n'est que par un étrange abus qu'on peut faire intervenir et invoquer le nom et l'autorité du chef : d'après ce principe, un tribunal civil et une cour d'appel devraient se trouver blessés dans leur dignité quand la cour de cassation casse un de leurs jugements ou arrêts, au profit d'un plaideur.

Pour donner une idée de la manière dont l'administration centrale liquide les comptes des comptables, je vais, selon la règle que je me suis tracée, faire quelques citations. Voyons d'abord les qualités que Nodot exige de celui qui est appelé à régler ces sortes de comptes :

Il faut qu'il ait la pratique des vivres, pour s'en bien acquitter; car un homme qui n'en a point connaissance, ne peut pas statuer sur de certains articles qui dépendent de l'expérience. De plus, un homme ignorant dans ce métier, — car c'est un vrai métier que les vivres, — fait cent difficultés mal à propos aux comptables; et ces difficultés ne servent qu'à leur ôter la confiance qu'ils doivent avoir pour celui qui reçoit leurs comptes, les chagriner et les contraindre quelquefois à intenter des procès (¹).

(1) Nodot, *Le Munitionn.*, p. 207.

L'administration centrale a-t-elle un personnel remplissant les conditions voulues? Ce que j'en ai dit au chapitre VII, prouve qu'il n'en est pas ainsi. Ce n'est pas seulement pour le service des subsistances que l'administration centrale entend mal les liquidations, c'est pour tous les services. Un trésorier, aujourd'hui sous-intendant militaire, me racontait un jour que les bureaux de la guerre avaient mis à la charge du conseil d'administration de son régiment, pour je ne sais quel vice de forme, une dépense réellement faite, incontestable et indispensable; le conseil était peu disposé à réintégrer en caisse la somme rejetée. Voici, me dit le trésorier, comment je le sortis d'embarras : je priai un de mes amis, luthier, de me donner une quittance de complaisance égale à la somme mise à notre charge, pour de prétendues réparations à des instruments de musique qui n'en avaient pas besoin; en sorte que, sans bourse délier, la réintégration fut faite. Combien de quittances n'ont pas d'autres causes!

Dans les liquidations du service des vivres, on met à la charge des comptables dix, vingt, trente mille francs. Quelques-uns versent les sommes qu'on exige d'eux; d'autres déclarent ne pas pouvoir s'acquitter, et alors on exerce une retenue sur leur solde, retenue qui ne couvrira jamais peut-être le déficit, le comptable fût-il cinquante ans en activité : de plus, cette retenue, mentionnée sur son livret de solde, est une sorte de stigmate qui fait un tort considérable à celui qui en est frappé. L'intendance militaire, sur le vu de ce livret, juge que le porteur est un mauvais comptable et s'en méfie : chez le payeur et dans les bureaux où cette fatale retenue est connue et exercée, cela devient l'occasion des commentaires les plus désobligeants, qui sont dits en secret à toute la ville dans laquelle le pauvre comptable arrive. Par là, l'administration crée à l'homme à qui elle accorde encore sa confiance, les plus grands embarras et la plus pénible situation : elle le frappe pécuniairement et moralement ; c'est une sorte de réprobation qu'elle fait peser sur ceux-là mêmes qui ont le plus besoin d'être élevés dans l'opinion publique. Une retenue analogue, exercée sur la solde d'un officier de l'armée, n'offre aucun de ces inconvénients ; pourvu qu'un militaire soit brave et se comporte bien au feu, on s'inquiète peu du reste.

Le comptable d'une place de l'intérieur fut chargé, à deux reprises différentes, de fabriquer une certaine quantité de biscuit ; il s'aperçut d'une différence considérable entre le rendement trouvé par lui et la fixation ministérielle. La première fois, il crut s'être trompé, et ne dit rien ; la seconde fois, s'étant assuré que la fixation était erronée, il réclama. L'administration centrale répondit qu'ayant accepté le rendement pour la première opération, il était étonnant qu'il eût des objections à élever plus tard. Le comptable répliqua en disant qu'il croyait la fixation bien faite, et que, sans chercher autrement la cause du déficit, il l'attribua à quelque mécompte de sa part, se promettant d'y regarder de plus près une autre fois, s'il y avait lieu; en effet, à la seconde commande, la même différence s'étant fait remarquer, il chercha à s'en rendre compte, et voici à quelle solution il était arrivé : le biscuit militaire, qui doit pouvoir se conserver un an, n'est autre chose que de la farine et de l'eau pétries ensemble en pâte très-dure, sans addition de levain ou de sel. L'eau mêlée à la farine pour aider à la manipulation, s'évapore à la cuisson, et il ne doit rester converti en biscuit qu'un poids correspondant à la farine employée, déduction faite de l'humidité végétative contenue dans la farine et qui s'évapore également au four. Un rapport de l'Académie des sciences appuyait le dire du comptable. Ce raisonnement était simple et clair comme le jour; l'administration centrale liquida sans contester davantage les comptes présentés par le comptable. L'erreur de rendement portée dans la fixation ministérielle étant reconnué, une autre administration l'eût signalée par une circulaire, pour éviter tout mécompte à l'avenir. L'administration centrale n'en fit rien ; et c'est ici qu'on remarque une règle de conduite qui lui appartient en propre. Si les comptables à l'intérieur font peu de biscuit, ceux de l'Algérie en font beaucoup ; et il était pour eux d'un grand intérêt de connaître l'erreur dont il s'agit. Eh bien ! non-seulement on ne la leur signala pas, mais les comptables qui eurent des déficits sur cet article furent tenus à les rembourser, comme si la fixation ministérielle était rigoureusement exacte. L'un de ces comptables, qui avait à payer une somme considérable à ce sujet, plus de cinquante mille francs, apprit par hasard qu'un de ses collègues de l'intérieur avait dans les mains une décision ministérielle qui pouvait lui être favorable : il lui en demanda copie, et la produisit à l'administration, qui n'insista pas pour le remboursement mis précédemment à sa charge ; mais, pour les autres comptables qui n'eurent pas connaissance de cette dépêche ministérielle, ils restèrent sous le coup de la fixation erronée. L'existence de ce double tarif se répandit bientôt, et le rendement du biscuit fut enfin ramené à un taux uniforme, celui du règlement.

Comment qualifier cette manière d'agir de l'administration centrale ? Quoi qu'on puisse dire, elle n'est pas honorable. Cette administration semble ignorer que sa tâche est de guider les comptables, qu'elle est tutrice de leurs intérêts comme de ceux du trésor ; au lieu de cela, elle argumente ainsi : J'ai demandé aux comptables un rendement exagéré de biscuit, c'est vrai ; mais puisqu'ils me le donnent, c'est qu'ils l'ont trouvé apparemment. Comment l'ont-ils obtenu? Je n'ai pas à m'en occuper ; ce n'est pas mon affaire, c'est la leur. Proposition fausse et immorale! Non! vous ne devez pas accepter ce rendement forcé, si vous êtes convaincue qu'il n'a pu être obtenu par des voies légales ; pas plus qu'un maître, honnête homme, n'accepte de son serviteur une somme provenant d'une source équivoque! Il y a plus ; si vous vouliez aller au fond des choses, vous verriez que ce comptable qui vous donne le rendement, à ce que vous dites, ne l'a pas trouvé : seulement, il accepte votre fixation comme article de foi, ou parce qu'il est incapable de la discuter. Mais l'administration de la guerre croit ses comptables très-forts, et en cela, comme pour le reste, elle se trompe. Certes, si tous les comptables ressemblaient à celui qui a fait toucher au doigt l'erreur de rendement sur le biscuit, elle n'aurait qu'à apprendre avec eux ; mais ces comptables d'élite sont de plus en plus rares, et la plupart d'entre eux aujourd'hui sont si faibles, que, hors d'état de discuter leurs droits avec succès, ils y renoncent, s'ils ne sont pas aidés par des collègues plus habiles, sauf à se dédommager des pertes qu'ils essuient par quelques fraudes qui les indemnisent. Voilà, il faut bien qu'on le sache, à quoi aboutit la sévérité plus qu'excessive des liquidations ministérielles.

Et quand l'administration centrale veut s'excuser en se rejetant sur les intérêts du trésor, qu'elle doit défendre, on lui prouve aisément qu'elle s'y prend fort mal d'abord, et qu'elle les sacrifie même, à l'occasion, avec un sans-façon assez remarquable; en voici un exemple : En 1846, quand on ordonna de bluter les farines de munition à quinze pour cent au lieu de dix, on laissa aux comptables abonnataires ces cinq pour cent de son, sauf imputation au prix de leurs abonnements. Un modèle d'état, expédié officieusement aux comptables par un imprimeur patronné par les bureaux de la guerre, traça la marche à suivre pour faire cette imputation assez compliquée. Ce modèle était erroné, et les résultats qu'il donnait étaient au préjudice du trésor; cependant, il fut pris pour guide dans plusieurs divisions militaires. L'erreur fut signalée à l'administration centrale; mais l'auteur du modèle, par amour-propre, n'en persista pas moins à le laisser fonctionner, et il ne fut changé officiellement qu'à la fin de 1847, c'est-à-dire après avoir été en usage près de deux ans, et quand beaucoup de rectifications d'office avaient eu lieu déjà.

Il y a un document qui prouve à lui seul, mieux

que toutes les réflexions qui pourraient être faites, de quelle manière vicieuse sont opérées les liquidations du ministère de la guerre; c'est un décret du 14 janvier 1853, *Moniteur* du 20 du même mois, qui exonère divers comptables des subsistances militaires, à titre de remise gracieuse des sommes dont ils ont été constitués débiteurs pour faits relatifs à leur gestion en Algérie, antérieurement à 1849.

Le tableau faisant suite au décret indique les motifs de l'exonération, qui se résument en majeure partie à ceux-ci : — Difficultés inhérentes au service en Afrique. — Manque de magasins et mauvais état de ceux mis à la disposition du comptable. — Maladie du comptable, qui ne lui a pas permis de surveiller son service. — Voilà certes des cas de force majeure de la dernière évidence; eh bien! ce qui doit étonner en lisant ces notes, c'est de voir que ces circonstances, lors de la liquidation définitive, n'ont pas été prises en considération par l'administration centrale : elle paraît vouloir, c'est ce qui résulte implicitement de ses annotations, que le service à l'armée se fasse aux mêmes conditions que dans l'intérieur, où tout est réglé, ordonné, installé comme on ne l'est jamais à l'armée; il y a plus, elle va jusqu'à rendre les comptables responsables des avaries résultant de l'insuffisance des abris nécessaires aux approvisionnements. Ce sont de ces exigences tellement exorbitantes, qu'on ne voudrait pas y croire si on ne lisait textuellement ceci à la cinquième ligne du tableau en question : « Une partie de ces » avaries mises à la charge du comptable, a eu » pour cause l'insuffisance des abris sous lesquels » les denrées étaient placées. » Il a fallu quatre ans de réclamations de la part des comptables, pour que l'administration finît par reconnaître qu'il était juste de les exonérer; et peut-être cette pensée n'est-elle venue que lorsqu'on s'est assuré qu'ils étaient dans l'impossibilité de s'acquitter jamais : si, par malheur, ils eussent eu quelque fortune immobilière, elle aurait dû être sacrifiée à ces exigences administratives. Ces liquidations sans règle ni justice, cette responsabilité imposée aux comptables sans limites fixes et précises, ont eu pour résultat de les réduire parfois à chercher dans le suicide un refuge contre des rigueurs au-dessus de leurs forces : l'un de ces malheureux, avant de mettre fin à ses jours, a écrit une lettre publiée dans le temps par les journaux, et dans laquelle il couvre de malédictions cette administration dure souvent jusqu'à la cruauté. Et elle est telle sans s'en douter, sans le vouloir à coup sûr; c'est là son excuse : mais le mal qu'elle fait n'en existe pas moins; seulement, connaissant imparfaitement les choses qu'elle devrait savoir à fond, elle croit encore avoir été clémente dans ses actes les plus rigoureux, et il faut que les années s'écoulent et lui montrent la détresse de ses victimes pour qu'elle reconnaisse son erreur. Ah! sans doute, ils sont coupables les comptables qui cèdent aux conseils du désespoir; il ne faut jamais désespérer de la justice : si celle des hommes est aveugle et boiteuse, celle de Dieu ne manque jamais à qui la demande avec foi et du fond du cœur. Mais on reconnaîtra certainement aussi qu'une administration qui a recours à la juridiction gracieuse, lente et toute de bon plaisir, au lieu d'une justice ferme, bienveillante et prompte, n'est pas exempte de reproches, et que ce n'est pas trop exiger que de souhaiter la voir se constituer sur des principes plus équitables et mieux entendus.

Quelques comptables forts de leurs droits ou plus hardis, et qui ne veulent pas attendre les effets trop incertains de la juridiction gracieuse, appellent au conseil d'État des liquidations de l'administration centrale qui les lèsent. Mais que de difficultés les attendent! D'abord, ce sont les lenteurs de cette juridiction administrative, qui exige trois ou quatre ans au moins avant qu'une décision intervienne. Là n'est pas cependant le plus périlleux de l'entreprise; la question la plus délicate est d'arriver à persuader le conseil de la bonté de sa cause : cette tâche est celle de tout plaideur devant un tribunal, sans doute; mais, devant un tribunal ordinaire, il y a les lois, la jurisprudence, sur lesquelles on s'appuie et qui ont été étudiées et commentées par cent auteurs divers : ici, la loi, c'est le règlement, ce sont des dispositions ministérielles ou des actes de l'intendance militaire qu'il faut commenter, discuter devant des hommes pour qui ces détails sont nouveaux, et qui, appelés à réglementer des affaires du plus haut intérêt, ne peuvent regarder que comme de fort minces valeurs les réclamations d'un comptable des subsistances. D'ailleurs, dans le monde administratif civil, où l'on n'est pas forcé par devoir et par expérience de savoir comment se liquident les comptes d'un comptable des subsistances, on a peine à croire qu'une liquidation, opérée en premier ressort par l'intendance militaire et définitivement par l'administration centrale, n'est pas une liquidation bien faite; et un comptable qui fait appel au conseil d'État, passe volontiers pour un de ces hommes quinteux qui ne sont contents de rien et de personne : on ne peut pas voir favorablement, dans l'ordre de la hiérarchie, un subordonné qui vient en quelque sorte porter plainte contre ses supérieurs; enfin, pourquoi ne le dirais-je pas? il y a toujours une sorte de prévention qui accompagne dans ce cas un comptable des subsistances; on voit en lui le fournisseur d'autrefois qui s'est enrichi, et qui cherche encore à bénéficier d'une somme que l'administration, économe des deniers de l'État, se refuse à payer. Tout en rendant hommage à l'indépendance des membres qui composent le conseil d'État et à leur amour de la justice, je crois pouvoir dire que, même à leur insu, les influences que je signale, et qui dans une certaine mesure n'ont rien que d'honorables, pèsent dans la balance de leur décision et militent contre les comptables.

En parcourant le recueil des arrêts du conseil d'État, j'ai cherché à me rendre compte de quelle manière il envisage les rapports d'un comptable des subsistances à l'égard de l'intendance militaire ou de l'administration centrale; ses obligations, ses devoirs, ses droits, etc.... J'avoue que je n'ai rien trouvé de satisfaisant à ce sujet : me suis-je trompé? ai-je mal cherché? C'est possible ; je dis ce que j'ai fait. Dans ce recueil, il est une affaire déférée au conseil d'État qui m'a frappé plus particulièrement que d'autres, parce qu'elle est en contradiction avec l'idée que je me suis formée d'un comptable des subsistances. C'est, selon moi, un agent d'exécution, un être passif : on lui dit va, et il doit obéir; paie, fais telle avance à l'État, selon les règlements en vigueur, il doit obéir encore. Or, c'est la position dans laquelle se trouvait un comptable d'Alger qui, gérant de clerc à maître, ne faisait aucune dépense sans qu'elle fût préalablement autorisée par le sous-intendant militaire. Ses comptes sont liquidés en premier ressort par l'intendant à Alger, sans observation; mais à l'administration centrale à Paris, un an ou deux après les faits accomplis, on rejette des comptes de ce comptable une somme de plusieurs mille francs: et quand il demande des explications, on lui répond qu'on a comparé son service des fourrages à celui des places voisines, et que des rapprochements faits il résultait qu'il comprenait un nombre de journées d'ouvriers beaucoup trop considérable, eu égard au travail exécuté. Appel du comptable au conseil d'État; pour justifier son appel, il argumentait ainsi: Pour apprécier une dépense, il ne suffit pas de la comparer avec une autre de même nature; il faut encore faire entrer en ligne de compte les circonstantes et les incidents qui ont concouru à la réduire ou à l'augmenter. Dans un autre ordre d'idées, mais qui fait saisir la pensée du comptable, nous voyons une troupe dans des conditions favorables faire une étape, deux étapes même en un jour, et cette même troupe, dans une autre occasion, ne pas pouvoir faire une demi-étape. Or, disait le comptable, qui mieux que le sous-intendant militaire, homme reconnu compétent pour contrôler la dépense et pour l'apprécier, peut prononcer sur le nombre d'ouvriers nécessaires au service des fourrages en question, dans les conditions particulières où je me suis trouvé? Eh bien! voici des états au bas desquels il y a non pas un simple visa, mais une approbation motivée du sous-intendant qui autorise ce nombre de journées; voici des états émargés portant la quittance des individus qui ont reçu les sommes dont la dépense est autorisée : en bonne justice, est-ce à moi de supporter la retenue que la liquidation de l'administration centrale veut me faire subir! Le recueil, page 367, année 1847, ne mentionne pas la réponse de l'administration centrale; mais voici le sens de la décision du conseil d'État qui est intervenue. Il a décidé que le comptable était responsable, parce que c'était sur sa proposition que le sous-intendant militaire avait approuvé le nombre d'ouvriers jugé trop considérable.

Il suit de là implicitement que les rapprochements plus ou moins spécieux des bureaux de la guerre ont plus de force et d'autorité que l'approbation *de visu* du sous-intendant militaire et la liquidation première de l'intendant militaire, qui, lui aussi, était sur les lieux. Cette doctrine, en contradiction avec les faits, est aussi en opposition avec cette pensée fort juste et toute pratique : *on administre de près, on gouverne de loin.* Bien d'autres conséquences découlent de cette décision, je laisse aux hommes du métier à les tirer.

J'étais désireux d'assister à une audience du conseil d'État, et j'ai saisi l'occasion qui s'est offerte à moi le vendredi 11 novembre 1853. Arrivé avant l'ouverture de la séance, je repassais dans ma mémoire quelques passages des oraisons funèbres du premier président de Lamoignon et du chancelier Le Tellier, que je trouvais de circonstance. Fléchier dit des mauvais juges :

Ils sont également criminels à l'égard de ceux qu'ils condamnent ou par erreur ou par malice. Qu'on soit blessé par un furieux ou par un aveugle, on ne sent pas moins sa blessure ; et, pour ceux qui sont ruinés, il importe peu que ce soit ou par un homme qui les trompe ou par un homme qui s'est trompé.... Il savait (Le Tellier) qu'un juge doit rendre compte non-seulement de son travail, mais encore de son loisir ; qu'il est également coupable de laisser triompher la malice des uns ou languir la misère des autres ; qu'il doit racheter le temps et abréger les mauvais jours que les procès donnent à des misérables qui ne sont pas moins ruinés par la longueur des procédures que par l'erreur des jugements.

Après plusieurs affaires ayant trait à la grande voirie de Paris et à des limites de propriétés en Algérie, on appelle l'affaire d'un comptable des subsistances qui refusait d'accepter les liquidations du ministère de la guerre. Voici trois points principaux du débat : — Le comptable disait : Il a été nécessaire d'emmeuler des foins en plein air, à cause de l'insuffisance des locaux; l'air atmosphérique a détérioré le foin extérieur de ces meules; le sous-intendant, lors de la consommation de ces meules, dans un procès-verbal motivé, a fait remettre le foin altéré au domaine, en vertu de l'article 549 du règlement des subsistances, et a déchargé le comptable de toute responsabilité pour ces avaries inévitables. L'administration centrale, deux ans après les faits accomplis, a mis ce foin à la charge du comptable. Ce rejet est un pur caprice administratif, disait le requérant, car de semblables actes ont toujours reçu l'approbation de l'autorité supérieure. Voici la conclusion du commissaire du gouvernement : il lit l'article 549, en vertu duquel le procès-verbal est dressé; il ne trouve pas qu'il y soit mention du foin qui peut se détériorer en pareil cas : il conclut que c'est par la faute du comptable si le foin s'est avarié; et il propose sur ce premier article le rejet de la requête du comptable.

Ce cas est précisément celui que nous avons analysé plus haut, page 144; que le lecteur prenne la peine de s'y reporter, et il verra dans quelle position difficile se trouve parfois un comptable.

Le second point était celui-ci : L'administration de la guerre a chargé le comptable d'achats de froment. Aux termes de l'article 396, le grain doit être acheté net et criblé; mais, lors du règlement des dépenses d'achats, des observations furent faites sur la valeur des frais et des déchets de criblage en nature : à cette époque, une opinion prévalait dans les bureaux de la guerre, c'était de compter de clerc à maître; au lieu donc d'admettre *in globo* les achats du comptable comprenant le prix des grains nets et criblés, on lui fit une réduction en argent proportionnelle aux frais de déchet et de criblage déclarés par le comptable; l'administration centrale, en même temps, donnait ordre de procéder à des épreuves de criblage. Cependant, aucune décision ministérielle n'intervint pour la fixation de ces divers frais : en fin d'année, un déficit fut constaté; ce déficit ayant été attribué par le comptable au déchet en nature, dont la fixation était suspendue, l'administration n'a point accueilli cette justification et a mis le déficit à la charge du comptable.

Celui-ci, dans sa requête au conseil d'État pour faire réformer la décision ministérielle, présentait les procès-verbaux dressés par le sous-intendant militaire pour constater les déchets de criblage, plus une dépêche ministérielle qui, par une singulière confusion de dates, prétendait avoir déjà fixé et alloué ce déchet en nature. Dans sa réponse à la requête du comptable, l'administration centrale nia les ordres qu'elle avait donnés, prétendit que le comptable avait acheté net et criblé aux termes du règlement, et qu'il ne lui était rien dû. Le commissaire du gouvernement, sans tenir aucun compte des documents produits par le comptable, et s'appuyant sur l'article 396 précité, partagea l'avis de l'administration centrale ; et ce second article de la requête fut rejeté !

Le troisième point de la requête était celui-ci : Le comptable, appelé à une nouvelle gestion comme gérant abonnataire, entra en exercice fin d'août 1847; son prédécesseur ne lui cacha pas que c'était l'insuffisance des primes de son abonnement qui l'avait décidé à demander son changement. Le comptable averti prit toutes ses mesures pour vérifier l'exactitude de l'avis de son collègue, pendant le cours du 4e trimestre de l'exercice. Une fois convaincu de l'insuffisance de son abonnement, il formula, dès les premiers jours de janvier 1848, une demande en révision de cet abonnement. L'administration autorise le comptable à justifier de l'augmentation de primes qu'il sollicite. Celui-ci, en adressant ses propositions, déclare qu'il demande son changement si elles ne sont pas acceptées. Plusieurs mois se passent sans aucune décision supérieure ; il va à Paris pour savoir à quoi s'en tenir, il obtient la promesse formelle qu'il sera fait droit à sa demande : enfin, fatigué d'attendre vainement, il sollicite un autre service, on était en novembre 1848 ; mais, tout en allant prendre possession d'une nouvelle gestion, il est obligé, par ordre supérieur, de faire gérer par procuration le service qu'il quitte, jusqu'au 1er avril 1849, époque à laquelle on installa la gestion de clerc à maître dont j'ai parlé à la page 90. Le comptable, s'appuyant sur les résultats de la gestion de clerc à maître, demanda une indemnité pour être resté dix-neuf mois malgré lui à la tête d'une gestion onéreuse. Le refus de l'administration de faire droit à sa réclamation, motivait son recours au conseil d'État. La requête portait que si par devoir le requérant était obligé de rester à son poste, l'administration, à son tour, était tenue de lui payer une indemnité égale au montant de la prime qu'il réclamait. L'administration niait faiblement l'insuffisance des primes, et se rejetait sur les circonstances politiques, qui n'avaient pas permis de remplacer plus tôt le comptable. Le commissaire du gouvernement reconnaît l'exactitude des faits mentionnés dans la requête, mais il ajoute : Le comptable qui se plaint des primes de son abonnement, pouvait compter de clerc à maître, ce mode sauvegardait ses intérêts ; s'il ne l'a pas fait, c'est qu'il avait sans doute ses raisons pour cela, mais dès lors il n'est pas fondé à réclamer une indemnité. En conséquence, il concluait au rejet de ce troisième article de la requête.

J'avais beau avoir entendu cette argumentation

de mes deux oreilles, je n'étais pas bien sûr de ne m'être pas trompé; cependant, une autre affaire étant appelée et l'avocat du comptable se disposant à sortir, j'en fis autant, et je l'abordai en lui disant : Mais le commissaire du gouvernement commet une erreur capitale; la requête et le rapport du rapporteur citent l'article 364 du règlement des subsistances, qui rend obligatoires pour le comptable entrant en exercice les abonnements existants : or, prétendre qu'il était loisible au comptable de compter de clerc à maître, c'est nier l'effet de cet article absolu du règlement, base de la requête du comptable; l'erreur est manifeste. — C'est évident, reprit l'avocat; le Conseil modifiera certainement cette conclusion. — Désireux de connaître en quoi consisterait la modification prévue, je me suis procuré le texte du décret; en voici un extrait :

Considérant que, conformément à la disposition de l'article 364 du règlement sur les subsistances militaires, le sieur .... est devenu, par le seul fait de sa prise de possession du service, titulaire de l'abonnement en cours d'exercice dans la place; que si le sieur .... a réclamé après son entrée en fonctions la révision de son abonnement, sa réclamation n'a pas été admise (1); et qu'il résulte de l'instruction que ce comptable a continué à gérer et à compter

(1) C'est inexact, en ce sens qu'aucune décision ministérielle n'est intervenue jusqu'au moment où le comptable a demandé son changement de résidence.

comme abonnataire jusqu'au 1er avril 1849 ; que, dès lors, il n'est pas recevable à demander une indemnité à raison de l'insuffisance prétendue de la prime d'abonnement....

La requête du sieur .... est rejetée.

Il n'est plus question, comme on le voit, du droit que le comptable avait de compter de clerc à maître ; mais on lui reproche d'être resté gérant après le rejet de sa réclamation, autre inexactitude aussi considérable que la première : le comptable, fatigué du silence de l'administration, a renouvelé la demande de son changement de résidence ; il a obtenu justice en ce point, mais est-ce de sa faute si on l'oblige à gérer jusqu'au 1er avril 1849? Fallait-il qu'il abandonnât son service? Mais c'était un cas de destitution, et le conseil d'État aurait été fondé à lui dire s'il y avait eu appel : Le premier devoir d'un fonctionnaire, à tous les degrés de l'échelle administrative, est de rester à son poste ; sauf à moi, conseil d'État, à apprécier vos plaintes et les pertes que vous avez essuyées. — En résumé, le Conseil s'appuie, pour rejeter la requête, sur un fait démenti par les pièces jointes au dossier.

Dans la même requête, on avait sollicité l'interprétation de divers articles du règlement des subsistances : le conseil d'État, à mon avis, est une sorte de cour de cassation administrative ; eh bien, la question a été passée sous silence complètement. Je ne veux pas l'analyser ici, j'aurais l'air de faire la révision d'un procès fini et oublié.

Les décisions du conseil d'État ne sont pas toutes comme celles que je viens de signaler; il en est plusieurs où ont triomphé les vrais principes administratifs, tels que je les comprends. Aussi, les citations que j'ai faites ici ont seulement pour but de montrer qu'on se tromperait en regardant le conseil d'État comme pouvant tracer la ligne administrative à suivre par l'autorité supérieure. Quel que soit le mérite des hommes qui le composent, il manque à la plupart la connaissance pratique des errements administratifs, sans lesquels on court risque de se fourvoyer, quand il s'agit de prononcer sur des questions techniques d'administration. On dit que lorsque intervient une décision du Conseil qui condamne l'administration, celle-ci jette les hauts cris et prétend qu'il n'est plus possible d'administrer : j'ignore jusqu'à quel point cette affirmation est exacte; mais je crois que si une autorité supérieure pouvait en connaissance de cause reviser les décisions de l'administration centrale, bien loin d'être affaiblie par là, elle serait fortifiée, et c'est plutôt l'absence de tout contrôle, qu'un contrôle sévère, qui lui est nuisible (1).

(1) Les personnes qui aiment à faire des rapprochements et à comparer, pourront mettre en présence des décisions du conseil d'État que je viens de citer, une affaire de subsistances militaires plaidée devant la cour d'appel de Paris, à l'occasion du privilége que reven-

Il semblerait que l'administration centrale devant le conseil d'État dût rester toujours digne et, ce qu'elle est enfin, un pouvoir considérable dont la parole fasse autorité et ne puisse pas être contredite par le comptable son adversaire. Il n'en est rien pourtant : elle se défend un peu comme ces médiocres avocats qui injurient ceux qu'ils combattent, à défaut de bonnes raisons; et, quand elle affirme un fait, le comptable prouve, pièce en main, qu'elle a dit et ordonné le contraire. Pour se faire une idée de la manière dont l'administration discute et se défend devant les premiers pouvoirs de l'État, je donne à la fin de ce volume un mémoire que j'ai écrit en 1847, à l'occasion du déficit du comptable Bénier, de la manutention de Paris : on y verra ses faux-fuyants, ses dénégations en présence de preuves authentiques; ses faiblesses, quand ce comptable vivait encore; sa dureté à son égard, quand il n'existait plus; enfin, cette absence de calme et de dignité si convenables à une grande administration, qui devrait toujours allier l'indulgence à la sévérité, de telle sorte qu'on ne pût se défendre de l'aimer et de la respecter même dans ses arrêts les plus rigoureux.

---

dique le trésor sur les immeubles de M. Bénier, l'ancien comptable de la manutention de Paris. — Lire notamment le journal *le Droit* des 22 janvier et 7 février 1854. On verra avec quelle haute raison l'avocat général discute les prétentions du trésor et conclut contre lui.

L'administration centrale, au lieu d'être désarmée en suivant cette règle de conduite que dicte le simple bon sens, s'en trouverait plus forte; agir autrement, c'est se nuire, c'est aller contre les intérêts de l'État. Tel était l'avis du comte d'Argenson, ministre de la guerre en 1744. « En » envoyant à l'improviste des contrôleurs dans les » magasins, il put reconnaître la fausseté de cer- » tains états de situation; et acquit la certitude de » la collusion du chef et de ses préposés. Un » autre ministre aurait tiré avantage de cette » découverte, et se serait fait proclamer un grand » administrateur; d'Argenson eut la bonne foi de » dire : Ils en savent plus que moi; je perdrai » toujours à ce jeu : il n'est dans l'administration » militaire qu'une seule garantie, elle est tout » entière dans la probité des agents et dans » l'honneur des officiers; appliquons-nous à les » bien choisir (1). »

Combien n'avons-nous pas vu d'hommes depuis quinze ans qui, sans être ministres, comme d'Argenson, ont voulu se faire proclamer grands administrateurs en écrivant les circulaires les plus confidentielles et les plus sévères chaque fois que se révélait quelque désordre, sans s'apercevoir qu'un désordre nouveau surgissait au moment où

(1) Audoin, *Hist. de l'adm. mil.*, t. III, p. 98.

ils se flattaient d'y avoir mis un terme ! Comme si l'histoire de tous les temps n'était pas là pour nous apprendre que les lois les plus rigoureuses peuvent bien intimider et désaffectionner les honnêtes gens, mais qu'elles sont impuissantes pour arrêter l'homme coupable qui est décidé à les violer !!

CHAPITRE XI.

COMPTABILITÉ-MATIÈRES. — COUR DES COMPTES.

Un des penseurs et des hommes célèbres du siècle dernier, Burke, s'exprime ainsi sur les hommes exclusivement formés aux affaires dans les bureaux : « Il y a beaucoup à apprendre, sans » aucun doute, à l'école des affaires de bureau, » avec toutes les méthodes et toutes les formes » inflexibles et limitées qui dominent là ; mais on » peut dire avec vérité que les hommes trop ver- » sés dans ces matières sont rarement des esprits » d'une remarquable largeur. Leurs habitudes offi- » cielles les inclinent à penser que le fond d'une » affaire n'est pas beaucoup plus important que la » forme dans laquelle elle est conduite (1). » C'est

(1) *Burke*, par M. de Rémusat. *Rev. des Deux-Mondes*, 15 janv. 1853.

une pensée dont il est utile d'être pénétré au début de ce chapitre, traitant de la forme et du fond sous lesquels les matières doivent être considérées en administration.

La surveillance et le contrôle de la cour des comptes sur les matières appartenant à l'État, sont une création récente ne datant que de 1845 : mais depuis longtemps déjà on signalait la nécessité de cette mesure, comme le complément indispensable de l'action que la cour exerce sur le maniement des deniers publics.

Voici le passage d'un ouvrage qui résume parfaitement, à mon avis, avec les préventions ayant cours encore aujourd'hui, les causes bonnes et mauvaises qui ont motivé l'établissement de la comptabilité-matières, comme on l'entend aujourd'hui :

Lorsque l'État échange son numéraire contre des matières destinées à alimenter ses magasins, ses arsenaux, ses chantiers, il ne dépense pas, il ne fait que convertir ses valeurs. Cela a été compris en partie par tous les services qui ressortissent au ministère des finances. L'application des deniers aux tabacs en feuille, aux poudres de commerce, aux cartes, aux lingots d'or et d'argent des ateliers monétaires, et au papier destiné à recevoir le timbre, donne immédiatement lieu à une comptabilité en matières ; mais on n'a pas suivi cette voie en ce qui concerne les deux ministères qui opèrent des conversions analogues sur une bien plus grande échelle, la guerre et la marine.

Les achats une fois effectués dans ces deux départements,

les valeurs converties sont livrées à des agents qui ne sont pas comptables ; et, tandis que le ministre des finances, préposé à la garde de la fortune publique, a sous la main non-seulement les deniers, mais encore le domaine public, les forêts et toutes les valeurs converties que j'ai citées plus haut, les conversions destinées aux approvisionnements de la guerre et de la marine échappent entièrement à sa surveillance. Les valeurs immenses enfouies dans les arsenaux d'un ministère, dans les chantiers de l'autre, dans les magasins des subsistances de tous deux, sont confiées à des agents qui sont indépendants du ministère des finances et de la cour des comptes. Il est vrai que depuis 1829 le ministère des finances et les chambres reçoivent des deux départements détenteurs des tableaux de situation des valeurs converties ; il est vrai que l'on peut espérer que ces documents seront perfectionnés : mais ce qui constituera toujours de graves lacunes, c'est que ces comptes sont dépourvus de pièces et que les agents dépositaires de ces valeurs ne sont pas soumis aux deux juridictions qui pèsent sur les comptables en deniers....

Il résulte de cette marche, d'une part, que le budget des dépenses n'est pas en totalité composé de dépenses, et qu'il y figure à ce titre d'importantes opérations qui ne sont autre chose que des conversions de valeurs ; d'autre part, qu'il se fait chaque année des dépenses véritables dont ne parlent ni les budgets ni les comptes. La conversion étant censée une dépense, on la vote comme telle, on en rend compte comme telle ; et la conversion de la valeur convertie, qui est la vraie dépense, ne donne lieu ni à un vote ni à un règlement.... En prenant pour base du mouvement de la fortune de l'État les budgets et les comptes soumis aux chambres, il pourrait arriver que l'on crût l'État moins riche, précisément l'année où ses magasins regorgeraient de valeurs, et que l'on supposât que l'État fait des économies, précisément l'année où il y aurait une dilapidation des denrées et matières entassées dans les magasins. Il est évident que ce système fausse complètement les résultats que prétend donner la comptabilité publique.

Le bilan que pourrait dresser actuellement le ministre des finances ne serait que le bilan de la fortune pécuniaire, et non pas le bilan de la fortune de l'État..... Qu'un particulier qui ne récolte que peu de denrées et espère les vendre immédiatement, ne tienne qu'un compte d'écus; sans être fort logique, cela n'a pas grand inconvénient. Le particulier ne doit compte qu'à lui-même : mais les ministres, mais les chambres même ne font pas leurs propres affaires; leur position est celle d'un intendant, d'un mandataire, qui doit compte à autrui. Sous peine de ne pas être vrai, le compte dans ce cas doit tout dire....

Le contrôle administratif de la comptabilité générale et le contrôle judiciaire de la cour des comptes pèsent de leur double poids sur tous les manutenteurs de deniers. La loi les assujétit à un cautionnement, donne au ministre des finances hypothèque et privilége sur leurs biens, et les oblige à purger leur responsabilité par des arrêts en forme... Les manutenteurs des valeurs converties ne relèvent d'aucun de ces contrôles, ne donnent aucune de ces garanties... Les valeurs mobilières, de quelque nature qu'elles soient, exigent de grandes précautions. Cent mille francs de bronze, de blé ou de chanvre, ne sont pas moins essentiels à conserver que cent mille francs d'argent monnayé. Le maniement des matières doit entraîner les mêmes conséquences que le maniement des écus (1).

(1) M. Montcloux. *De la Comptabilité publiq. en France*, pp. 110 à 116. Paris, 1840.

Le cadre limité et spécial que je me suis tracé et dont je ne veux sortir que le moins possible, ne me permet pas, quand même je ne serais pas trahi par mes forces, d'embrasser dans toute son étendue la vaste question que soulève la citation qui précède, et qui pèche en plus d'un point par l'exactitude; mais, en restant sur mon terrain circonscrit et pratique, peut-être pourrais-je faire voir que notre auteur s'abuse quelque peu en attendant de la comptabilité-matières des résultats qu'elle ne donnera jamais. Mais d'abord, qu'est-ce que la cour des comptes? « C'est une magistrature sou-
» veraine instituée au sommet du système finan-
» cier de la France, pour juger la gestion des
» comptables, pour vérifier l'exécution des lois et
» règlements sur la perception et l'emploi des de-
» niers du trésor, des départements, des communes
» et des établissements nationaux, et pour contrôler
» aux yeux de tous, par la publicité annuelle de
» sa déclaration générale et de son rapport au roi,
» l'exactitude des comptes des ministres et la régu-
» larité de leurs opérations (1). » Tous les hommes compétents sont d'accord pour reconnaître à quels nombreux abus on a mis un terme par le contrôle qu'exerce la cour des comptes sur les finances de l'État, et par l'organisation de la comptabilité des

(1) M. le marquis d'Audiffret, *Encyclopéd. du droit*, au mot Cour des comptes. 1847.

deniers publics telle qu'elle existe aujourd'hui : on rend justice à la régularité parfaite avec laquelle fonctionne cette vaste et puissante administration des finances, qui chaque année résume toutes les recettes et les dépenses en argent de l'État. Cependant, si l'action de la cour des comptes et de l'administration des finances est efficace pour assurer la perception de l'impôt, pour faire entrer dans les caisses du trésor, dans un délai déterminé, l'argent destiné à assurer les services publics; cette action, quant à la cour des comptes, est-elle aussi réelle lorsqu'il s'agit des dépenses?

Examinons : Quand un comptable du trésor doit recevoir une somme quelconque, par l'impôt ou autrement, il est facile de combiner une série d'écritures pour constater l'instant, si l'on veut, où la somme a été encaissée et le moment où l'État peut en disposer. Mais pour les dépenses, c'est autre chose; le mot est complexe. Il ne suffit pas de dire : J'ai acheté telle chose coûtant tant, payez-moi! — Mais cette chose a-t-elle les qualités requises; a-t-elle été payée ce qu'elle vaut et rien de plus? — La cour des comptes constate quelle somme devait entrer et est entrée dans les caisses de l'État; ce point établi, tout est dit, et il n'y a rien de plus à dire en effet. Mais pour les dépenses, que fait la cour aujourd'hui? Elle dit : Telle chose est entrée dans les magasins de l'État, je le constate; vous avez payé cette chose tant; vous produisez les marchés, les quittances : je n'ai plus rien à vous demander, l'opération a toute mon approbation. Cette question peut se résumer familièrement ainsi : Pour les recettes-deniers, un franc est un franc; pour les recettes-matières, il y a fagots et fagots : différence fondamentale et sur laquelle on ne saurait trop insister. L'essentiel, en effet, quand il s'agit de matières, c'est d'apprécier la nécessité et l'opportunité de l'achat, la qualité de la chose achetée, le prix payé; tous détails dont la cour des comptes ne s'occupe pas et ne peut pas s'occuper. A qui donc est dévolu ce contrôle, et quel est-il? contrôle de la plus haute importance; car, selon qu'il est bien ou mal exercé, l'État économise ou perd des millions. Ce contrôleur s'appelle l'*administration*, et, sans son concours intelligent et énergique, l'action de la cour des comptes, pour les matières, est en grande partie nulle et sans profit pour l'État. La cour, quant aux dépenses, qu'il s'agisse de deniers ou de matières, ne voit que des pièces; et quand les voit-elle? Un an ou deux après les faits accomplis, et le plus souvent quand le mal est sans remède. Une administration ignorante ou coupable pourra laisser dilapider les deniers publics tout en produisant des pièces fort régulières à la cour des comptes, qui s'en déclarera très-satisfaite et qui sera dans l'impossibilité de voir ou d'arrêter ces désordres. Il est donc bien important de constater le point de départ et la limite d'action de la cour, afin qu'il soit évident pour tous que son contrôle ne peut suppléer l'administration.

M. Montcloux dit : « Tandis que le ministre » des finances a sous la main non-seulement les » deniers, mais encore le domaine public, toutes » les valeurs converties *échappent* entièrement *à* » *sa surveillance.* » De ce que le ministre des finances a sous sa main les deniers, on veut lui donner les matières : je n'y contredis pas absolument, on verra ce que j'en pense au chapitre XIII ; mais ne peut-on pas dire avec juste raison que les deniers, quoiqu'il les ait dans la main, lui *échappent* comme les matières qui ne sont pas sous sa surveillance? En effet, quelle est cette surveillance du ministre des finances sur les fonds dont disposent les ministres de la guerre et de la marine, par exemple? Elle repose uniquement dans la limite des crédits budgétaires et sur l'action du payeur, qui, dit le même auteur, « examine si les » pièces produites constituent un titre pour le » créancier, si les actes sont en due forme, si le » créancier a rempli ses engagements et si la » somme mandatée ne dépasse pas la valeur du » service fait.... (page 105). » Les hommes positifs,

qui ne se paient pas de mots, mais qui s'attachent aux faits, savent que « les payeurs ne peuvent exer-
» cer sur les dépenses qu'une stérile vérification.
» Pour vérifier les dépenses de la guerre,... du
» ministère de l'intérieur,... des ponts et chaussées,
» etc...,il faudrait qu'ils possédassent une multitude
» de connaissances qui sont étrangères évidem-
» ment à leur profession de comptable... L'expé-
» rience prouve que, malgré les pièces nombreuses
» de justification que les payeurs n'ont pas cessé
» d'exiger à l'appui des ordonnances ou mandats
» ministériels, ils n'ont jamais été en état d'empê-
» cher aucun abus (1). » Ce n'est pas moi qui dis cela, c'est un autre financier qui me paraît plus praticien que M. Montéloux. C'est abuser des termes, à mon avis, que de comparer les services des poudres et tabacs, quant aux matières, à des services comme ceux de la guerre et de la marine. Il y a plus ; c'est que les comptes-matières, comme la comptabilité en partie double, n'ont remédié à aucun désordre quand l'administration, c'est-à-dire le contrôle local, a fait défaut ou a été négligent. Il y en a des exemples fameux au ministère des finances : le déficit Mathéo, en 1820, qui a été de trois millions de francs, d'où venait-il? De ce qu'on ne s'assurait pas de la présence en

(1) M. Masson, *De la Comptabilité des dép. publiq.*, p. 129. Paris, 1822.

caisse des sommes mentionnées sur les livres; celui de Kessner, en 1832, qui a été d'environ quatre millions, n'a pas une autre cause. Le cardinal Mazarin allait peut-être un peu loin quand il disait : « Celui qui a les finances peut toujours » tromper quand il veut; on a beau tenir les » registres (1). » Au moins, ce mot prouve-t-il qu'il faut autre chose que des registres.

Disons-le donc encore une fois, rien ne peut tenir lieu de l'administration, c'est-à-dire, la direction, l'emploi et le contrôle sur place des deniers et des matières; c'est ce que dit aussi le décret du 25 mars 1852 : « On gouverne de loin, » on administre de près. » Nous avons vu dans ces dernières années qu'on a signalé à la tribune un emploi de fonds déguisé au moyen de quittances fort en règle, et que naturellement la cour des comptes avait admises sans observation : cela arrive tous les jours, sur une échelle plus ou moins grande, selon que le contrôle local est plus ou moins bien exercé. Aussi, au point de vue du contrôle des dépenses, je serais disposé à trouver trop belle la part que les pouvoirs politiques accordent à la cour des comptes, et pas assez grande celle que l'on fait à l'administration. Car, en définitive, c'est l'action de celle-ci, bien ou mal

(1) Racine, *Fragments historiq.*, au mot Mazarin.

exercée, qui décide du bon ou du mauvais emploi des trésors de l'État; là est le point capital. Sans doute, c'est une chose utile, indispensable, d'avoir des comptes bien alignés, bien classés, bien tenus, promptement établis; mais il est encore plus essentiel, plus important, de savoir qu'on a fait emploi de ces fonds avec intelligence et économie. Seulement, comme il n'y a pas de ministres et d'administrateurs, depuis les plus grands jusqu'aux plus petits, qui ne prétendent être plus économes et entendre mieux l'administration que leurs prédécesseurs, les pouvoirs politiques, juges du débat, ne pouvant connaître tous les détails ou les apprécier, se contentent de chiffres groupés avec plus ou moins d'art, et qui leur font plus ou moins illusion. D'ailleurs, il n'est pas dans la nature de la plupart des actes de l'administration d'être appréciés avec une précision mathématique; les chiffres seuls, sans les résultats obtenus à côté, peuvent étrangement tromper celui qui s'arrêterait à cette preuve unique. Qu'on me permette une comparaison vulgaire : Pour dix francs par jour, vous êtes logé, nourri, blanchi; mais pour douze francs, vous serez relativement beaucoup mieux. Au lieu de dix francs, mettons un service public assuré pour dix millions : l'administration en demande douze pour que les choses soient plus convenablement installées. La somme est accordée;

mais, l'année suivante, il se rencontrera des critiques qui trouveront que ce mieux n'est pas parfait, ou qui le nieront, ou qui se persuaderont que les choses étaient aussi bien avec dix millions, et qui ne verront dans l'augmentation de deux millions qu'un surcroît de dépenses sans avantage pour le service; cela peut être, si l'on admet de mauvais administrateurs: mais une preuve mathématique pour ou contre cette hypothèse n'est pas possible. Au contraire, dans les chiffres d'un compte, il y a moins prise pour le doute; c'est quelque chose de positif qui plaît, qui satisfait: l'administrateur sévère pourra bien se demander si tous ces chiffres sont vrais, s'ils ne cachent pas des vices fondamentaux qu'il serait utile de réformer; mais, en somme, on se laissera prendre aux apparences.

De là, à mon avis, une des causes de la faveur dont jouit la cour des comptes. L'administration de la guerre a compris depuis longtemps cette situation délicate, je dirais même fausse, de l'**administration** en face de la **comptabilité**: comme celle-ci, en définitive, est plus facile que l'autre; comme elle est un moyen de succès certain auprès des pouvoirs politiques, l'**administration** a été négligée, sacrifiée, et l'on a donné tous ses soins à la **comptabilité**. C'est ce qui explique ces éloges accordés si souvent par les chambres aux comptes présentés par le ministère de la guerre : seulement, ces éloges, mérités en ce qui regarde le classement, la méthode, on a jugé à propos de croire qu'ils s'adressaient à l'administrateur ; on s'est fait illusion, ou on a donné le change au public bénévole, et l'on en a conclu que l'administration de la guerre était un modèle, uniquement parce qu'elle avait établi et produit de beaux états avec force chiffres et pièces à l'appui.

La cour des comptes ne vérifie pas matériellement les pièces de dépenses de tous les comptables ; la comptabilité publique est trop considérable pour cela : on prend au hasard les comptes de tel ou tel comptable de tel ou tel département ministériel, et tout est dit. Il suffit, pense-t-on, que chaque comptable se sache soumis à cette vérification, pour qu'ils se mettent tous en règle ; cependant, si l'administration ne vérifiait pas avec soin chacun de ces comptes, on sent qu'il pourrait se glisser bien des abus dans ces vérifications faites accidentellement. La cour des comptes, selon moi, doit voir les choses de haut ; les détails ne sont pas son fait, elle ne les connaît pas et s'y perd. J'ai vu un payeur à qui la cour répétait une somme de 900 fr. qui, disait-elle, avait été payée par double emploi à un comptable des subsistances ; il n'en était rien pourtant : seulement, la somme perçue en trop dans un trimestre, avait été imputée le trimestre suivant; cela sautait aux yeux, en résumant les quatre trimestres de l'exercice. Cependant, il y eut à ce sujet une longue correspondance entre la cour et le payeur, et avec ce dernier, l'intendant militaire et le comptable. La cour des comptes a fini par reconnaître son erreur. Voici un autre fait : Certaines pièces de comptabilité sont soumises au timbre extraordinaire; le droit varie selon les dimensions de la feuille de papier : cependant, des agents de l'enregistrement, connaissant mal leurs instructions, font payer, pour timbre de la même feuille, les uns trente-cinq centimes, les autres deux francs; ce dernier chiffre seul est légal. J'ai vu pendant bien des années beaucoup de ces pièces timbrées à tort trente-cinq centimes, et jamais je n'ai eu connaissance que la cour des comptes, sous les yeux de laquelle ont passé ces pièces, ait fait la moindre observation.

Quand on ne s'attache qu'aux mots, comptabilité-matières et comptabilité-deniers paraissent des termes aussi simples l'un que l'autre; mais quelle différence, si on les approfondit! Dans la comptabilité-deniers, l'unité est le franc, et tout se réduit en francs répétés quelque cent millions de fois : sous ce mot *matières*, au contraire, que d'unités diverses! Embrassons par la pensée toutes les drogues et les appareils d'une pharmacie militaire;

tous les objets composant le matériel de l'artillerie, etc..., autant d'unités, autant d'articles à part: et cela se reproduit dans chaque département ministériel, notamment la marine. Tant qu'il s'est agi de vérifier la comptabilité-deniers d'un comptable, tout se réduisait en francs et centimes, et les pièces justificatives de ces dépenses sont assez limitées; mais, pour les matières, il n'en est pas ainsi: chaque unité, variant par sa nature, est régie par des règles qui lui sont propres; si l'on n'est pas un homme technique, ayant étudié spécialement les matières que le compte embrasse, quelle vérification pourra-t-on faire autre que celle des chiffres? de quelle utilité sérieuse sera-t-elle? En vérité, je ne le comprends pas; seulement, ce qui me paraît plus positif, c'est que, si, pour les dépenses en deniers, il n'y en a pas dix sur cent de réellement vérifiées, pour les comptes-matières ce sera pis encore.

Cependant, en créant cette comptabilité-matières, on a fait ce qu'on a pu pour la simplifier; à cet effet, on a imaginé un compte annuel fort habilement disposé: pour les recettes, par exemple, il n'a fallu que huit colonnes comprenant tous les mouvements d'un service public et applicables à un service quelconque; il en est de même des dépenses, neuf colonnes suffisent. Les hommes qui rêvent un règlement général d'administration ont dû voir dans ce compte annuel une de leurs espérances réalisées. Toutefois, en analysant ce tableau, qu'y trouve-t-on? Des colonnes dont les termes généraux s'appliquent à toutes les matières; mais cela ne rend pas les matières moins compliquées ni moins diverses ; on a des résultats sommaires qui satisfont si on veut les admettre tels qu'ils sont présentés, rien de mieux alors : mais si on est obligé par devoir de vérifier les chiffres posés, il faut recourir aux pièces à l'appui, qui ne peuvent plus avoir l'unité que présente le compte annuel; elles varient à l'infini, selon l'espèce des matières. De telle sorte que ce compte annuel, ce modèle unique, si ingénieux dans sa forme, n'est au fond qu'un cadre banal dans lequel viennent s'ajuster toutes les matières; mais que le vérificateur est obligé de mettre de côté pour s'attacher au positif des détails spéciaux donnés par les pièces justificatives, s'il veut faire une vérification sérieuse.

Dans un rapport de M. le maréchal Soult au roi, à la date du 25 janvier 1845, sur la comptabilité-matières, on lit ceci :

Parmi les institutions dont la France s'enorgueillit à juste titre, la comptabilité publique occupe un des premiers rangs... Cependant, l'esprit d'observation de plus en plus développé chez les hommes appelés à s'occuper des affaires publiques, a bientôt fait sentir que la tâche n'était qu'incomplètement remplie, et qu'après avoir environné de puissantes garanties la comptabilité des deniers, il restait à couvrir de la même protection, à soumettre aux mêmes principes de perfectionnement la gestion et la comptabilité des valeurs matérielles qui forment une si notable portion de la fortune publique.

Toutefois, j'ai hâte de le dire, le département de la guerre n'a jamais perdu de vue cette partie importante de ses attributions...

Une seule exception était impérieusement commandée par la nature même des choses, et j'ai dû l'admettre. Je veux parler du service des armées actives, hors du territoire du royaume; service qu'il eût été imprudent, peut-être même impossible, d'assujétir aux règles ordinaires, dont l'accomplissement entraîne souvent des formalités et des délais qui ne pourraient se concilier avec l'instantanéité des mouvements et opérations des armées en campagne....

Il semble que les prémisses et les conséquences de ce rapport ne cadrent pas. S'il est démontré que ce que l'on a fait pour la comptabilité-matières offre de *puissantes garanties*, et qu'elle a été couverte de la même protection et soumise aux mêmes principes de *perfectionnement* que la comptabilité-deniers, je me demande comment il se fait qu'après une si pompeuse déclaration, en termes si retentissants, on vienne dire que les règles de la comptabilité-matières ne seront pas appliquées aux armées actives, hors du territoire du royaume. Mais si un contrôle vigilant, supérieur, est nécessaire, n'est-ce pas surtout à l'armée? N'est-ce pas pas, pour les uns, une source de désordres et de dilapidations; tandis que, pour les autres, c'est l'occasion de montrer le plus rare courage, le plus grand dévouement, les conceptions les plus brillantes et les plus heureuses dans l'art de la guerre? A-t-on jamais eu la pensée de prétendre qu'il serait *imprudent et même impossible* d'établir des comptes-deniers en temps de guerre? Il est évident que si la sanction de la cour des comptes doit donner les résultats qu'on proclame, ne pas la demander pour la *comptabilité-matières* en temps de guerre, c'est y renoncer au moment précisément où on en aurait le plus besoin. Je ne comprends même pas bien cette impossibilité; car enfin les comptables du département de la guerre produisent des comptes pour les matières comme pour les deniers, en temps de paix comme en temps de guerre : que ces comptes ne soient pas établis selon les règles tracées par le règlement sur la comptabilité-matières, c'est possible; mais ils n'en sont pas moins bons ni moins réguliers, et si le règlement des matières n'est pas adapté au temps de guerre, il n'est pas difficile de changer ce règlement. Ce qu'il y a de certain, c'est que, dans une question de cette importance, des demi-mesures ne sont pas admissibles, auprès des hommes sérieux; si donc, comme je le crois fermement, la comptabilité-matières est utile, indispensable, dans l'intérêt du trésor, des comptables eux-mêmes et d'une bonne administration, il faut qu'elle soit établie, et qu'elle s'applique à toutes les situations dans lesquelles se trouvent les matières, en temps de paix et en temps de guerre, sur terre et sur mer.

« C'est en vertu de la loi du 6 juin 1843 que les
» ministres sont tenus d'organiser dès 1845 la
» comptabilité des matières appartenant à l'État,
» d'en publier les résultats généraux et partiels,
» et de les soumettre, par l'entremise des dépo-
» sitaires de cette richesse nationale, au contrôle
» de la cour des comptes, en conservant, autant
» que possible, les formes et les justifications ap-
» pliquées au maniement des deniers publics (1). »

Dans mon opinion, l'action de la cour des comptes sur la comptabilité des matières ne sera véritablement un progrès qu'à la condition de **s'écarter des formes et des justifications appliquées au maniement des deniers publics.** J'espère avoir démontré que, quant aux dépenses en deniers, c'est trop attendre de la cour des comptes que de voir en elle, comme on le dit souvent, la plus puissante garantie contre les malversations des comptables; cette garantie réelle n'existe que dans l'administration : la cour n'est que son auxiliaire nécessaire; elle est le couronnement de l'œuvre, mais ce n'est pas l'œuvre elle-même. Pour

---

(1) M. le marquis d'Audiffret, *Encyclopédie du droit*, au mot Cour des comptes.

les matières, l'insuffisance de la cour des comptes est plus grande encore; car elle se montre à la fois dans les recettes et dans les dépenses : vouloir leur appliquer les justifications employées pour les deniers, c'est jeter la cour dans un labyrinthe dont elle ne sortira jamais, et sans utilité pour l'État. Il faut évidemment pour les matières, plus encore que pour les deniers, faire une large part à l'administration; et la haute surveillance de la cour doit, en fait de matières, peser plutôt sur l'administration que sur les comptables. Voici comment je comprends ce contrôle supérieur.

Pour les recettes, l'administration centrale produirait des résumés généraux, appuyés d'un état sommaire certifié par chaque comptable d'après ses livres, et vérifié par l'administrateur local; ces résumés justifieraient :

1° L'existence par unité des matières en magasin au 1er janvier de chaque exercice : j'élaguerais de ces unités celles de faible importance, les mèches à quinquet, l'huile à brûler, etc., etc...; je rembourserais ces fournitures moyennant un abonnement en argent avec les manutenteurs des matières.

2° Ces résumés justifieraient encore les entrées provenant d'achats, pendant le cours de l'année. L'administration centrale devrait faire ressortir le prix de revient de chaque unité, comparé aux prix courants de quelques marchés pris pour terme de comparaison et comme point de repère.

Pour les dépenses, soit de consommations, soit de déchets, même justification du comptable que pour les recettes; et l'administration centrale aurait à prouver que les consommations correspondent aux allocations budgétaires, et que les déchets sont en rapport avec les allocations d'usage, locales ou commerciales.

De la sorte, la cour des comptes, en laissant à l'administration la vérification sur pièces des comptes des comptables, s'affranchirait d'un soin dont elle ne s'acquittera jamais que fort mal en le faisant elle-même, en même temps qu'elle se débarrassera d'une foule de pièces qui l'encombrent et qui l'écrasent aujourd'hui; tout en se réservant cependant des éléments suffisants pour connaître la situation en matières de chaque comptable, et pour s'assurer, c'est le point essentiel, dans quelle mesure et à quelles conditions l'administration fait ses achats, comment elle emploie les matières, les déchets indispensables qui y sont applicables : elle vérifierait les chiffres des approvisionnements; saurait pourquoi ils croissent ou diminuent : par ce moyen, un ministre ne pourra plus, sans que la cour s'en aperçoive, prendre sur ses réserves les ressources nécessaires pour faire face à des emplois non autorisés.

Voilà, dans ma pensée, la part de la cour des comptes; part considérable et de la plus haute importance, si elle est bien remplie : vouloir aller au delà, c'est se noyer dans les infiniments petits ; c'est chercher l'impossible, et c'est le moyen de ne rien faire de bon ni de profitable, sur cette question si difficile et si complexe. Alors rien ne s'opposerait plus, je pense, à ce qu'on exigeât des comptes-matières en temps de guerre comme en temps de paix ; et ainsi disparaîtrait cette anomalie choquante qu'on veut consacrer aujourd'hui, ne pas produire de comptes-matières en temps de guerre, alors qu'ils sont le plus nécessaires !

Je lis ce qui suit dans une instruction indiquant entre autres choses la simplification à apporter dans la correspondance des divers fonctionnaires militaires ; ce passage, pour être de vieille date, n'a rien perdu de son à-propos :

Pour diminuer les écritures et réduire la correspondance militaire à ce qui est permanent, substantiel et indispensable, Sa Majesté veut que tous les rapports et comptes à rendre qui ne seront pas de nature à être inscrits dans des modèles imprimés, ne soient jamais conçus en forme de lettre ; mais seulement en forme de rapport, sur une feuille à mi-marge, portant au haut de la marge droite la date et le lieu, et au haut de la marge gauche le nom de la province ou de la division, et le titre sommaire de ce qui fait l'objet du rapport, sans aucune formule de compliment. La réponse sera faite sur la marge blanche. Ces feuilles, conservées et enliassées, pourront tenir lieu de registre (1).

(1) *Annuaire milit.* de 1789, p. 440, et instruct. du 21 juin 1788.

Ce document est bon à méditer dans un temps comme le nôtre, où l'on semble s'appliquer à multiplier les pièces justificatives. Qu'arrive-t-il de là? C'est que le nombre en devient si grand qu'on n'a pas le temps de les lire, encore moins de les vérifier : diminuer les écritures, les simplifier, c'est le moyen le plus sûr d'arriver à une vérification sévère et bien faite. Quant aux subsistances militaires, qui m'occupent particulièrement ici, à part une trop grande multiplicité de pièces faciles à supprimer, quand on aura pris conseil d'hommes compétents, je puis affirmer que la comptabilité des deniers et des matières est bien tenue. Le mal qui existe dans ce service, et il est grand, n'est pas dans la comptabilité, il est dans l'administration proprement dite; et la cour des comptes ne peut y remédier que difficilement et en s'attachant, comme je l'ai indiqué, à contrôler le prix de revient des achats.

Ce régime de la comptabilité-matières fonctionne depuis huit ans, on peut voir ce qu'on en attendait et ce qu'il a donné. Il est peut-être pour moi des points de vue, des aperçus qui m'échappent; il est possible que, cette question n'étant pas regardée d'assez haut, je l'apprécie mal : c'est en me faisant violence et forcé en quelque sorte par mon sujet, que je me suis vu dans la nécessité de m'expliquer sur une matière qui n'est de ma compétence qu'accessoirement ; aussi, ce que je me suis permis d'en dire n'est-il qu'un avis à consulter : je laisse à d'autres plus habiles et plus expérimentés à prononcer en dernier ressort sur ce litige.

CHAPITRE XII.

DES OFFICIERS D'ADMINISTRATION DES SUBSISTANCES MILITAIRES.

L'éducation élève le cœur autant que l'esprit : et, par éducation, il ne faut pas entendre seulement une instruction libérale ; les principes religieux doivent figurer en première ligne. Or, pour quel service est-il plus nécessaire que dans les subsistances militaires de faire choix d'un personnel ayant reçu cette éducation que je proclame. Il est des fonctions qui comportent avec elles l'honneur et le respect ; la magistrature, l'armée, par exemple : ses membres ne sont peut-être pas tous à la hauteur de leur emploi ; n'importe, le nom qu'ils portent les couvre et les protége. Au contraire, les fournitures que comprend le service des subsistances militaires, ont été de tout temps une porte ouverte pour les hommes avides et peu scrupuleux sur les moyens de faire fortune : l'amour des richesses a toujours été et sera toujours une des passions les plus impérieuses du cœur humain.

Je lis dans l'*Histoire du Consulat et de l'Empire* : « L'armée, quoique transportée au milieu de la » fertile Italie et maîtresse de riches magasins » laissés par les Autrichiens, n'avait cependant » pas joui de tout le bien-être auquel ses longues » souffrances lui donnaient droit. On prétendait » que les agents de l'administration avaient vendu » une partie de ses magasins.... On faisait même » remonter les plaintes jusqu'au général Masséna. » Bientôt la clameur devint telle, que le premier » Consul se crut obligé de rappeler Masséna et » de le remplacer par Brune.... Masséna aigri » allait devenir malgré lui un sujet d'espérance » pour une foule d'intrigants qui dans ce moment » s'agitaient encore (1800). Le premier Consul » ne l'ignorait pas ; mais il ne voulait souffrir le » désordre nulle part, et on ne saurait l'en » blâmer.... L'armée était alors exempte des abus » que le temps, la richesse croissante de ses chefs, » introduisirent bientôt (1). » Mais l'historien, tout en signalant ces méfaits, pour rendre hommage à la vérité et pour venger la morale publi-

(1) Thiers, *Hist. du Cons. et de l'Emp.*, t. II, p. 141 ; t. VII, p. 37.

que offensée, déroule, sous les yeux éblouis de la jeune génération de notre temps, les éclatants succès de cette armée et l'héroïsme de ses généraux, qui, s'il leur manque certaines vertus, ont au plus haut degré celle que le pays attend d'eux, la vertu guerrière, qui a répandu le nom de la France dans le monde entier! Avec quel dédain aussi le même écrivain parle, par occasion, de certains agents des subsistances; au sujet de la conspiration de Georges et de Pichegru, il dit: « D'anciens commis aux vivres, espèce d'hommes » qui deviennent parfois les familiers des généraux, furent employés à porter quelques paroles » à Moreau, de la part de Pichegru (1). » C'est que la première chose qu'on exige de ce personnel, c'est la probité : que cette vertu soit plus difficile à exercer et plus rare que le courage militaire, que les tentations soient grandes, peu importe; ce sont des excuses que l'opinion publique, dans sa justice, ne peut pas admettre! Au juge elle demande l'intégrité; au magistrat, le courage civil; au soldat, le courage militaire; au prêtre, la chasteté, et elle a raison de se montrer sévère et inflexible pour quiconque ne répond pas à son attente. Mais puisque ces fonctions sont si délicates à remplir et si importantes, n'est-il pas à souhaiter

(1) Thiers, *Hist. du Consul. et de l'Emp.*, t. VII, p. 531.

que l'homme d'État donne ses soins à recruter ce personnel de telle sorte que, s'il ne peut pas espérer l'infaillibilité de chacun de ses membres, on trouve du moins chez le plus grand nombre la qualité fondamentale exigée.

Voyons donc ce qui s'est fait dans le passé à ce sujet, et ce qui a lieu aujourd'hui. Sous l'ancienne monarchie, le personnel se recrutait, au moment d'entrer en campagne, de tout individu sans emploi : les sommités, quelques chefs de service, les munitionnaires si on recourait à leur intervention, avaient une position définie et la connaissance plus ou moins pratique du service; les autres, c'est-à-dire le plus grand nombre, faisaient leur apprentissage à l'armée et à ses dépens. Cependant, ce personnel n'était pas aussi mal composé que pourrait le faire craindre son recrutement. Voici un trait qui prouve que si quelques-uns manquaient à leurs devoirs, il y avait chez le plus grand nombre un sentiment d'honneur et de délicatesse qu'il est bon de signaler.

Si l'on envoie de mauvais pain à l'armée, le général des vivres doit en faire bien du bruit, écrivant sévèrement au commis général des travaux, afin qu'il y fasse attention; c'est lui qui doit en répondre, aussi bien que du nombre de rations qui lui sont demandées. Je trouve à propos de remarquer, à ce sujet, que le général des vivres est obligé d'en user de cette manière avec les commis qui font des fautes contre le service qui ne sont pas de conséquence. Mais lorsqu'elles sont graves ou qu'elles dégénèrent en crime, comme vol ou malversation, il doit en poursuivre la punition, pour l'exemple : toutefois, à l'égard des commis, il faut prendre garde, si la punition est publique, de ne la pas faire exécuter en un lieu où il y ait des troupes; elles ne sont déjà naturellement que trop animées contre les commis aux vivres, qu'elles croient les auteurs de tout ce qui peut arriver de malfaçon touchant leur subsistance, et elles ne manqueraient pas, sur le moindre pain défectueux, de leur reprocher le déshonneur de leur camarade : d'où il pourrait s'ensuivre de grands malheurs, ainsi qu'il pensa en arriver dans une des campagnes de la guerre de Hollande, où, feu M. de Louvois voulant faire punir un commis des vivres à la tête du camp, tous les autres s'assemblèrent et dirent qu'ils allaient quitter l'emploi; ce qu'ayant été représenté au ministre, il fit conduire le coupable dans une place éloignée (1).

Quand la guerre était finie, tout ce personnel était licencié; quelques hommes d'État, comme Sully, Louvois, d'Argenson, donnaient des emplois aux principaux d'entre eux, parce qu'ils avaient reconnu l'importance des services qu'ils pouvaient en attendre. Les choses continuèrent ainsi sous la première république; seulement, l'armée ayant pris des proportions considérables, et la guerre durant toujours, un personnel permanent se créa, relevant de la direction générale des subsistances militaires : mais, pour faire partie de ce personnel,

(1) Nodot, *Le Munit. franç.*, p. 193.

aucune obligation n'était positivement énoncée, et le plus souvent on était nommé comptable d'emblée. La Restauration licencia une grande partie de ce personnel : et, quand en 1823 se fit la campagne d'Espagne, on suivit les anciens errements ; on commissionna à peu près tous ceux qui se présentèrent. Avec une telle façon de procéder, il était difficile de faire de bons choix ; beaucoup furent mauvais, des désordres eurent lieu : l'opposition de la presse et celle de la tribune, partant de faits vrais, les grossirent en les exagérant comme toujours. Ces plaintes, ces critiques, provoquèrent l'organisation de 1825, qui créa un cadre permanent, ayant sa hiérarchie, et se recrutant par des élèves admis à certaines conditions et après un concours ; ils s'initiaient au service en passant plusieurs années sous les ordres des comptables et des directeurs auxquels ils étaient adjoints. Ce personnel fit la campagne de Morée, en 1828 : si l'on n'eût pas à faire l'épreuve de son savoir et de son habileté dans la formation des approvisionnements, qui à l'armée est la question la plus délicate et la plus difficile, du moins on put apprécier son activité intelligente, sa probité, et là ne se révéla aucun des scandales qui eurent lieu avant et depuis. Il fonctionnait sous les ordres d'un directeur capable et écouté ; et les membres de l'intendance militaire, qui avaient leur part d'action dans ce service, regardaient le personnel administratif comme les membres d'une même famille, et le traitaient en conséquence; ils parlaient à chacun de ses devoirs avec sympathie, n'ayant pour tous que des paroles d'encouragement et de confiance, au lieu d'afficher ces airs dédaigneux et méfiants que nous avons vus plus tard à leurs successeurs : avec cette entente unanime de l'administration, le service de l'armée n'a pu manquer d'être fait avec zèle, intelligence et dévouement; aussi, les témoignages de satisfaction que généraux et officiers ont plusieurs fois donnés à cette occasion, sont-ils un précieux souvenir pour ceux qui ont fait cette campagne. Mais l'organisation de 1825 péchait en un point essentiel; elle reposait sur une base trop étroite; ce défaut capital fut mis en évidence à l'occasion de l'expédition d'Alger et du siége d'Anvers : il fallut recourir, comme autrefois, à des auxiliaires qui ne purent pas toujours être choisis avec le discernement désirable; à ces causes premières du mal, il faut ajouter que les directeurs n'avaient pas l'autorité et la liberté d'action nécessaires. A cette époque, l'intendance militaire poursuivait et avait fini par obtenir l'assimilation militaire, qu'elle regardait comme un grand succès : elle voulut appliquer ce principe aux services administratifs, et en 1838 il fut décidé que les sous-officiers de l'armée recruteraient en partie ces services; en même temps, on supprimait les directeurs des subsistances.

Tout récemment, ce recrutement par les sous-officiers a été étendu, et on paraît y voir une amélioration. Étudions donc un peu le soldat, et le sous-officier, qui l'a été. Joseph de Maistre, dans ses *Soirées de Saint-Pétersbourg*, fait dire à un de ses interlocuteurs, le chevalier : « Ce qu'on croit » vrai, il faut le dire hardiment ; je voudrais dé- » couvrir une vérité faite pour choquer tout le » genre humain : je la lui dirais à brûle-pourpoint. » Et il ajoute plus loin, comme correctif : « Quand il » s'agirait d'écrire et de publier ce que je vous dis, » je craindrais peu les tempêtes, tant je suis per- » suadé que les véritables intentions d'un écrivain » sont toujours senties et que tout le monde leur » rend justice (1). » Je n'ai pas de ces grandes vérités à révéler : et, sans prendre non plus les choses sur un ton aussi élevé, je demande cependant la permission de dire toute ma pensée, persuadé qu'on rendra justice à mes intentions ; tout en faisant bien remarquer que mes observations portent sur l'ensemble, et que je suis disposé à rendre en particulier justice à des sous-officiers et à des soldats que je reconnais fort dignes et fort méritants. Le soldat, comme tous ceux qui sont

(1) De Maistre, *Soirées de St-Pétersb.*, 3e et 5e entretien.

obligés à vivre en commun, sous une règle imposée, est difficile, méfiant, presque jamais content. Voici le témoignage d'un chef de corps : « .... A » Metz, où le pain de munition est d'excellente » qualité, que l'on demande à un soldat comment » il le trouve ; il répondra : Pas mauvais, assez » bon, rarement bon (1)..» Cette remarque s'applique au pain du soldat, comme à tout ce qu'il reçoit : dans cette pensée qu'il est toujours trompé, il deviendra trompeur ; ce sont en quelque sorte des représailles qu'il exerce. Aussi, dans une distribution quelconque, si le soldat ou le sous-officier peut s'approprier un pain, une botte de foin, il n'hésitera pas généralement à le faire : le foin sera pour son cheval ; le pain, il le donnera peut-être. C'est pour lui un assez grand plaisir d'avoir fait ce larcin, il n'en demande pas davantage. Que n'a-t-on pas fait et prescrit pour empêcher cette remise du sou par franc que reçoit des fournisseurs le caporal d'ordinaire ? Effort superflu, l'abus subsiste ! Un officier me disait récemment qu'un lieutenant-colonel, voyant bien qu'il ne pouvait pas efficacement empêcher cette remise, voulut en faire profiter l'ordinaire, en exigeant que le caporal tînt compte de cette bonification. Eh bien, pensez-vous, ajoutait mon officier, qu'on ait coupé le

(1) *Rapport de la haute Comm. des subs. mil.*, p. 25.

mal dans sa racine ? Pas du tout ! les fournisseurs se sont entendus, et ils ont donné au caporal le sou qu'il doit verser à l'ordinaire, plus un autre sou dont il profite comme par le passé. — Les choses vont quelquefois plus loin ; mais ici les exceptions sont nombreuses : le sous-officier, dans le but de se procurer un gain illicite, inscrit sur le livret d'un soldat un effet d'habillement qu'il ne lui donne pas, et s'en approprie la valeur ; c'est à un conscrit qu'on fait de ces tours-là ordinairement ; on le fait encore à un soldat qui meurt à l'hôpital : il n'est guère possible de priver un soldat de son pain, parce qu'il se plaindrait ; mais on peut plus aisément réduire la ration d'un cheval. Voici, à ce sujet, ce que me racontait un commis civil qui, débutant, n'était pas au courant de ces fraudes. A la distribution de l'avoine, en présence du capitaine de semaine, le commis et le sous-officier calculent, chacun de leur côté, le nombre de kilogrammes qui est dû à l'escadron. Un jour, le fourrier, son calcul fait, s'écrie : 820 kilogrammes ! et donne un coup de coude au commis. Le chiffre exact était 920 kilogr. Le commis voit bien à cela quelque chose de louche, mais il ne veut pas s'expliquer devant l'officier. Celui-ci parti, le fourrier dit au commis : Je vous ai laissé 100 kilogr. d'avoine, que vous me paierez plus tard. Ne sachant si c'était d'usage ou non de procéder ainsi, l'autre fait son rapport au comptable : sur le refus de ce dernier de rembourser le prix de cette avoine, le fourrier la vendit en ville, et ne put pas renouveler sa fraude. Un aubergiste, préposé des fourrages dans un gîte d'étape, m'affirma qu'il ne passait pas chez lui un escadron, sans qu'un cavalier ou un sous-officier lui offrît d'acheter un sac d'avoine; mais, ajoutait ce brave homme, la ration de ces pauvres chevaux est si faible, comparée à celle de nos chevaux de rouliers, que je me reprocherais toute la vie de les avoir privés d'une seule poignée d'avoine! Combien de fois, dans des cantonnements, est-il arrivé à un sous-officier tenant le *détail* d'un bataillon, c'est-à-dire la liste du nombre de rations de pain revenant à chaque compagnie, d'appeler pour l'une d'elles 150 rations, par exemple, quand il n'y avait d'inscrites que 130 ou 140 rations! Le préposé novice, ne se méfiant de rien et distribuant lui-même son pain, était ainsi frustré d'un certain nombre de rations; ce dont il ne s'apercevait pas toujours, s'il avait négligé de compter son pain à l'avance. Mais, la soustraction se renouvelant, la fraude se découvrait un peu plus tard.

Je sais que tous les sous-officiers de l'armée ne se conduisent pas ainsi, et je sais aussi que ceux qui sont pris en faute sont vertement punis; je ne citerai que l'exemple suivant : Un bataillon était de passage dans une place de garnison; le capitaine de semaine vint à la manutention avec quelques hommes de corvée reconnaître à l'avance la qualité du pain : pour en vérifier le poids, il fait mettre vingt-cinq pains dans le sac d'un des hommes de la corvée; le caporal de la compagnie était présent. Après la pesée, le comptable voulut compléter à cette compagnie le nombre de rations qui lui étaient dues; mais le capitaine s'y opposa et appela les compagnies dans leur ordre de marche : quand on en vint à celle qui avait déjà reçu un acompte de vingt-cinq pains, on ne pensa plus à les lui retenir. La distribution terminée, le comptable fait la situation de la paneterie, et reconnaît une erreur de cinquante rations; mais ce ne fut qu'au milieu de la journée qu'il se rappela quelle en était la cause. Aussitôt il envoie son chef-ouvrier réclamer ce pain au capitaine, qui se souvint d'autant mieux de l'incident, qu'il l'avait provoqué, en ne voulant pas que la compagnie reçût immédiatement la part qui lui revenait. — Vous aurez de mes nouvelles, dit-il à celui qu'on lui avait dépêché. — Le lendemain matin, avant le départ du bataillon, le capitaine vient avec un caporal et deux sous-officiers à la manutention. — Reconnaîtriez-vous, dit-il au chef-ouvrier, le caporal qui était présent quand la compagnie a reçu les vingt-cinq pains de la pesée? — Certainement, reprit l'autre; et il désigne aussitôt le caporal qui accompagnait le capitaine. Celui-ci interpelle de nouveau le caporal, qui nie avoir reçu cinquante rations en trop. — Combien cela vaut-il, dit le capitaine au chef-ouvrier? — Sept à huit francs. — Eh bien! dites au comptable de faire un rapport au général, et, arrivé à destination, le caporal passera à un conseil de guerre. — Le comptable ne voulut pas faire une aussi grosse affaire d'une chose de si minime valeur; et il n'y songeait plus, quand, deux ou trois jours après, il reçut un mandat de la poste de huit francs, avec une lettre du capitaine, qui lui annonçait que la nuit avait porté conseil, et que le lendemain le caporal, mieux inspiré, avait avoué sa faute et payé sa soustraction : le capitaine réclamait l'indulgence du comptable pour ce militaire, ce qui était facile, puisque aucune plainte n'avait été déposée.

Ce fait prouve sans doute en faveur de la discipline de l'armée; mais ce que j'ai dit démontre suffisamment aussi, je pense, qu'on n'a pas été heureusement inspiré, en cherchant à recruter le personnel administratif dans un milieu où germent des principes trop peu sévères pour en attendre des fruits sains et féconds. Nous avons cité, au chap. VIII, p. 115, ce général qui était courroucé de voir un officier de son arme entrer dans l'intendance militaire; les services administratifs ne sont pas plus en faveur auprès des chefs de corps : si un colonel présente plusieurs sous-officiers pour passer officiers ou pour entrer dans l'administration, il proposera toujours les plus capables pour être officiers; si un candidat à ce dernier grade choisissait par goût l'administration, le colonel cherchera à l'en dissuader. De telle sorte que les services administratifs se recrutent principalement de sous-officiers qui n'ont que des chances éloignées de devenir officiers : si l'on tient compte, en outre, des habitudes que contracte le sous-officier au régiment, et qui ne seront plus en harmonie avec ses nouvelles fonctions; de l'âge auquel il entre dans l'administration, et des études spéciales qu'il devra faire à ce sujet, — je passe sous silence l'instruction (je ne dis pas l'éducation), qui sera insuffisante dans la plupart des circonstances, et les preuves abondent, — on sera forcé de reconnaître que l'intention évidente qui a présidé à ce recrutement, n'a pas été le bien du service, on n'y a pas songé ; elle a été toute personnelle et de hiérarchie : on s'est dit que l'intendance militaire se recrutant par les officiers de l'armée, les agents des services administratifs qui lui sont subordonnés doivent sortir d'une source inférieure, c'est-à-dire des sous-officiers. Pensée étroite et funeste, qui laisse toujours au second plan les intérêts du service et du trésor public, dont l'importance est telle cependant qu'elle devrait l'emporter sur toute autre considération ! Je ne sais si l'on trouvera dans ce personnel, comme dans celui de l'organisation de 1825, un chef de service refusant l'offre d'un comptable qui voulait lui faire accepter ses droits de commission d'achat, prétendant que c'était l'usage dans la division qu'il quittait. Un autre agent chargé, dans un grand service, des réceptions de denrées, trouvait quelquefois sur sa table un billet de banque de cinq cents francs ou de mille francs, pour fermer les yeux sur la qualité de la livraison peu conforme à l'échantillon, et tout simplement il rendait le billet au marchand. Dans une autre circonstance, il s'agissait d'un ouvrage commandé à un ouvrier, pour lequel il demandait neuf cents francs; il finit, après discussion, par réduire son prix à huit cents : quand il présenta son mémoire, il était acquitté pour neuf cents francs. — Mais il a été convenu que ce ne serait que huit cents francs? — Je ne demande pas davantage, reprit l'autre; mais je vous donne quittance de neuf cents francs, pour que cette somme figure dans vos comptes : je ne fais jamais autrement avec telle et telle administration, qu'il nomma. — Le pauvre homme se trompa cette fois; il fut obligé de faire une nouvelle facture de huit cents francs. Un jour, un commis de 2e classe fut employé auprès d'un directeur : celui-ci lui dit, à son arrivée, qu'il ferait avec lui ce qu'il avait fait avec son prédécesseur, à qui il donnait une certaine somme à titre de gratification mensuelle, pour lui tenir lieu de l'indemnité de logement que ne touchait pas alors le personnel des subsistances. Le commis répondit qu'il ne l'entendait pas ainsi; que la solde qu'il recevait de l'administration devait lui suffire, et qu'il n'accepterait pas autre chose. Cela frise le puritanisme, mais cette rigidité est bien placée dans de semblables fonctions. J'ai eu la curiosité, en écrivant ceci, de m'enquérir de ce qu'était devenu cet ancien commis : j'ai appris qu'il est comptable de 1re classe et proposé pour l'avancement; mais, pour balancer ce bon choix, il a pour concurrent un de ceux qui ont été les promoteurs d'un fort rendement. Je suis intimement persuadé que ce dernier croyait en cela ne faire aucun tort à la troupe; et on veut le récompenser, sinon pour le bien qu'il a fait, au moins sans doute pour ses louables intentions. Cependant, il y a un proverbe portugais qui dit que l'enfer est pavé de bonnes intentions.

Ces traits que je cite en narrateur fidèle, et d'autres que je passe sous silence, me mettent en mémoire l'accueil d'un intendant militaire inspecteur à un comptable dont le sous-intendant faisait l'éloge dans la visite officielle de présentation. Ce sous-intendant n'était cependant pas tendre à l'endroit de son comptable; mais ce qui l'avait touché peut-être, c'est que celui-ci venait de se luxer fortement le bras dans une tournée récente. L'intendant inspecteur, sans regarder le comptable, fit immédiatement cette sèche réponse au sous-intendant : « Monsieur le comptable n'a fait » que son devoir! » Sans doute, le comptable n'a fait que son devoir: mais l'intendant, en répondant de la sorte, n'a certainement pas fait le sien. Si chacun faisait son devoir en ce monde, nous aurions le paradis sur la terre. Les révolutions politiques et sociales qu'enrégistre l'histoire et qui se passent sous nos yeux, tiennent uniquement à ce que chacun ne fait pas son devoir. Si cet intendant, qui se pique d'aimer et de cultiver les arts, avait aussi bien étudié la philosophie, il aurait fait certainement une autre réponse; car il se serait rappelé cette belle exclamation du philosophe allemand Kant :

Devoir! mot sublime, qui n'offre l'idée de rien d'agréable ni de flatteur, et qui réveille celle de soumission! malgré cela, tu n'es point terrible et menaçant; tu n'as rien qui effraie et qui rebute l'âme. Pour émouvoir la volonté, tu n'as besoin que de lui montrer une loi, une loi simple qui d'elle-même s'établit et s'interprète. Tu forces au respect jusqu'à la volonté rebelle dont tu parviens à te faire obéir. Les passions qui travaillent contre toi, sont muettes et honteuses en ta présence. Quelle origine assez digne de toi t'assigner? où trouver la racine de ta noble tige? Ce n'est pas dans les penchants sensuels, que tu repousses avec fierté. Ce ne peut être que dans ce sanctuaire où l'homme se trouve élevé au-dessus du monde sensible, affranchi du mécanisme de la nature, et où réside sa personnalité, sa liberté, son indépendance (1)!

Il y a cependant quelques jeunes comptables qui appellent de tous leurs vœux le recrutement militaire et l'assimilation, qui en est la conséquence : toutefois, qu'on ne croie pas que ce soit dans le but d'arriver à une meilleure exécution du service, ce n'est pas la question; mais parce que « nous pourrons, disent-ils, jouir » du droit de tirer l'épée à la tête des ouvriers » d'administration (2). » L'exposé des motifs et projet de loi rectifiant des projets de loi concernant les cadres de l'armée, justifie cette prétention. On y lit ceci, en parlant des ouvriers d'administration et des infirmiers : « Les véritables sous- » lieutenants de cette troupe seront les adjudants » d'administration des hôpitaux, des subsistan- » ces (3). » S'il en est ainsi, les comptables en seront les capitaines; les officiers d'administration principaux, les chefs de bataillon; les sous-intendants militaires, les colonels; les intendants militaires, les généraux. Déjà il est arrivé à des

(1) *Kant, Critique de la raison pure.* Émile Saisset, *Revue des Deux-Mondes,* février 1846, p. 611.

(2) *Lettre au Moniteur de l'armée,* p. 40. Lyon, 1849.

(3) *Moniteur* du 1er mars 1851, suppl. au n° 60, f° IV, 3e col., 5e §.

intendants inspecteurs non-seulement de passer la revue des ouvriers d'administration, mais de leur faire faire l'exercice; alors, le comptable n'ayant pas le droit de *tirer l'épée* devant cette troupe, c'était un sergent ou un caporal qui commandait. Un jour, il advint qu'en présence d'un intendant inspecteur, le caporal, fort bon boulanger d'ailleurs, avait oublié sa théorie, s'il la sut jamais, et il resta court au premier commandement : le sous-intendant avait qualité pour tirer l'épée; il ne le fit pas, sa mémoire était peut-être aussi en défaut; l'intendant, et pour cause, ne vint point en aide au pauvre caporal : force lui fut donc de congédier le détachement, non sans exciter le rire moqueur de quelques gendarmes curieux qui de leurs fenêtres assistaient à cette revue. Cependant nous avons vu des généraux inspecter ces mêmes gendarmes, mais les choses se passaient autrement : le sous-officier, à cheval à la tête du peloton, faisait les commandements; le général inspecteur, à pied, écoutait et reprenait au besoin le sous-officier : ainsi faite, on comprend l'utilité de cette inspection; celle de l'intendant n'est que ridicule.

Le même projet de loi rectificatif que je viens de citer, renferme une innovation capitale concernant le personnel administratif et les ouvriers d'administration. Jusqu'à ce jour, il y avait, sous les ordres de l'intendance militaire, un personnel spécial chargé de pourvoir à tous les détails des services des hôpitaux, des subsistances et du campement; le projet de loi veut réunir en un seul ces trois personnels distincts, de telle sorte qu'un comptable des subsistances pourra être, à l'occasion, comptable des hôpitaux ou de l'habillement. Cette innovation est la tentative la plus malheureuse qui se puisse imaginer. Au dire de tous les hommes compétents, ce qui fait la faiblesse de l'intendance, c'est son assimilation militaire et son ignorance des détails des services spéciaux qu'elle est appelée à contrôler; d'où il résulte qu'un bon trésorier, un bon comptable des hôpitaux, du campement ou des subsistances, en savent plus, dans leur spécialité, qu'un sous-intendant militaire qui n'a exercé aucun de ces emplois. C'est déjà un grand mal, au point de vue d'une bonne administration; mais enfin on avait au moins pour exécuter chacun de ces services des hommes idoines, capables quelquefois, et qui étaient d'une grande utilité. Avec le nouveau projet de loi, cela n'existera plus. Un sous-lieutenant ou un lieutenant qu'on fera servir tour à tour dans l'infanterie, dans la cavalerie et dans l'artillerie, sera-t-il meilleur capitaine quand il choisira dans l'une de ces armes le commandement d'une compagnie? Eh bien, je ne crains pas d'affirmer que les difficultés sont encore plus grandes dans les détails d'administration. Je ne veux pas énumérer ici les connaissances nécessaires à chaque spécialité de service, je dirai seulement qu'elles sont assez variées et assez importantes pour occuper un employé ; cependant, l'effet inévitable de la mesure projetée sera de tripler les études du personnel composant le service administratif, sans aucun profit pour chacun d'eux : pense-t-on qu'il consacrera à ces trois services plus de temps qu'il n'en apporterait à l'étude d'un seul ? Ce serait bien mal connaître les mœurs administratives ! Sans doute il s'acquittera de la triple tâche qu'on lui impose, si son avenir en dépend : mais la qualité du travail en souffrira nécessairement ; et, si ce projet de loi est mis en pratique, avant peu d'années on nous signalera *l'abaissement continu* du personnel des services administratifs, comme on le fait aujourd'hui pour l'intendance militaire.

« Ainsi, dit l'exposé des motifs, disparaîtront » les derniers vestiges des traditions empruntées » aux anciennes entreprises et régies. Le système » de clerc à maître, déjà appliqué fructueusement » pour les hôpitaux et pour l'habillement, achèvera » de moraliser les services administratifs (1). » Ce

(1) Suppl. au n° 60 du *Monit.* du 1er mars 1851, fo IV, 2e col., 14e §.

projet de loi n'a pas encore été exécuté en ce qui concerne la fusion des trois services en un seul (vivres, hôpitaux et campement); il ne faut pas croire cependant qu'il soit entièrement abandonné : cette pensée se poursuit à l'état latent dans sa partie essentielle, celle qui veut faire disparaître les derniers vestiges des traditions empruntées aux anciennes entreprises et régies. On veut faire table rase; c'est là un procédé révolutionnaire, qui a son pendant dans cette fameuse circulaire socialiste qui a ému le commerce de Nantes et dont j'ai parlé au chap. VII, p. 88 : ce n'est pas que je veuille prêter de grandes visées de politique *transcendantale* à l'auteur de ces beaux projets, qui fait peut-être de la prose sans le savoir; mais je me demande à quoi aboutira cette rupture radicale avec le passé. Croit-on, par hasard, qu'on puisse effacer d'un trait de plume ce que certaines personnes appellent les mauvaises traditions, c'est-à-dire l'amour et la recherche de ces gains illicites qu'on réalise aux dépens de l'armée et de la fortune publique? Ce serait en vérité commettre une singulière méprise : est-ce que ces traditions-là n'ont pas leurs racines dans le cœur même de l'homme? Il n'a pas besoin d'enseignement quand il s'agit de mal faire, il invente; ne le voyons-nous pas tous les jours à l'œuvre! Il n'en est pas de même quand on veut rompre les traditions qui ont pour objet de créer de bons vivriers, c'est-à-dire des hommes instruits par la pratique et formés à l'école des praticiens; pour en venir à cette rupture, rien n'est plus facile, et l'administration centrale marche à grands pas dans cette voie : mais une semblable pensée ne peut être prêtée à des hommes que je suppose de bonne foi, tout en les signalant dans l'erreur; alors, c'est un non-sens que renier ce passé dont on a besoin pour bien faire; c'est méconnaître la base de toute science, qui exige l'étude du passé pour arriver à faire mieux dans le présent et dans l'avenir! Quant à la moralité du personnel administratif, on n'atteindra pas ce but par un mode de comptabilité plutôt que par un autre, je l'ai démontré dans les chapitres précédents; attribuer un effet moralisateur à telle ou telle façon de présenter des comptes, c'est une étrange préoccupation d'esprit, et c'est se faire une singulière idée de la morale : les faits ne sont-ils pas là, d'ailleurs, pour donner un démenti à cette assertion? Combien de comptables gérant de clerc à maître ont malversé! Non! non! la moralisation des hommes ne repose pas sur des bases aussi vulgaires et aussi grossières qu'une comptabilité; c'est une impiété, c'est du matérialisme pur qu'une telle proposition : la morale prend sa source et ses inspirations à des idées plus nobles et plus hautes; elle est toute dans le devoir que la religion inspire et qui a Dieu pour but!

CHAPITRE XIII.

BASES D'UNE ORGANISATION DES SUBSISTANCES MILITAIRES.

La Rochefoucauld a dit (1) : « Pour bien savoir » les choses, il en faut savoir le détail. » Si Colbert n'avait pas étudié les détails du commerce et s'il ne s'y était pas formé par une longue pratique des affaires industrielles, peut-être n'eût il pas excité Louis XIV à favoriser l'industrie comme il l'a fait. Sans doute, quiconque connaît les détails d'une administration n'est pas dans le cas de devenir un Colbert; chez quelques esprits étroits et pauvres, l'étude des détails rétrécit l'intelligence : mais celui qui, comme Colbert, est doué d'un esprit ferme et pratique, trouvera dans la connaissance des détails des ressources fécondes que ne

(1) Maxime 106e.

saurait rencontrer le génie le plus créateur. Seulement, ce génie créateur à la tête du pouvoir saura ce qui lui manque, et s'entourera bientôt des hommes qui peuvent le seconder; c'est là une des gloires de Louis XIV et de Napoléon, qui ont fait de si grandes choses, non-seulement par eux-mêmes, mais avec le concours d'hommes qu'ils ont su choisir et élever aux postes les plus honorables.

Cette connaissance des détails manque à l'intendance militaire; mais il lui manque aussi l'indépendance d'action nécessaire à l'exercice de son mandat. Et qu'on ne se méprenne pas sur ce mot indépendance; sans doute l'administration est et doit toujours être subordonnée au commandement, en ce sens qu'un général en chef ayant décidé un mouvement de troupe, le devoir de l'administration est de pourvoir, sans observation et dans la limite du possible, aux besoins de cette troupe: mais quant à l'application des règlements, son indépendance doit être entière, dans l'intérêt du contrôle et du trésor public. Que si, par des considérations qui se présentent quelquefois à la guerre, l'action de ces règlements doit être modifiée ou suspendue, un général en chef a toujours ce pouvoir, sous sa responsabilité personnelle; ce qui n'affecte en aucun point l'indépendance du contrôle. Cette liberté d'action indispensable n'existe pas pour l'intendance militaire, qui relève du commandement et du ministre de la guerre : celui-ci, par position, accordera forcément toute l'influence au général en chef, qui, s'il se plaint, à tort ou à raison, du contrôle, obtiendra toujours le remplacement de celui qui l'exerce. Qu'arrive-t-il de là? C'est que l'intendant laisse au besoin fléchir le contrôle, pour être bien avec le général, qui peut compromettre son avenir. En bonne administration, il ne faut jamais mettre un homme entre son devoir et son intérêt personnel. Le ministre de la guerre ne pourra pas se dispenser d'accéder aux demandes du général en chef : celui-ci a dans ses mains les intérêts les plus grands du pays, et, s'il les défend bien, le ministre fermera les yeux sur toute autre considération. Mais qu'on suppose l'intendance militaire ne relevant plus du département de la guerre : sans doute la volonté du général en chef sera encore puissante; mais, sachant que l'homme du contrôle n'est pas dans la dépendance du ministre de la guerre, il se montrera plus réservé; il sait bien qu'il obtiendra toujours le remplacement d'un intendant qui peut lui déplaire, mais il aura lieu de craindre de le voir remplacé par un autre tout aussi sévère sur l'accomplissement des règlements : cette indépendance du contrôle à son égard lui ôtera même la tentation qu'il peut avoir aujourd'hui d'abuser de la faiblesse de l'intendance; et celle-ci, plus libre dans son action, relevant d'une autorité qui n'est plus absorbée par les soins et par les soucis du commandement militaire, sera toujours assurée de trouver, quoi qu'il arrive, un appui et un encouragement qui lui font défaut aujourd'hui, par la force même des choses. Mais de là, dit-on, peuvent résulter des conflits fâcheux pour le bien du service. Nullement! Nous avons eu, au commencement de ce siècle, le matériel de la guerre indépendant du ministre de la guerre, et ces conflits n'ont jamais été signalés comme un vice radical de cette création. L'administration, dans quelque position que ce soit, saura toujours que, placée auprès du commandement, elle n'est qu'un auxiliaire, et, comme telle, devant obéir et seconder, bien loin de chercher à entraver: si quelques administrateurs, se méprenant sur leurs obligations, devenaient un obstacle, il y serait promptement remédié; ce qui peut fort bien arriver même aujourd'hui. Un intendant inspecteur qui faisait remarquer à un comptable des subsistances que le général s'était plaint de son service, en reçut cette réponse, que, ne relevant pas du général, une plainte de lui le touchait peu, si l'intendance, seul juge compétent, lui rendait justice. Cet intendant, qui avait accueilli la plainte du général sans entendre le comptable, fléchissait sous le commandement, et fut quelque peu étonné de cette indépendance d'allures dans un de ses subordonnés. Pour obtenir d'une administration l'accomplissement de ses devoirs, il faut de toute nécessité la rendre indépendante de ceux qu'elle est appelée à contrôler; si elle lui reste subordonnée, cette administration ne conservera que les apparences du contrôle, mais en fait il ne sera plus exercé : et mieux vaut mille fois n'avoir plus d'administration du tout, que d'en avoir une impuissante à remplir son mandat; car, si elle est jugée nécessaire, elle sera créée dans les conditions reconnues indispensables, tandis que les seuls dehors suffisent quelquefois pour faire tolérer ce qui existe, quel que soit le préjudice qui en résulte pour l'armée et pour le trésor. On rendrait cette indépendance à l'administration de la guerre, en la rattachant au ministère des finances; mais si ce ministre, très-surchargé déjà, était peu disposé à accepter ce surcroît de fardeau, on pourrait créer un ministère de l'administration de la guerre, comme autrefois : dans l'un comme dans l'autre cas, l'indépendance de l'administration militaire serait entière, c'est l'essentiel; et, quoi qu'on fasse, elle ne le sera jamais sans cette séparation.

Après avoir obtenu pour l'intendance militaire la liberté d'action qui lui est indispensable, il lui faut aussi la connaissance des détails, qu'elle ne possède pas, comme je l'ai démontré au chapitre IX. Qu'on me permette à ce sujet deux citations : A Oran, il y a plusieurs années, le général commandant la division préparait une grande expédition; il fit appeler le sous-intendant militaire chargé du service des vivres, et lui dit que, dans tant de jours, il lui faudra une quantité déterminée de biscuit. Le sous-intendant lui répond que ses ordres seront exécutés; absolument comme un officier qui n'a qu'à se mettre en route quand son général lui ordonne de partir. Le comptable, informé aussitôt de l'approvisionnement que demande le général, va trouver le sous-intendant et lui fait remarquer qu'il n'a ni biscuit en magasin tout prêt, ni ouvriers pour exécuter un travail aussi considérable, et que, pour remplir les ordres du général, il faut lui demander des boulangers pris dans les régiments de la garnison. — Non, non! s'écrie le sous-intendant, le général a déjà dit qu'il avait besoin de tout son monde, et il ne vous donnera pas de militaires; arrangez-vous, prenez des ouvriers civils! — Mais je ne trouverai jamais un nombre suffisant de boulangers disponibles dans la ville; et si je prends des ouvriers inexpérimentés, le travail sera moins bien fait, et il faudra doubler, tripler le délai fixé par le général. — C'est votre affaire!... dit le sous-intendant; puis, se reprenant : Faisons mieux; je suis convoqué à midi chez le général avec les chefs de corps, pour se concerter sur l'expédition; accompagnez-moi, et là vous ferez valoir vos raisons. — A l'heure dite, le sous-intendant et le comptable étaient avec les chefs de corps au rendez-vous assigné : le général entre, on fait cercle autour de lui; il va d'abord au sous-intendant et lui dit : Rien n'est changé à ce qui a été convenu ce matin. — Le sous-intendant s'incline en balbutiant; le général croit que c'est une parole d'acquiescement, et passe outre pour parler à un colonel : mais le comptable s'avance pour s'expliquer; le général aperçoit son mouvement, et lui impose silence de la main en ajoutant : Je n'ai pas le temps de vous écouter, entendez-vous avec votre sous-intendant. — Le comptable veut insister; le général, lui fermant encore la bouche d'un geste impératif, recommence son explication avec le colonel. Alors, le comptable, fatigué de cette pantomime et perdant patience, s'écrie à pleine voix : Général, vous n'aurez pas de biscuit! voilà ce dont je voulais vous avertir. — Le général se retourne vivement : Qu'est-ce que cela veut dire? — Le comptable s'explique. — Le général s'emporte : L'administration n'est jamais prête, dit-il; c'est détestable! il faut que toutes mes troupes soient sous les armes, je ne vous donnerai personne! — Le comptable, comme se parlant à lui-même, réplique : Pour faire la guerre, il faut des soldats; pour faire du biscuit, il faut des boulangers : et encore, ajouta-t-il avec vivacité, en regardant le général, j'en demande de meilleurs que la dernière fois, car c'étaient des ivrognes qui n'ont fait que la moitié du travail qu'ils avaient à faire. — A cela il n'y avait rien à répliquer; le général, se calmant, prit vite son parti et dit aux chefs de corps : Vous avez entendu, Messieurs; vous fournirez, vous, tant d'hommes pour votre part; vous, tant pour la vôtre; je vous rends responsables du choix de ces hommes : on en donnera un état nominatif au comptable, qui notera en marge ceux qui se seront mal conduits; le travail fini, le comptable me remettra à moi-même les états annotés par lui. — Aucune annotation défavorable ne fut inscrite, et le biscuit se trouva prêt au jour dit.

Dans une autre occasion, le gouverneur à Alger, le maréchal Bugeaud, qui s'occupait avec beaucoup de sollicitude de tout ce qui touchait le soldat, remarqua que le pain n'était pas tel qu'il devait être : il aurait pu écrire à ce sujet à l'intendant militaire, il ne le fit point. Le comptable étant à une de ses soirées, il l'appelle à l'écart et lui signale l'observation qu'il a faite : le comptable dit que la critique est fondée, et qu'elle a pour cause la création de silos destinés à recueillir une grande quantité de grains, représentant une valeur en argent d'environ 200,000 fr. : malgré tout le soin qu'on a donné à cette opération, avec le concours du génie militaire, le grain s'est mal conservé et a souffert; le pain naturellement s'en ressent un peu. — Je comprends, dit le maréchal, que l'État ne peut pas perdre cet approvisionnement réuni dans l'intérêt du service; mais il faut faire en sorte d'en trouver l'emploi sans que la troupe se plaigne et en pâtisse : dans cette limite, je seconderai l'administration et je ne dirai rien.

Ces faits prouvent que, malgré la hiérarchie, les généraux sont dans la nécessité ou reconnaissent utile d'entrer en relations directes avec le comptable, plutôt qu'avec l'intendance, qui, par une idée exagérée du respect dû à l'autorité militaire, autant que par le sentiment de son insuffisance, n'ose pas lui faire les objections que la nature spéciale du service comporte; j'ai vu même des membres de l'intendance prétendre qu'il ne fallait pas initier le commandement aux détails de l'administration, comme si ce n'était pas le meilleur moyen d'obtenir son concours actif que de le rendre juge lui-même des difficultés du moment.

M. Vauchelle semble reconnaître cette insuffisance de l'intendance militaire, quand il dit dans son *Cours d'administration :*

Nous retranchons les anciens chefs de service, agents ou directeurs en chef et principaux des vivres, des fourrages, de l'habillement et des hôpitaux, que l'on a coutume de nommer pour chaque armée et corps d'armée, et nous leur substituons des officiers principaux d'administration uniquement chargés de la centralisation de la comptabilité de leur service respectif.

Nous plaçons à chaque division active un officier d'administration de 1re classe du service des subsistances, commissionné *ad hoc* sous le titre de directeur des services réunis, — vivres-pain, liquides, vivres-viande, fourrages, chauffage, — pour diriger et surveiller ces services dans tous leurs détails, sous l'autorité immédiate du sous-intendant militaire....

Telles sont les considérations qui nous amènent à regarder comme indispensable de placer à côté et sous les ordres du sous-intendant d'une division active un agent rendu apte à le seconder et à le suppléer même pour beaucoup de détails dans la direction et la surveillance des diverses branches du service des subsistances : service que son importance et ses difficultés recommandent de doter largement de moyens d'exécution, d'accélération et de surveillance (1).

La pensée exprimée de doter largement le service des subsistances de moyens d'exécution, est fort juste ; mais il n'en est pas de même du plan proposé : voyons comment fonctionneraient le sous-intendant militaire et le directeur des services réunis dans le fait d'Oran cité plus haut, par exemple. Est-ce le sous-intendant ou le directeur qui sera appelé par le général ? Si c'est le sous-intendant, nous avons vu ce qu'il a fait : s'ils sont appelés tous les deux, le directeur sera obligé de contredire le sous-intendant, qui, comme chef,

(1) M. Vauchelle, *Cours d'adm.*, t. III, p. 16.

doit parler le premier ; ou ce qu'il dira serait si peu de chose, que le général verra tout de suite que le rôle principal appartient au directeur, quoiqu'en fait il ne soit placé qu'au second rang. Ce n'est pas tout ; quand il s'agira de donner des ordres au comptable, selon que le directeur sera plus ou moins habile, il va encore diminuer ou annuler l'autorité du sous-intendant : et si ce dernier est peu endurant, il supportera difficilement ce rôle de roi soliveau. Or, ici pas de milieu ; ou le sous-intendant est dans le cas de diriger le service, ou il ne l'est pas : dans le premier cas, il n'est pas besoin d'un directeur ; dans le second, c'est le sous-intendant qui est de trop. On conçoit aisément qu'un intendant en chef d'armée ait auprès de lui un directeur pour étudier et pour tracer la marche à suivre dans les mille détails que les occupations multipliées d'un intendant d'armée ne lui permettent pas d'approfondir. Le directeur est surtout indispensable pour coordonner les ordres et les mouvements d'approvisionnements ; il faut, en administration, autant d'unité que dans le commandement : proposer la suppression de ce directeur d'armée, n'est pas une pensée heureuse.

Cependant, on prétend qu'il n'y a rien de mieux que le recrutement actuel de l'intendance militaire ; et pour preuve, on dit : « Moralité constatée par » vingt ans de présence sous les drapeaux, avant

» d'entrer dans le corps de l'intendance, et savoir » administratif constaté par un concours public : » peut-on avoir de plus sûres et de plus authen- » tiques garanties ([1]). » A moins d'être de ces hommes qui se paient de mots, on peut répondre hardiment qu'il est possible d'avoir de plus sûres et de plus authentiques garanties. Qu'est-ce que le concours public? Un effort de mémoire. Les vingt ans passés sous les drapeaux et un choix intelligent peuvent être une garantie de moralité, mais ils n'offrent aucune garantie de capacité administrative. Est-ce dans l'armée qu'on apprendra à connaître, par exemple, pour les subsistances, les grains, la manutention, les approvisionnements ; pour l'habillement, les laines, la teinture, les cuirs, les toiles, etc.; pour les hôpitaux, ces mille soins que réclament les malades, cette comptabilité si minutieuse qu'un commis de l'intendance me disait un jour que la vérification des comptes du seul hôpital de Metz l'occupait plus que la comptabilité abonnée du service des subsistances de toute cette division. Dans l'armée, quel que soit le temps qu'on y passe, on n'apprend rien de toutes ces choses : celui qui en sort pour entrer dans l'administration militaire, est aussi neuf qu'un officier de l'armée de terre qui serait placé sur un

---

(1) *Budget de la guerre, 400 millions*, p. 6. Lyon, 1847.

bâtiment pour le commander. Il y a plus ; c'est que l'officier entrant dans l'administration, y arrive avec les préventions ordinaires de l'armée contre le contrôle et les services administratifs : est-ce là, en vérité, un élément de bonne administration ?

Que faire donc ? Il faut donner le contrôle et la direction des subsistances militaires à des hommes qui les connaissent, qui les ont pratiquées, et qui réunissent les conditions de moralité et d'éducation indispensables pour de semblables fonctions ; et voici comment je conçois cette organisation : Au ministère de la guerre ou à l'administration centrale, si l'administration était détachée de ce ministère, il y aurait un comité des subsistances, sous les ordres du directeur de l'administration, composé de trois membres au moins et de cinq au plus, chargé de la haute direction du service ; dans des circonstances exceptionnelles et graves, l'un d'eux pourrait être envoyé sur un point et y puiser les éléments d'un rapport au ministre fait *de visu*. Ce comité a fonctionné déjà plusieurs fois et avec des pouvoirs plus étendus que ceux que je propose ; car il travaillait directement avec le ministre, notamment en 1788 : à cette époque, le service des vivres et des fourrages fut donné aux masses des régiments ; mais comme on n'était pas bien sûr du succès de l'opération, on confia l'inspection des magasins, la livraison des matières et leur renouvellement à une commission appelée *directoire des subsistances* et composée de six membres des anciennes compagnies, d'un commissaire ordonnateur et de deux officiers généraux membres du conseil (1). Je ferai remarquer, en passant, qu'il ne serait plus possible aujourd'hui de composer une commission où l'élément vivrier fût dans la proportion de six contre trois, comme en 1788 : nous avons vu mieux ; dans les grandes commissions qui ont été créées dans ces dernières années, il y avait des membres de toutes sortes, excepté des officiers d'administration des subsistances. Pourquoi cette différence ? Il y a à cela plusieurs causes sans doute ; mais la principale, à mon avis, c'est son organisation militaire et son recrutement : en un mot, c'est l'assimilation qui exerce son action délétère sur toutes les branches de l'administration.

Au-dessous du comité, il y aurait des directeurs qui réuniraient dans leur arrondissement une ou plusieurs divisions militaires, et qui, au moins deux fois par an, à des époques indéterminées, inspecteraient tous les services ; ils vérifieraient en outre les comptes des comptables, et, sous ce rapport, remplaceraient les chefs de centralisation d'aujourd'hui. Un registre spécial, établi

(1) *Annuaire mil.* de 1788, p. 452, et ordonn. du 17 mars 1788.

sur un modèle uniforme et déposé aux archives de chaque manutention, recevrait les ordres détaillés du directeur sur la marche du service, achat, manutention, comptabilité, avec ses observations sur la manière de travailler du comptable et du personnel sous ses ordres; il contiendrait aussi le prix courant des denrées consommées dans le service, recueilli par le directeur auprès de personnes sûres. Ce registre serait une base de contrôle et un document fort utile et fort intéressant à consulter.

Le rôle de l'intendance militaire se bornerait à une direction et à un contrôle supérieurs et d'ensemble, qui, pour être exercés, n'exigent pas de connaissances pratiques et techniques.

A l'armée, chaque division active ou corps d'armée aurait un directeur correspondant avec le directeur général placé auprès de l'intendant en chef; sous les ordres des directeurs, un certain nombre de contrôleurs auraient mission de diriger les comptables et d'assurer l'exécution du service. Les officiers d'administration principaux ne seraient plus chargés de gestions, ils exerceraient les fonctions de directeur.

A l'intérieur, tous les services, vivres, fourrages, et plus tard le chauffage, seraient soumis au même régime, celui de la régie. Dans les places où le service est important, à Paris par exemple, il y aurait un contrôleur, chef du service des vivres, ayant sous ses ordres un comptable chargé de toutes les entrées; un autre pour les sorties. Il en serait de même pour les fourrages. A Lyon, un contrôleur réunirait les deux services, et aurait sous ses ordres un comptable chargé des vivres, un autre des fourrages, plus un comptable caissier; de même à Metz, à Toulouse, etc..... Dans les places de peu d'importance, un seul comptable suffirait, et il serait sous les ordres du directeur d'arrondissement.

Ce personnel, au lieu d'avoir pour point de départ les sous-officiers de l'armée, se recruterait de jeunes gens sortant des écoles militaires ou ayant rempli des conditions d'étude fixées par un programme arrêté par le ministre de la guerre. Ces jeunes gens feraient pendant plusieurs années un stage, tantôt auprès des directeurs, tantôt auprès des comptables; et ils ne seraient admis au grade de comptable qu'après un examen, et sur les notes de l'intendance militaire et des chefs de service. Entrés jeunes dans l'administration, ils auraient le temps d'acquérir, par la pratique et par des études spéciales, les connaissances qui leur sont nécessaires, et ils pourraient parvenir au grade le plus élevé, ce qui n'est pas possible pour beaucoup de sous-officiers, avec le recrutement actuel. Si les partisans du recrutement par l'armée des services administratifs trouvaient hétérogènes et incompatibles les deux éléments dont je forme le personnel des subsistances, en puisant soit dans les écoles militaires, soit dans la classe purement civile, je ferais remarquer que le stage mettra les uns et les autres sur la même ligne; je rappellerai ce passage déjà cité de Nodot, qui dit, en parlant du personnel des subsistances recruté de son temps, sans les conditions que nous proposons aujourd'hui : « Leur emploi peut passer pour être de plume et » d'épée (1). » Et alors, porter l'épée était le partage exclusif d'une certaine classe de la société; une exigence semblable ne serait plus acceptable aujourd'hui. Enfin, je dirai avec l'empereur Napoléon : « Ils sont militaires; les périls et les fatigues » étant à peu près égaux pour tous ceux qui con- » courent aux divers services d'une armée (2). »

Une semblable organisation offrira non-seulement dans l'exécution du service, mais encore dans la liquidation des comptes, des garanties pour le trésor et des sûretés pour le comptable, qui n'existent pas aujourd'hui : tous les jours, l'administration centrale rejette des dépenses qui ont reçu l'approbation du sous-intendant militaire; non pas qu'il s'agisse simplement d'un vice de forme,

---

(1) Nodot, *Le Munitionn. franç.*, p. 193.

(2) Thiers. *Hist. du Consul. et de l'Emp.*, t. VII, p. 423.

seulement on juge que le sous-intendant n'a pas apprécié la conséquence ou l'importance de l'autorisation qu'il a donnée. Par là le trésor est engagé dans une perte qu'il ne devrait pas supporter ; et, pour parer à cet inconvénient, on tombe dans un autre, on met la dépense à la charge du comptable : mais ce comptable est un agent passif s'il en fut jamais ; de là réclamation et procès au conseil d'État. Telle est aujourd'hui l'alternative dans laquelle se trouve l'administration de la guerre : ou approuver des dépenses mal contrôlées et faites souvent indûment, le tout au grand préjudice du trésor public ; ou bien mettre ces dépenses à la charge des comptables, c'est-à-dire, commettre ainsi envers eux un déni de justice et enlever à l'administration toute autorité morale. Ce grave inconvénient a été pressenti, et M. Vauchelle croit y avoir obvié avec un directeur des *services réunis*, chargé de diriger et de surveiller les services dans tous leurs détails. Mais pour l'appréciation des actes de ce directeur, au point de vue de la liquidation, c'est-à-dire, de la dépense et des intérêts du trésor, tout en reconnaissant la nécessité de connaissances spéciales, M. Vauchelle dit : « Il est évident qu'un simple chef de comp-
» tabilité placé auprès de chacun des intendants
» des corps d'armée sous ses ordres immédiats,
» et tenu en dehors de toute participation active à

» l'exécution du service, doit suffire pour sur-
» veiller l'établissement des comptes, les centrali-
» ser et apporter à leur vérification les connais-
» sances de l'homme spécial qui sont incontesta-
» blement nécessaires à ce point de vue [1]. »
Non certes, cela n'est pas évident! Quel fruit obtiendra-t-on de ce contrôle exercé par un chef de comptabilité qui n'a concouru en rien à l'exécution du service? Une simple collation de pièces, et c'est ce qui est encore le moins à craindre; car il peut gravement induire en erreur si, abusant de ses connaissances d'homme spécial, il fait des rapports reposant sur des hypothèses, au lieu d'avoir pour base les faits vus, ordonnés et commentés. Si, au contraire, un homme compétent, avec l'autorité nécessaire, est appelé à diriger et à contrôler les services, il pourra bien plus sûrement procéder à une liquidation sévère et équitable tout à la fois. Et qu'on ne croie pas que ces fonctions de liquidateur soient faciles à exercer, quand on veut le faire utilement, consciencieusement. J'ai vu des hommes qui, n'ayant jamais géré, étaient hors d'état d'apprécier la position réelle d'un comptable, et qui apportaient dans leur contrôle ou un laisser-aller nuisible aux intérêts du trésor, ou des exigences telles qu'ils rendaient toute gestion impos-

(1) M. Vauchelle, *Cours d'adm.*, t. III, p. 16.

sible; car ils trouvaient à redire à tout, à critiquer tout, sans principe fixe et seulement par esprit de contradiction ou pour se donner de l'importance : d'autres, ayant été comptables, et des comptables intelligents, n'étaient pas meilleurs liquidateurs pour cela; oubliant combien ils supportaient avec peine les observations les plus justes quand ils étaient eux-mêmes comptables, ils apportaient dans leurs liquidations cet esprit court et mesquin qui est trop souvent le partage de ceux qui s'occupent de détails : ils supputaient arbitrairement les profits qu'un comptable avait dû retirer de sa gestion, et, sans mettre en présence de ces profits, souvent imaginaires, les charges et les peines qui en sont la conséquence; sans regarder si ces profits sont légitimes et la juste récompense de leurs soins et de leur vigilance; mus par des sentiments d'envie et de jalousie, ces liquidateurs, sous l'apparence d'un grand zèle, ne suivaient aucune de ces règles de justice et de morale qui doivent présider à tout contrôle sérieux et digne. Le choix à faire d'hommes aptes à remplir ces fonctions sera toujours difficile et fort délicat; il faudra que celui qui sera appelé à ce poste, connaisse non-seulement tous les détails du service, mais qu'il sache encore allier la sévérité du juge à l'indulgence que mérite toujours le comptable de bonne foi qui, par ignorance ou entraîné par les difficultés du service, n'aura pas rigoureusement rempli les obligations administratives que ne comportent pas toujours des circonstances exceptionnelles et anormales.

L'organisation que nous proposons mettra fin au régime bâtard qui existe maintenant, en le remplaçant par un système fondé sur la logique et sur l'expérience. Aujourd'hui, les comptables ne sont chargés d'aucun achat de grains, ils les reçoivent d'un adjudicataire ; il en est de même pour le foin, la paille et l'avoine, quand le service des fourrages n'est pas mis en entreprise : de telle sorte que les comptables ne sont que de simples manutentionnaires. A ce sujet, M. Vauchelle dit : « Le mode » appliqué aujourd'hui (la régie avec les adjudi- » cations de grains), est évidemment le meilleur » pour les vivres; celui de l'entreprise pour les » fourrages nous semble, au contraire, devoir pré- » valoir, sous peine de fausser le grand et salu- » taire principe qui sépare les achats de la manu- » tention, séparation absolument impossible pour » les fourrages (1). » Quel est donc ce grand et salutaire principe qui sépare les achats de la manutention? Je regrette qu'il ne soit qu'énoncé sans être développé, car je crains de ne pas bien le définir et d'être accusé de me placer à côté de la

(1) M. Vauchelle, *Cours d'adm.*, t. II, p. 5.

question. Pour moi, je crois qu'il n'y a pas sur ce point un véritable principe dans l'acception du mot, et qu'il n'y a qu'une simple théorie. D'après quel principe, en effet, séparerait-on les achats de la manutention? est-ce d'après un principe moral, et prétendrait-on qu'un comptable chargé à la fois des achats et de la manutention doit être tenté d'acheter de mauvais grains, espérant dissimuler aisément ce défaut de qualité par une manutention plus ou moins habile? Mais si l'on suppose *a priori* la fraude, un comptable pourra tout aussi bien recevoir des adjudicataires, moyennant indemnité préalable, de mauvais grains, et les employer tant bien que mal, qu'il achète ou n'achète pas. Est-ce d'après un principe commercial? Ce n'est pas à supposer; car un entrepreneur, quand il est chargé d'une fourniture de pain ou de fourrages aux troupes, ne met pas en adjudication les grains ou les fourrages dont il a besoin : il fait ses achats aux meilleures conditions, choisit ses denrées avec soin et ne s'en rapporte qu'à lui pour cela. L'État, en se substituant à un entrepreneur, ne peut pas changer la nature des choses, sous peine de n'en retirer aucun profit, en faussant la règle la plus élémentaire de toute opération commerciale. Est-ce enfin le principe administratif qui réclame cette division des achats et de la manutention? Je ne sais ; mais je ferai remarquer que les principes administratifs n'ont rien de fixes, qu'ils varient selon les temps, le système politique et les hommes qui gouvernent; c'est moins un principe qu'une théorie, comme je l'ai déjà dit : ainsi, ce que M. Vauchelle proclame absolument impossible pour les fourrages, se fait très-bien aujourd'hui. Mais, quel que soit ce principe ou cette théorie, je crois pouvoir affirmer que la division qu'on préconise est fausse, aussi bien au point de vue administratif qu'au point de vue de la logique et de l'expérience pratique. Quand l'État, pour encourager les arts, crée, par exemple, des ateliers de tapisserie aux Gobelins ou fait confectionner des produits céramiques à Sèvres, le principe politique et administratif qui l'a guidé dans cette création ne l'empêche pas de prendre pour point de départ les arts et les sciences qui peuvent seuls le conduire au but qu'il se propose. De même, quand l'État se substitue à un munitionnaire pour pourvoir à la subsistance de l'armée, en vue d'économie, d'un meilleur service, ou pour se réserver l'influence légitime qu'une aussi grande fourniture donnerait à une compagnie, le principe politique et administratif qui le fait agir ne doit pas plus l'empêcher de suivre les seuls errements qui puissent assurer le succès de l'opération. Or, que ferait un munitionnaire en pareil cas? Il choisirait des hommes probes, intelligents, connaissant les céréales, les achats, la manutention, la comptabilité; et, avec leur concours, son service serait assuré. Que fait l'État aujourd'hui? Les hommes pratiques sont relégués au second plan; et c'est l'administration centrale et l'intendance militaire, qui n'ont pas un seul homme technique dans leur sein, qui font emploi des soixante-sept millions qu'on dépense annuellement pour les subsistances et le chauffage de l'armée. Un comptable chargé d'achats ne se contentera pas d'aller sur le marché ou à la bourse lorsqu'il aura des besoins, il aura soin d'être en relations constantes avec les propriétaires ou avec le commerce; il étudiera les ressources de sa localité sous le double rapport de la production et des facilités d'approvisionnements : ces études, ces relations à établir ne sont pas le fruit d'un moment; il faut y donner plusieurs années de soins et d'attention; il faut se faire une clientèle, avoir du crédit; c'est alors qu'un comptable sera dans le cas de rendre de véritables services à un manutentionnaire : l'État ne peut pas faire autrement pour bien faire. Cependant, voici ce qui se passe sous nos yeux : Les comptables n'achètent plus; ils sont la plupart soumis à des mutations si fréquentes, qu'ils sont inconnus sur le marché et au commerce : n'achetant plus, ils connaissent peu ou point les grains. Pour se bien connaître en grains, il faut faire des achats; c'est en discutant avec l'un, avec l'autre la valeur de tel ou tel échantillon qu'on finit par apprécier justement les produits divers de chaque localité : au début, on se trompe et on est trompé ; mais un homme intelligent fait son profit de ses mécomptes mêmes. Maintenant que toutes les denrées sont fournies par des adjudicataires, est-ce avec celui-ci que le comptable se formera? Mais l'adjudicataire a intérêt à tromper le comptable, ou au moins à ne pas l'initier aux finesses du métier. Le comptable peut sans doute consulter d'autres marchands : mais ceux-ci seconderont mollement ses désirs, parce qu'ils n'ont rien à attendre de lui ; et, en affaires, tout est subordonné à l'avantage qu'on retire de ses rapports avec un individu. Notons en passant, et comme exemple, que s'il est facile, au moment de la récolte, de reconnaître des blés nouveaux mêlés à des blés vieux ; au mois de mai ou de juin, la difficulté est plus grande : aussi quelquefois un adjudicataire livre-t-il des blés vieux, s'ils coûtent moins cher, au lieu de blés nouveaux que son marché l'oblige à fournir. Or, comme le règlement veut que les blés puissent se conserver dix-huit mois en magasin, à dater de leur réception, il s'ensuit que ces blés vieux se charançonnent, s'échauffent beaucoup plus que des blés nouveaux ; on attribue ces accidents à la chaleur, à la saison, à toute cause enfin autre que celle réelle, la vétusté du grain et l'erreur commise à la réception. Dans une autre circonstance, on a vu une voiture de blé refusée d'abord comme impropre au service, et être acceptée ensuite; le voiturier avait fait semblant d'en aller chercher d'autre, et il s'était contenté de faire le tour de la ville.

L'approvisionnement du service par des adjudications publiques peut, dans un moment difficile, offrir de graves inconvénients; la publicité donnée aux besoins de l'administration suffit pour provoquer une hausse sur les céréales : avec des comptables entendus chargés d'acheter, l'administration s'approvisionne sans bruit et sans donner l'éveil aux spéculateurs.

L'inconvénient de ne pas acheter est bien plus grand encore quand il s'agit d'être au courant des prix des grains : pour savoir à quoi s'en tenir à cet égard, il ne suffit pas d'aller une fois sur le marché ou chez tel ou tel marchand; on n'a dans ce cas qu'une approximation peu sûre. Mais quand le comptable achète, à l'empressement des offres qui lui sont faites, à la facilité des transactions, il juge de la baisse des prix, comme il reconnaît la hausse aux exigences du vendeur : il y a d'autres indices plus délicats à définir qui constituent l'art de l'acheteur; ils ne s'acquièrent que par la pratique, et sont le partage d'un petit nombre d'hommes capables; c'est comme en médecine le diagnostic, qui ne saurait s'enseigner. Les négociants, de leur côté, cherchent à connaître les besoins du comptable acheteur, le pressentent sur les ordres qu'il a reçus de son administration; quelquefois ils lui proposent de s'entendre sur le prix à payer, pour éviter des hausses factices occasionnées par des achats simultanés : dans ces conditions, une administration intelligente et bien informée fait ses achats à propos et à des prix avantageux. Rien de cela ne peut exister avec des comptables qui, n'achetant pas, sont sans expérience, et on reste livré au hasard d'une adjudication publique. A quoi sert donc le personnel existant? A conserver et à faire manutentionner, avec plus ou moins de succès, les denrées reçues de l'adjudicataire; tout cela justifié par un luxe d'écritures et de paperasses fort contestables, et qui, en fait, transforment les comptables en teneurs de livres. Les écritures se trouvent être le point capital des connaissances exigées d'un comptable, au lieu d'en être la partie accessoire; le fond de ses études devrait être, en bonne logique, la science des achats et des approvisionnements. Avant la disette qui nous frappe aujourd'hui, nous avons eu des récoltes abondantes; le département de la guerre, qui est un fort consommateur, a-t-il étudié l'avantage financier et politique d'avoir de grands approvisionnements, pour parer aux éventualités d'une mauvaise récolte (1)?

La conséquence forcée de cette fausse voie dans laquelle se traîne l'administration de la guerre, c'est qu'au moment d'entrer en campagne, en présence d'une guerre continentale un peu sérieuse, un ministre de la guerre ou un général en chef reconnaîtra qu'il ne lui est pas possible de regarder les besoins de son armée comme assurés avec une administration comprenant un personnel aussi peu pratique; et, comme pour une armée active la question capitale est celle des approvisionnements et des transports, comme des adjudicataires sont en possession des approvisionnements à l'intérieur, par une conséquence rigoureuse, le ministre de la guerre ou le général en chef recourra au même moyen : de là à un munitionnaire la différence n'est pas bien grande; car la science de la comptabilité est d'un poids bien léger en présence des grands intérêts qui touchent à la subsistance d'une armée, et elle sera bien vite sacrifiée, s'il le faut, devant le premier besoin, le plus impérieux, faire vivre l'armée. Ainsi, qu'on le veuille ou ne le veuille pas, ce qui se fait depuis quelque temps conduit inévitablement à une entreprise.

---

(1) Tout le monde cherchant un moyen de prévenir les effets désastreux d'une mauvaise récolte, on trouvera naturel, je pense, que je dise mon mot sur ce sujet. Voir Note 2, à la fin du volume.

Mais si les errements vicieux de l'administration centrale nous mènent à ce but fatal, il y aurait grand avantage à le reconnaître, à l'avouer, et à agir en conséquence, c'est-à-dire, à traiter immédiatement avec un munitionnaire. Le service, tel qu'il est organisé, ne forme point de comptables dignes de ce nom, parce qu'ils ne savent ni acheter ni choisir les denrées, faute de pratique : un munitionnaire, au moment d'entrer en campagne, quelque facilité qu'il ait dans le choix de son personnel, sera mal secondé par celui que lui lèguera l'administration de la guerre ; mais il en tirerait un tout autre parti si, dès aujourd'hui, il était à la tête du service. A ce point de vue, si l'entreprise est jugée inévitable au moment d'une campagne, on devrait la préférer à ce qui se passe sous nos yeux : je suis au fond peu partisan des munitionnaires, mais je suis assez juste pour reconnaître qu'ils sauraient avec du temps créer un personnel capable ; c'est ce que ne fait pas l'administration actuelle, dont toutes les mesures tendent à détruire le peu qui en reste.

Au lieu de réduire comme on le fait le nombre des gestions, je voudrais qu'on les multipliât : car deux ans de pratique forment plus un vivrier que dix ans passés sous les ordres d'un comptable. Aujourd'hui, l'administration ne tient aucun compte des ouvriers employés dans les manutentions et dans les magasins des fourrages; ces travailleurs sont cependant les auxiliaires indispensables des comptables : il y en a d'une probité et d'une habileté fort douteuses; les comptables les gardent souvent, par la difficulté d'en trouver qui vaillent mieux. Je voudrais que ce personnel figurât sur un contrôle tenu par le directeur d'arrondissement, qui, en conciliant tous les intérêts, pourrait placer des ouvriers habiles où ils font défaut : les grands services de Paris, de Lyon, de Metz, sont très-propres à former d'excellents brigadiers, des pétrisseurs, de bons chefs-ouvriers, par l'émulation qu'on peut établir entre eux; il serait facile, à la libération du service et d'un commun accord, de décider quelques ouvriers d'administration à aller sur des points où ils seraient nécessaires pour former le noyau d'une bonne organisation de service. Ces hommes, en cas de guerre, ne feraient pas difficulté, pour la plupart, de faire campagne au besoin, s'ils étaient sûrs de retrouver leur emploi en rentrant en France. J'ai connu des comptables dont le principal mérite était d'avoir de bons chefs-ouvriers, qui les suivaient partout. Par là on préviendrait beaucoup de ces désordres causés à l'intérieur et aux armées par des ouvriers infidèles. Un comptable m'a avoué que, pendant plus de cinq ans, il avait été volé par un guichetier de la prison qui, s'entendant avec le brigadier de la manutention, emportait tous les deux jours vingt ou trente pains de munition, au lieu de vingt ou trente rations que mentionnait le bon. Le comptable les prit l'un et l'autre en flagrant délit; mais il n'osa pas les livrer aux tribunaux, craignant d'être mal noté par l'administration pour avoir subi pendant si longtemps ce vol, sans s'en apercevoir.

Je fus un jour témoin d'un fait qui prouve l'influence d'un bon travail des pâtes sur le pain de munition. Un comptable, qui avait reçu une autre destination, montrait à son successeur le nouvel établissement qu'il allait diriger. Celui-ci, en entrant dans la paneterie, frappé du bel aspect du pain de munition, s'écrie : « Le beau pain! » vous devez avoir des blés de qualité supérieure, » pour obtenir un tel résultat; dans la résidence » que je quitte, mon pain ne valait pas celui-ci; » quoique j'eusse de beaux blés. » — L'autre, sans répondre, propose d'entamer un pain. — Non, non; ce que j'en vois me suffit. — On passe au magasin à blé. — Les vilains blés! dit l'arrivant; est-ce vous qui avez acheté cela? — Non, ces blés me sont expédiés par un de nos collègues; avant de les refuser officiellement, j'ai consulté des négociants, qui m'ont dit qu'ils pourraient être reçus avec une bonification de deux pour cent. — N'importe, je ne veux pas désormais de semblables blés! — Vous agirez comme vous l'entendrez; remarquez seulement que tout à l'heure vous avez fait l'éloge du pain que j'ai obtenu avec ce blé. — Sans doute, mais je ne l'ai pas vu en dedans; et, au lieu de louer la qualité du blé, c'est le travail des boulangers qui mérite des éloges. — Que conclure de ceci? Voici un comptable qui, avec de beaux blés, fait, de son aveu, un pain inférieur à celui qu'on lui présente, bien que ce dernier soit le produit d'un blé de qualité moindre. Ce comptable, qui sait distinguer ces deux qualités de pain, ce que n'est dans le cas de faire aucun sous-intendant militaire; ce comptable, dis-je, sait-il aussi bien par quel procédé de fabrication on peut arriver à ce résultat? Je l'ignore; ce qu'il y a de sûr, c'est qu'il ne le mettait pas en pratique et que son chef-ouvrier n'en savait pas davantage.

Avec un service organisé comme je le propose, cette anomalie ne se verrait plus; les directeurs feraient disparaître certainement aussi ces différences frappantes sur la qualité des blés qui se remarquent dans beaucoup de magasins, et que ne justifie pas suffisamment la variété des produits locaux. Enfin, on arriverait à créer une comptabilité simple, facile et pouvant être aisément appliquée en campagne, ce qui n'existe pas aujourd'hui. Il y aurait, à cet effet, à réclamer le concours du ministre des finances et de la cour des comptes; mais il ne ferait certainement pas défaut, du moment que les réformes à introduire seraient présentées et justifiées par des hommes vraiment praticiens.

Il y a en présence deux systèmes de comptabilité : la comptabilité de clerc à maître, et celle par abonnement. Cette dernière a l'avantage d'être simple et de stimuler l'activité et l'intelligence du comptable, qui, ayant une prime fixe pour faire certaines dépenses, s'appliquera à en réduire le chiffre pour bénéficier sur la différence : cette sollicitude du comptable tournera en faveur de son instruction vivrière, et, partant, à l'avantage du service; car, pour faire des réductions, il lui faudra étudier, approfondir tous les détails de la gestion dont il est chargé. Dans ce cas, il est nécessaire que l'abonnement embrasse, comme autrefois, le plus possible de dépenses; car toutes ces dépenses ont des relations entre elles, et l'une devient parfois onéreuse, si elle n'est pas combinée avec l'autre. Le règlement de ces abonnements, qui est aujourd'hui une affaire difficile, serait une chose fort simple avec les directeurs qui verraient tout fonctionner sur les lieux. Ce mode de comptabilité conviendrait très-bien, à cause de sa simplicité, dans les petits services. Il a un inconvénient dans les gestions de quelque importance, parce qu'il constitue le comptable à l'état d'entrepreneur au petit pied; de plus, le régime de l'abonnement n'est pas applicable en campagne : or, toute bonne organisation d'armée doit être créée en vue d'opérations actives en pays ennemi. La comptabilité de clerc à maître étant seule possible dans ce cas, il est indispensable qu'elle soit étudiée, appliquée à l'intérieur, de manière qu'on n'ait rien à improviser à ce sujet au moment où d'autres soins plus urgents et difficiles à prévoir absorbent tous les instants des chefs de service. Je crois que la comptabilité de clerc à maître, pour les matières, pourrait avoir pour pièces fondamentales, la copie du journal, qui, avec les lettres de voiture, récépissés, etc..., justifierait les entrées; et, pour les sorties, les lettres de voiture, ou les *bons totaux* des distributions faites aux troupes. Je voudrais qu'une copie du journal fût envoyée tous les quinze jours au directeur; cette production, à l'armée, préviendrait bien des fraudes : que de comptables n'ont pas de journal bien tenu! combien de fois le recommencent-ils, pour le faire cadrer avec des comptes établis après coup! Quant aux comptes en argent, je voudrais que l'ordonnateur envoyât au directeur un relevé des mandats ordonnancés pour chaque comptable : l'emploi de ces fonds serait justifié par des ordres d'achats, par des quittances ou par des états émargés; il n'en faudrait pas davantage pour la régularisation légale et réglementaire des matières ou des espèces remises entre les mains des comptables : tout le reste doit être du ressort de la liquidation ; en demander davantage à un comptable, c'est vouloir qu'il perde en rédaction de comptes un temps qu'il doit plus utilement employer à l'exécution matérielle du service. Les comptables qui seraient alors dirigés par des hommes capables et connaissant le métier, n'auraient plus à s'inquiéter s'ils parviendront à faire comprendre à leurs chefs les premiers éléments du service, ou si ceux-ci sauront sauvegarder leurs intérêts pécuniaires, qu'ils compromettent souvent aujourd'hui de la manière la plus grave, et quelquefois avec une rare candeur.

L'intendance militaire, n'étant pas composée de praticiens, n'attache pas assez d'importance aux registres tenus par les comptables : il y a à cela une raison, c'est que beaucoup de sous-intendants ne savent pas même comment s'y prendre pour en faire la vérification. Voici, à ce sujet, des observations dont l'administration de la guerre pourra faire son profit, avec le concours de directeurs entendus :

La comptabilité *sur registres* procède journellement et couramment : elle suit les faits dans leur succession non interrompue ; elle les saisit au moment même de leur exécution, et n'en laisse échapper aucun. Son mérite est donc d'être complète, fidèle, rapide et enfin plus ou moins claire, suivant qu'on énonce ou qu'on classe plus ou moins bien les faits innombrables qu'elle recueille.

La comptabilité *sur pièces* attend, pour se charger d'une opération, qu'elle soit consommée et régularisée : elle tient en réserve toutes celles qui ne sont qu'intermédiaires ou provisoires ; il y en a des milliers de cette espèce. Elle sépare des faits qui *se sont succédé*, pour mieux rapprocher des *pièces qui se ressemblent ;* enfin elle ne se clôt que quand ses collections sont complètes. Cette sorte de comptabilité est donc lente, embarrassée, suspensive, et il serait impossible de s'en contenter pour quelque gestion financière que ce puisse être.

Mais rien n'est plus sage, ou plutôt rien n'est plus nécessaire que d'emprunter aux deux modes ce qu'ils ont l'un et l'autre d'avantageux. La comptabilité *sur registres* conservera la trace des faits, de leur succession, de leur enchaînement, de leurs rapports respectifs ; elle permettra de connaître à tout moment la situation de chaque service en particulier ou de tous les services en général.

En même temps, la comptabilité *sur pièces* viendra produire ses preuves à l'appui de faits susceptibles d'être vérifiés ; elle jettera sur eux la lumière qui jaillit des circonstances particulières à chaque opération (1).

Le personnel des subsistances militaires renferme-t-il aujourd'hui les éléments nécessaires pour créer de toutes pièces l'organisation que je propose? Je ne le pense pas : depuis dix ans il a fait de grandes pertes, qui n'ont pas été réparées ; et il est menacé d'en faire de telles d'ici à dix ans, qu'il n'y aura peut-être plus possibilité de le renouveler ; il sera totalement perdu et à créer à nouveau.

---

(1) M. Masson, *De la Compt. des dép. publiq.* Paris, 1822.

Un général, à la tête d'une armée, aura vainement conçu le plus beau plan de bataille; s'il n'est pas secondé par l'intelligence de ses lieutenants et par l'intrépidité de ses soldats, le fruit de ses plus belles conceptions sera perdu : pourquoi la politique, c'est-à-dire l'art de gouverner les hommes en société, est-elle chose si difficile? et pourquoi les hommes les plus habiles ont-ils essuyé à ce métier les plus cruels mécomptes? C'est que les mauvaises passions du cœur humain, l'ignorance, l'envie, l'égoïsme, viennent souvent à la traverse des plans les plus généreux, les plus heureusement conçus! De même en administration : les plus belles théories ne peuvent que s'évanouir et demeurer stériles, si, tout d'abord, on ne donne pas un soin particulier à choisir et à former les hommes; pour être à même de faire ce choix, il faut offrir à ceux qui peuvent être aptes à suivre cette carrière, un horizon proportionné aux services qu'on est en droit d'en attendre. Le négociant qui est secondé par un employé capable, l'intéresse dans son entreprise, en fait son associé ou le commandite plus tard, quand il veut se retirer lui-même des affaires; l'administration a des moyens tout aussi puissants de s'attacher des comptables capables, dont elle a besoin : au lieu de les laisser enfouis toute leur vie à gérer un service, qu'elle leur donne une position plus élevée, et elle et eux en ressentiront les effets les plus efficaces. Il est tel principal que je connais, qui, chargé d'un service des fourrages, rend à ce titre d'incontestables services; mais qui en rendrait dix fois plus, s'il était appelé à contrôler et à former d'autres comptables. Sans vouloir dire du mal du personnel en fonctions maintenant, je crois être juste en affirmant qu'il n'y a pas plus de dix ou vingt comptables marchant à la suite de ce principal; tous ne le valent pas certes, mais ils sont en quelque sorte sa monnaie, comme on l'a dit des successeurs de Turenne. Cependant, que l'organisation que je propose se fasse, et, avant cinq ans, elle comptera de bons comptables par dizaines; ceux-ci multiplieront vite, et le service des subsistances militaires régénéré, sera fondé sur une base inébranlable, la probité, la capacité et un contrôle sérieux.

Cet appel au bon sens des hommes qui, par devoir, s'occupent des intérêts de l'État et de l'armée, sera-t-il entendu? Si j'en dois croire des pessimistes, je parle dans le désert! J'ai meilleure opinion des hommes; je crois fermement que la vérité fait entendre tôt ou tard sa voix puissante, et qu'elle finit par triompher; aussi, est-ce avec toute l'ardeur d'un esprit convaincu que j'applique à mon sujet cette pensée que j'ai lue dans Charron: *Quandiu spiro, spero!*

CHAPITRE XIV.

APPENDICE : RÉPONSE A UN ARTICLE DU MONITEUR UNIVERSEL DU 17 FÉVRIER 1853.

Je croyais en avoir fini sur ce sujet, quand j'ai lu l'article qui va être rapporté plus loin. Je ne m'y serais pas arrêté si ce document ne révélait aux hommes pratiques une origine quasi-officielle. Je me suis décidé alors à annoter cet article ; et l'on verra, j'espère, par les remarques qui vont suivre, que si l'auteur est rempli d'un beau zèle pour faire l'éloge de ce qui se pratique aujourd'hui, les arguments dont il se sert ne sont pas d'une grande force et tournent souvent contre lui.

On lit dans le *Moniteur universel* du 17 février 1853, page 194, ce qui suit :

« *De la nécessité de rapprocher le plus possible*
» *du mode d'exécution en campagne, la gestion en*
» *temps de paix des services administratifs* (1).

(1) A lire ce titre, qui ne brille pas par la concision, on pourrait

» L'armée française, par la bonne administra-
» tion de ses cadres, par la force d'un effectif que
» la sagesse du pays et du souverain contient dans
» de justes proportions avec les exigences de la
» situation intérieure et extérieure, par son in-
» struction surtout perfectionnée au sein des gar-
» nisons, est sans cesse en mesure d'entrer en
» campagne.

» Le passage au pied de guerre présente plus
» de difficultés pour les services administratifs.
» Toutefois, si, pendant la paix, on les rapproche
» le plus possible du système à suivre en cam-
» pagne, on arrivera à un résultat qui ne sera pas
» moins satisfaisant.

» L'administrateur militaire doit donc se perfec-
» tionner par une pratique constante dans l'art
» difficile de réunir des ressources avec une
» promptitude qui n'exclut pas l'économie, de les
» conserver avec sollicitude, de les employer avec
» à-propos et d'en tirer tout ce qu'elles peuvent

---

croire que tous les services administratifs militaires, — subsistances, hôpitaux, campement, — vont être passés en revue; il n'en est rien cependant, l'article est consacré exclusivement à faire l'éloge de la gestion de clerc à maître appliquée aux dépenses des subsistances militaires, matières et deniers. Ce mode de compter étant pratiqué dans les autres services administratifs, on en conclut que l'administration militaire est dès lors parfaitement en mesure d'assurer le service d'une armée en campagne. C'est une manière singulière, sinon bien habile, d'envisager la comptabilité au point de vue des besoins d'une armée.

» produire. Ce sont de pareilles garanties d'expé-
» rience qui inspirent au commandement cette
» entière confiance dans l'administration et cette
» entente parfaite qui sont toujours si profi-
» tables (2).

» Il en sera de même auprès des fonctionnaires
» du contrôle, pour les officiers d'administration,
» si ces derniers possèdent complètement les con-
» naissances de leur spécialité; connaissances
» qu'ils ne peuvent puiser, de leur côté, que dans
» une application journalière (3).

---

(2) Cette proposition, qui a pour but de représenter l'administration militaire comme n'étant pas à la hauteur de l'armée, dans les mêmes circonstances, repose sur une donnée fausse. De ce que l'armée est en mesure d'entrer en campagne au premier ordre, s'ensuit-il que cette armée, si elle n'a jamais été au feu, ait la qualité que les vrais militaires estiment par-dessus tout : être aguerrie? Cette vertu ne s'obtient que par la pratique. L'administration militaire est en état, tout aussi bien que l'armée, de franchir la frontière; mais elle n'acquerra également que par la pratique ce qui est son premier mérite à l'armée : savoir réunir des approvisionnements. Ce que l'administration fait à cet égard à l'intérieur, ressemble mille fois moins à ce qui se passe à l'armée, qu'un champ de manœuvre ne ressemble à un champ de bataille. Après une longue paix, l'administration et l'armée seront donc novices pour faire une campagne active; et le mérite personnel des administrateurs sera d'un plus grand poids dans la balance administrative qu'un mode de comptabilité quelconque. Du reste, je me suis expliqué à ce sujet au chapitre XIII.

(3) *Si ces derniers possèdent complètement les connaissances de leur spécialité.* C'est bientôt dit! Mais auprès de qui et par quels moyens voulez-vous qu'ils acquièrent cette connaissance, qui ne s'improvise pas? Avez-vous fait quelque chose d'efficace pour atteindre ce but? Non évidemment; la suite de ces observations le prouvera, et ce que j'ai dit dans les chapitres précédents l'a démontré.

» En campagne, on le sait, il n'existe qu'un » seul mode d'exécution des services administra- » tifs, la gestion par économie au compte de » l'État (4).

» Cependant, sous la Restauration, la rémi- » niscence traditionnelle des anciennes entre- » prises avait suggéré pour les subsistances à l'in- » térieur une organisation particulière, celle de » l'abonnement (5).

» Moyennant des primes graduées d'après l'ef-

---

(4) La gestion de clerc à maître est le seul mode d'exécution des services administratifs depuis un certain temps; mais il n'en a pas été toujours ainsi, sous l'ancien régime, sous la République et sous l'Empire. Ce mode de gestion est le meilleur à mon avis, mais avec des hommes capables; sans cela, c'est le pire de tous. Puisqu'il n'existe qu'un seul mode d'exécution des services à l'armée, pourquoi la plus grande partie du service des fourrages est-elle donnée à des entrepreneurs? pourquoi la fourniture du pain dans les gîtes d'étape et dans une foule de petites places est-elle en entreprise? Cela est-il bien d'accord avec le but de votre article: la glorification de la gestion de clerc à maître, et la critique amère et injuste des prix à forfait?

(5) Ce qu'on appelle la gestion abonnataire, par opposition à la gestion de clerc à maître, n'est pas une *organisation* particulière, comme on veut bien le dire ici. L'organisation du personnel des subsistances sous la Restauration, depuis 1817 jusqu'à 1824, avec un directeur général à sa tête, était celle de l'Empire de 1807 à 1814, c'est ce qu'on appelle la régie; le directeur général a été supprimé, et le personnel des subsistances a été organisé de nouveau en 1825 et en 1838: mais le système de la régie a toujours subsisté; seulement les dépenses sont justifiées aujourd'hui de clerc à maître, et autrefois on abonnait aux comptables le salaire des ouvriers, l'achat du combustible et les moutures: mais, encore une fois, que l'on comptât par abonnement ou de clerc à maître, l'organisation n'a pas changé.

» fectif en hommes et en chevaux, les comptables
» devenaient entrepreneurs de la fabrication du
» pain et de la manutention des fourrages. A ce
» mode de gestion s'en joignait un autre pour la
» formation des approvisionnements, celui des
» achats à commission, qui étaient confiés égale-
» ment aux comptables, et qui étaient fondés sur
» une triple fiction, savoir : celle du prix des mer-
» curiales pour les denrées de 2e qualité ; celle du
» poids déterminé pour les grains ; celle de l'épu-
» ration préalable de ces grains (6).

(6) Il n'y a que deux moyens pour assurer le service des vivres et des fourrages : des marchés passés avec des entrepreneurs ; ou la régie avec des agents appartenant à l'administration. Dans ce dernier cas, le comptable est chargé des frais dits de manutention, soit par abonnement, soit de clerc à maître. Il reste à approvisionner les magasins : on y pourvoit par des adjudications publiques ou par des achats à commission et des marchés de gré à gré confiés aux comptables ou à des personnes étrangères à l'administration. La seule différence entre ce qui se faisait autrefois et ce qui se pratique maintenant, c'est qu'aucun achat, sous quelque forme que ce soit, n'est commis aux comptables. Cependant si l'on suppose ceux-ci, comme le demande l'auteur (3), ayant les connaissances voulues, il semble qu'il n'y ait rien de mieux à faire que de leur donner mission d'approvisionner le service. — Voici à quoi se réduit cette triple fiction dont on fait tant de bruit : 1° *celle du prix des mercuriales pour les denrées de 2e qualité.* Ce n'était pas une fiction, c'était un contrôle et un point de repère : on avait admis en principe que le service devait être approvisionné en denrées de 2e qualité ; naturellement, les prix des mercuriales pour la 2e qualité servaient à contrôler les achats faits par les comptables : mais, dans la pratique, ces qualités se modifiaient selon les lieux et avec le contrôle des directeurs des subsistances, quand ils existaient ; cela ne souffrait aucune difficulté. 2° Quant au poids déterminé pour les grains, la proposition de l'auteur est fort obscure ; je ne sais trop ce qu'il veut dire :

» Ainsi, toutes les parties du service étaient
» réunies dans les mains d'un même agent, et à
» des conditions telles que l'action de l'intendance
» se trouvait entièrement paralysée (7).

---

ce qu'il y a de sûr, c'est que les grains achetés par les comptables étaient déclarés non pas à des poids fictifs, mais à leur poids réel. 3° Enfin, l'épuration préalable des grains n'était pas une fiction : il est bien positif qu'il ne devait y avoir en magasin que des blés *nets et criblés;* seulement, comme les blés réunissant ces conditions ne se trouvaient pas dans le commerce, le comptable les faisait entrer en magasin tels qu'il pouvait se les procurer, à charge par lui de les mettre en état dans un bref délai. Nous verrons plus loin (9) combien cette question du nettoyage des grains est mal comprise. En somme, cette triple fiction est une invention pure de l'auteur, et prouve seulement qu'il ne connaît que très-superficiellement le service dont il parle.

(7) Oui, toutes les parties du service étaient réunies dans les mains d'un même agent, et il n'y a aucun mal à cela ; je n'y vois au contraire que du bien, s'il possède (3) les connaissances de sa spécialité. Mais je nie que les conditions fussent telles que l'*action* de l'intendance se trouvât paralysée. Il faut s'entendre sur ce mot *action*, qui ici paraît être placé tout exprès pour servir à une équivoque. Si par *action* on entend le contrôle de l'intendance, rien de plus inexact; si par *action* on veut parler de l'immixtion de l'intendance dans tous les menus détails du service, c'est vrai. Autrefois, avec un comptable abonnataire, l'intendance n'avait pas à s'occuper du prix des choses comprises dans l'abonnement; mais elle avait toujours le droit de dire au comptable, et elle lui disait, le cas échéant : Vos blés en magasin ne sont pas jugés par moi suffisamment nets et criblés, vous recommencerez l'opération; ce sera un surcroît de dépense pour vous, mais ce vous sera une leçon pour l'avenir. Ainsi des autres questions du service. Au contraire, avec la gestion de clerc à maître, comme on vise à l'économie de la dépense, les blés ne sont jamais *nets et criblés* en magasin; on réserve cette opération au moment de l'envoi des grains au moulin, opération indépendante autrefois du criblage ordinaire. Qu'un intendant inspecteur critique maintenant des blés, on lui répond : Cela disparaîtra avec le criblage, et il n'est pas là pour vérifier si cette déclaration

» Sous une apparence de simplicité, jamais » système ne fut plus inaccessible au contrôle; » on en pourra juger par le court exposé qui va » suivre (8) :

» Les opérations du comptable étaient faussées » dès le début par l'inexactitude des entrées qu'il » était censé faire en grains nets et criblés, bien que » le nettoyage ne pût être effectué rationnellement » qu'au moment de l'emploi (9). Tout le reste, se

---

est exacte ou non. Qu'on fasse aujourd'hui une observation sur le pain, ce n'est plus le comptable qui est réellement en cause; c'est le sous-intendant lui-même, parce qu'il ordonne tout, qu'il s'immisce dans tout : et comme le sous-intendant est neuf sur beaucoup de points, on voit qu'il n'y a pas à s'applaudir de cette intervention, qui annule l'initiative du comptable, pour y substituer celle d'un sous-intendant inexpérimenté. Si une certaine *action* de l'intendance était paralysée par la gestion abonnée, son contrôle restait entier et s'exerçait durement quelquefois; aujourd'hui, ce contrôle est annihilé : je ne sais si, dans un temps donné, on aura à se féliciter de cette action, qui elle aussi paralyse celle des comptables; or, à mon avis, l'action du comptable est la première qui devrait être en jeu.

(8) L'épithète d'apparente est jolie! mais elle est mal employée ici. La simplicité, au contraire, était réelle; j'ai prouvé plus haut (7) que le contrôle de l'intendance était complet. Dans la gestion de clerc à maître, l'action de l'intendance est plus grande, parce qu'elle se substitue au comptable; mais cette action est acquise aux dépens du contrôle, qui est le véritable rôle de l'intendance : les détails trop minutieux du service ne lui conviennent pas; elle n'y est pas propre et s'y perd.

(9) Il n'y a rien de faussé dans les opérations du comptable abonnataire; ce sont de gros mots qui prouvent seulement que l'auteur ne s'est jamais rendu exactement compte de la manière dont on opérait alors. Le comptable, quand il achetait des blés, jugeait qu'ils étaient susceptibles d'un déchet de deux à trois pour cent; au lieu d'acheter cent kilogr. que portait sa commande, il achetait cent deux ou cent

» ressentant de cette vicieuse origine, était un
» enchaînement de compensations purement con-
» ventionnelles. Ainsi, l'administration ne recon-
» naissait qu'un déchet unique pour la conservation
» des grains. Elle refusait toute allocation pour
» l'évaporation sur la mouture des blés. Celle
» qu'elle accordait pour le blutage, était prélevée
» sur le son et non sur la farine. Puis, pour
» couronner l'œuvre, quelles que fussent les con-
» trées, les récoltes, les circonstances, on suppo-
» sait que le blé produisait le même rendement
» en pain (10).

---

trois kilogr. Après un court séjour en magasin, ce blé était criblé et il ne restait réellement en magasin que les cent kilogr. qu'il devait y avoir. — Il y a une foule de passages de cet article qui révèlent l'inexpérience pratique de l'auteur ; en voici un : *Le nettoyage ne peut être effectué rationnellement qu'au moment de l'emploi.* Pour les blés qui doivent séjourner six mois, un an en magasin, leur bonne conservation exige qu'ils soient nettoyés dès leur réception ; sans cela, ils s'encrassent et se conservent mal. Jamais, du temps de la gestion abonnataire, un approvisionnement ne restait en magasin sans être criblé. Eh bien ! aujourd'hui, pour économiser la main-d'œuvre, on nous dit qu'on ne nettoie les blés qu'au moment de l'emploi, c'est-à-dire de l'envoi au moulin. Tous les praticiens diront que ce mode est vicieux.

(10) Quoi d'étonnant que l'abonnement repose sur des faits purement conventionnels ! pourquoi l'auteur les appelle-t-il des compensations ? Je l'ignore ; mais ce qu'il y a de certain, c'est qu'un marché, synonyme d'abonnement, n'existe pas sans convention, c'est une vérité reconnue par M. de La Palisse lui-même : je ne vois donc pas qu'il y ait lieu à s'exclamer en quoi que ce soit à ce sujet. — Il n'y a rien d'extraordinaire à reconnaître un déchet unique pour la conservation des grains ; il y a plus, du moment qu'on a jugé utile d'en fixer

» Que pouvait il sortir de tout ceci (11)? Certains » agents trop largement favorisés, soit par la qua- » lité, soit par le rendement des produits locaux, » soit par les chances de leur abonnement, fai- » saient des profits considérables sans ressentir » aucun besoin de progrès (12). D'autres agents, au

---

un, il faut qu'il soit unique, sous peine d'entrer dans des difficultés de détail inextricables et pour prévenir des abus à chaque expédition de grains qui n'auraient pas les mêmes déchets. — L'administration ne refusait pas toute allocation pour évaporation à la mouture : si vous l'avez cru, vous êtes dans l'erreur ; l'article 698 du règlement des subsistances prouve qu'on allouait uniformément un pour cent. — En prélevant sur le son et non sur la farine l'évaporation qui a lieu dans le blutage, l'administration faisait une économie : elle y renonce aujourd'hui, c'est fort bien ; mais ce n'était pas là la conséquence de compensations conventionnelles, c'était le résultat d'un dessein arrêté de payer une chose moins chère, voilà tout. — Quant au rendement unique, cette supposition était la plus simple du monde et la plus naturelle, du moment qu'on prenait pour point de départ le plus faible rendement possible.

(11) Il *sortait* de tout ceci une grande simplicité d'exécution ; un contrôle aisé et facile avec des hommes entendus ; première condition d'une bonne administration sous tous les régimes.

(12) Nous y voilà ! le progrès ! C'est en son nom que tout ceci est fait, qui s'en serait douté ! Ces agents largement favorisés, ces profits considérables, je l'ai dit au chap. VII, p. 91, n'existent pas. Les abonnements, selon vous, étaient une espèce de loterie ; cependant l'administration avait droit de les reviser à volonté : mais une telle affirmation est une pure calomnie, à l'égard des hommes habiles qui ont autrefois présidé à l'établissement de ces traités. La gestion de clerc à maître est, dites-vous, un progrès ; eh bien, voici des progrès d'un autre genre qui seront appréciés par les hommes du métier : Qui a établi à ses risques et périls le moulin de la manutention de Metz ? qui en a eu l'idée, idée, j'en conviens, qui a reçu l'approbation de l'administration ? sinon un comptable abonnataire, M. Manuel. Qui a

» contraire, ce qui était plus déplorable encore, ne
» pouvaient éviter des préjudices qu'au détriment
» de la qualité du pain ou de la manutention des

établi à la manutention de Lyon, à ses frais et sans votre concours, des fours chauffés à la houille? n'est-ce pas M. Trochu, autre comptable abonnataire? Il est vrai qu'aussitôt le succès de l'opération assuré, vous avez voulu réduire son abonnement du bénéfice qu'il s'était procuré par ce moyen; et c'est à grand'peine s'il a obtenu qu'on fît entrer en ligne de compte les dépenses d'installation et d'essai qu'il avait faites. Parlerai-je de ce comptable qui avait porté la propreté et le soin, j'oserai dire le luxe, au point d'avoir tous ses blés en sacs; ce comptable allait même jusqu'à soutenir que c'était économique : je ne serai pas aussi affirmatif; mais ces blés bien propres, ces magasins toujours bien balayés, ces sacs bien alignés et du même poids, tout cela était digne d'éloge. Il n'y a pas un comptable abonnataire tant soit peu intelligent qui, passant dans un établissement manutentionnaire, n'ait laissé après lui quelque machine améliorant et facilitant l'exécution du service. Un de ces comptables, prenant possession d'une nouvelle gestion, remarque que, pour bluter les farines, un ouvrier est obligé de charger le sac sur son dos et de le monter sur le blutoir à l'aide d'une petite échelle; opération lente et périlleuse, car le plancher des magasins à farine est fort glissant : si l'ouvrier fait un faux-pas, il court risque d'avoir les reins brisés par le sac qu'il porte. Cet accident était arrivé à l'un d'entre eux; ne pouvant plus travailler au magasin aux farines, il avait été attaché au service des fourrages. Le comptable, voyant le danger de cette opération, expliquait un jour au brigadier, devant l'ouvrier aux farines, comment, au moyen d'une machine fort simple qui coûterait deux à trois cents francs, on pourrait avec célérité et en toute sécurité monter les sacs sur le blutoir. Le farinier, homme simple et naïf, dit au brigadier, après le départ du comptable : « Si Monsieur fait cela, je baiserai la trace de ses pas! » La machine ne fut pas montée, parce que sur les entrefaites on organisa la gestion de clerc à maître; et on jugea que le service s'étant fait jusque-là sans cette machine, on pouvait fort bien s'en passer encore. Voilà ces comptables abonnataires qui, affirme-t-on, ne connaissaient pas le progrès!

» fourrages (13); et les opérations de tous restaient » d'autant plus impénétrables que, maîtres absolus » de leur personnel, dont seuls ils avaient le » choix, ils ne l'étaient pas moins du secret de » leurs achats (14).

---

(13) Les abonnements établis primitivement par des hommes habiles et pratiques, promettaient à tous les comptables de gérer loyalement, en leur réservant un bénéfice légitime, s'ils savaient leur métier : mais il y avait une liaison intime entre le rendement et l'abonnement; on tenait compte dans celui-ci du produit de celui-là : or, du moment que le rendement fut augmenté et le blutage des grains changé, l'équilibre fut rompu et des pertes furent essuyées par les comptables. — L'aveu que l'on fait ici est étrange; il est toutefois à noter : car si des pertes ont été éprouvées par les comptables, elles datent principalement de 1846; et c'est depuis 1848 surtout qu'a été pratiqué ce système suivi à outrance de ne faire droit à aucune plainte ni réclamation des comptables au sujet de leurs abonnements.

(14) Que faudrait-il penser d'une administration chargée de contrôler des comptables, si ceux-ci, de son aveu, avaient des opérations impénétrables? Mais non, une semblable affirmation est ridicule, voilà tout : l'administration n'avait-elle pas en main les éléments des abonnements? Quant au secret de leurs achats, il a été bien gardé, et l'intendance ne l'a pas encore trouvé : mais ne savons-nous pas que le secret en ces sortes d'affaires, c'est l'habileté et l'expérience de l'homme. — Étant responsables et abonnataires, il fallait bien forcément que les comptables pussent choisir leurs commis et leurs ouvriers; aujourd'hui, que la responsabilité est partagée au moins indirectement par l'intendance, celle-ci intervient dans le choix de ce personnel, c'est logique; seulement, je me demande s'il est bon que l'intendance ait cette responsabilité morale. Cette intervention a mis en lumière un fait qui paraît incroyable, mais qui est réel, c'est que les comptables abonnataires étaient plus doux, plus humains pour ce personnel que l'intendance; celle-ci, aussitôt qu'elle en a eu le pouvoir, a remplacé de vieux serviteurs, sans égard à leurs services antérieurs, par des hommes plus jeunes : un ouvrier à la manutention était presque inamovible; aujourd'hui, sur un mot, pour un propos, on le remplace.

» Des combinaisons aussi étranges ne se prêtent » plus ni aux besoins de l'époque ni aux nécessités légales de la comptabilité-matières ([15]); » l'ancienne organisation avait fait son temps. De » là l'introduction dans le décret du 9 janvier 1852 » de la disposition qui accorde l'état des officiers » aux agents des subsistances militaires; disposition dont M. le maréchal de Saint-Arnaud a » développé logiquement les conséquences par » une décision ministérielle du 26 février qui » applique à ce service les errements déjà suivis » avec succès pour les hôpitaux, l'habillement et » le campement ([16]).

---

(15) Ce qu'il y a d'étrange en tout ceci, c'est l'article que je discute et les observations qui sont faites sur la gestion abonnataire. Qu'un ignorant qui voit une machine faisant mouvoir un appareil, se hâte de la briser faute d'en étudier l'utilité et l'importance, je le conçois; qu'il y supplée par ses propres forces, à merveille: mais l'appareil en lui-même ira-t-il mieux? c'est le point essentiel à éclaircir. Il en est de même de l'abonnement, c'était un mécanisme qui liait les diverses opérations de la manutention et à l'aide duquel fonctionnait plus facilement l'appareil manutentionnaire; on a brisé le mécanisme, mais il faut que la machine aille également bien: l'avenir prouvera s'il en est ainsi. Les besoins de l'époque ne sont pour rien dans la question: ce sont de grands mots mal placés, pour une petite chose; et la comptabilité-matières pouvait fort bien être appliquée au régime abonnataire.

(16) Au lieu de dire: L'ancienne *organisation* a fait son temps, dites au moins, pour être exact: L'ancienne comptabilité; car l'organisation actuelle date de 1838: c'est dans la même année que le gouvernement d'alors a voulu appliquer au personnel des subsistances la loi sur l'état des officiers; il a échoué, parce qu'il n'avait pas le pouvoir de celui d'aujourd'hui. Quoi qu'il en soit, le ministre qui a renouvelé la proposition

» L'expérience de ses grandes guerres avait » inspiré à l'empereur Napoléon la première pensée » du système qui devait définitivement préva» loir ([17]); il avait reconnu le vide et les dangers » des grandes entreprises (de celles principale» ment qui sont applicables à la nourriture des » troupes), ainsi que la nécessité d'y substituer » une organisation toute militaire : mais une autre » épreuve restait à subir pour les subsistances, la » conquête de l'Algérie en a fourni l'occasion ([18]).

» En passant de l'intérieur dans la colonie, c'est-

---

et qui l'a fait sanctionner, mérite des éloges. — Les errements suivis pour les subsistances ne sont pas aussi semblables à ceux des hôpitaux et du campement qu'on veut bien le dire ici : aux abonnements supprimés, et qui devaient donner un bénéfice licite au comptable, on a substitué des indemnités graduées sur le nombre des rations distribuées, et portant la gratification annuelle de 600 fr. à 6,000 fr., plus une indemnité de trois pour cent sur le cautionnement du comptable, quelle que soit la nature de ce cautionnement, immeubles ou rentes sur l'État, et indépendamment de l'intérêt légal payé par le trésor pour tout cautionnement en numéraire. Seulement, il y a cette différence fondamentale entre le régime abonnataire et celui nouvellement introduit, c'est que le comptable avec l'abonnement n'était sûr de rien, son bénéfice reposait sur son industrie, sur son habileté ; ici, au contraire, quoi qu'il arrive, dans les conditions ordinaires, il touche intégralement sa prime.

(17) Nous avons dit au chapitre V que la régie remonte au XVIe siècle : le régime actuel date d'une année, nous dit-on (23) ; n'est-ce pas s'avancer beaucoup que d'affirmer qu'il doive définitivement prévaloir?

(18) Il n'a pas suffi des guerres de la République et de l'Empire pour savoir à quoi s'en tenir sur l'organisation des subsistances militaires ; il lui restait à subir l'épreuve de la conquête de l'Algérie : qui s'en serait jamais douté !

» à-dire du mode abonnataire à la gestion de clerc » à maître (la seule, comme on l'a rappelé, qui » puisse être appliquée en campagne), nombre » d'agents s'étaient montrés inhabiles : la raison » en est simple; les avantages qu'ils retiraient de » leurs abonnements ou de leurs achats, les » avaient tenus éloignés de la véritable pratique » du service qu'ils abandonnaient fréquemment à » des subalternes (19). Quant aux fonctionnaires » du contrôle, on vient de signaler la cause des » entraves qui gênaient leur action, et que l'ad-

---

(19) Il y a des comptables inhabiles à l'intérieur comme il y en a à l'armée, c'est incontestable; que cette inhabileté soit mise plus en évidence à l'armée qu'à l'intérieur, cela s'explique par la nature du service, qui est tout autre : à l'armée, rien de réglé ni de fixe; les ordres se succèdent; il faut faire face à tout, le jour, la nuit; il ne faut pas tâtonner, il faut se décider vite et bien. Voilà ce que tout le monde comprend, sans même avoir l'expérience d'un service d'armée. Eh bien! tout le monde s'est trompé, et l'on nous prouve que l'inhabileté du comptable tient au passage de la gestion abonnataire à la gestion de clerc à maître! Quoi! lorsqu'un comptable avait un abonnement, c'est-à-dire lorsqu'il était à ses pièces, comme on dit vulgairement; lorsqu'il faisait des achats pour lesquels il ne recevait qu'une légère commission, dans ces conditions, les *avantages* du comptable étaient tels que, sans se donner de peine, des subalternes faisaient tout et le comptable n'avait qu'à se croiser les bras! Le simple bon sens réfute une semblable proposition! Sans doute, à cette époque, les comptables fréquentaient les négociants, leurs cercles et la bourse; ce qu'ils ne font pas aujourd'hui, n'étant plus chargés d'achats : au lieu d'une comptabilité fort simple, ils ont à établir des comptes si multipliés que seuls ils peuvent s'en acquitter; et encore n'est-ce pas du premier coup; mais sont-ils pour cela plus aptes à faire une campagne? En vérité, il n'y a qu'un bureaucrate qui puisse avoir de ces idées-là!

» ministration supérieure ne pouvait attribuer qu'à
» elle-même ([20]). De là certaines déviations, puis
» des pertes, des déficit, des débets; situation
» anormale qui n'aurait conduit à rien moins qu'à
» rendre le service fait par les agents de l'État
» plus onéreux et plus précaire que celui des
» entrepreneurs ([21]).

» Ce n'est pas un des moindres titres de M. le
» maréchal de Saint-Arnaud d'avoir appliqué à ce
» mal un remède dont sa longue pratique des
» campagnes de l'Algérie lui avait démontré l'effi-
» cacité ([22]) : dès la première année, le succès est

(20) Si les choses allaient aussi mal autrefois, c'était la faute de l'administration centrale; aujourd'hui qu'il y a des hommes de progrès, voyez comme tout est bien mieux! Ils le disent, qui en pourrait douter! Les Daru, les Dejean, les Andréossy, les Boinod, s'ils vivaient encore, seraient bien étonnés de lire de pareilles choses!

(21) Les déficit, les pertes, ne sont pas malheureusement une situation anormale à l'armée; c'est la conséquence forcée des opérations militaires. Sans doute l'habileté de l'administrateur les atténue, mais la gestion de clerc à maître n'y est pour rien : les débets dépendent des liquidations ministérielles faites plus ou moins équitablement; je renvoie, à ce sujet, au chap. X, p. 149. Quant à un terme de comparaison entre le prix de revient du service fait par les agents de l'État comparé à un prix sérieux d'entrepreneurs, je voudrais bien le voir.

(22) Je comprends que l'auteur ait voulu faire en passant un compliment au ministre de la guerre; mais qu'il est mal inspiré! Ne doit-il pas craindre qu'on dise qu'il fait son propre éloge, sous prétexte de louer le ministre : il avait cependant un motif moins équivoque et tout naturel à propos de subsistances, c'était de dire quelque chose comme ceci : L'écueil ordinaire de l'homme qui s'élève, c'est d'oublier ceux qu'il a connus dans d'autres temps; le maréchal n'a point agi ainsi, il a la mémoire du cœur : il a connu et apprécié à l'armée des comptables des

» de nature à donner au ministre une vive satis-
» faction (23). Il a suffi pour cela de se conformer
» au véritable esprit des prescriptions légales
» pour les achats, et de rester dans la réalité des
» faits pour l'exploitation du service (24).

---

subsistances ; il s'en est souvenu étant ministre, et les a soutenus contre ses bureaux, qui, ignorants ou ingrats, voulaient les frapper. Cette vertu a été de tout temps assez rare pour honorer ceux qui la pratiquent.

(23) Cette vive satisfaction devrait être tempérée, ce me semble, par la nécessité où l'on s'est vu de mettre en retraite d'office un comptable haut placé ; non pas que j'en fasse un crime à la gestion de clerc à maître : seulement, comme je l'ai dit au chapitre VII, p. 93, ce mode de gestion ne remédie à rien ; pourquoi donc tant se féliciter !

(24) La réalité des faits dans l'exploitation du service ! est-ce bien sûr ? Au dire des comptables eux-mêmes, ils établissent un certain *compte d'emploi* qui n'est qu'un roman d'un bout à l'autre. Je ne crois pas qu'on se conforme au véritable esprit des prescriptions légales pour les achats ; il me semble plutôt qu'on applique judaïquement le texte des lois et des ordonnances. On ne veut pas aujourd'hui qu'un comptable s'immisce dans les achats de l'administration ; mais c'est difficile à obtenir d'un homme habile, entendu, et qui voit l'administration payer les grains plus cher qu'ils ne valent. L'un d'eux, quittant la division où il était employé, alla prendre congé de l'intendant. Celui-ci, en lui exprimant le regret de le voir partir, l'entretint de l'approvisionnement de son service. Le comptable dit alors à l'intendant que c'était lui presque seul qui y pourvoyait au moyen de prête-noms. — J'aurais été fâché, reprit l'intendant, de le savoir à l'avance ; mais maintenant que la chose est faite, je ne puis vous désapprouver : les achats que vous avez opérés résultent d'adjudications publiques ; sans votre concours indirect, nous aurions payé encore plus cher : nous y avons gagné et vous aussi, tant mieux ! — Ajoutez, dit le comptable, que si j'avais acheté comme autrefois à commission, je n'aurais pas pu demander un prix aussi élevé que celui que j'ai obtenu dans ces adjudications, et j'ai de plus été affranchi des embarras d'une liquidation. — Mais il y a cela de fâcheux, dit l'intendant en terminant, c'est de voir l'administration ne pas savoir tirer parti des hommes capables

» Les agents des subsistances n'avaient été
» jusqu'alors que des traitants (25). Renfermés
» désormais dans la sphère de leurs attributions,
» opérant exclusivement par économie pour le
» compte de l'État, ils sont devenus d'honorables
» officiers d'administration, animés d'une louable
» émulation pour bien faire (26); leur gestion a

---

qu'elle a à son service. — Ailleurs, ce sont les commis du comptable qui spéculent sur les fourrages ; ils les achètent en temps opportun, pour les revendre plus tard, sous des noms d'emprunt, à l'administration. Ils n'opèrent pas en grand; mais ils vont à coup sûr, et ils arrivent ainsi à doubler leurs appointements.

(25) Traitants! voilà un gros mot renouvelé de l'ancien régime, et que je ne croyais plus de mise de notre temps : j'étais dans l'erreur, soit! cependant autrefois même on comptait avec eux, et Saint-Simon nous apprend que l'un d'eux eut la fantaisie de ne délier sa bourse qu'après avoir été reçu par Louis XIV et l'avoir entretenu : le grand Roi se fit un peu prier, mais il céda. Aujourd'hui, la plus grande partie du service des fourrages est aux mains d'entrepreneurs, ce sont de vrais traitants; il serait de bon goût, ce me semble, de se montrer moins dédaigneux. Sous la Restauration et en 1830, les comptables des subsistances, sans être jamais considérés comme des traitants, puisqu'ils étaient des agents de l'administration, faisaient des achats pour le compte de l'État et étaient tenus à des mises de fonds parfois assez majeures : à la suite de la révolution de juillet, la totalité de leurs avances s'élevait à plus de trois millions, et ils étaient payés en mandats à 45 jours d'échéance. Aujourd'hui, c'est l'État qui est en avance avec eux; la plupart des comptables seraient hors d'état de fournir des fonds pour faire marcher leur service pendant un mois seulement. Laquelle des deux situations est la meilleure?

(26) Les comptables d'aujourd'hui seront touchés, n'en doutons pas, de l'épithète d'*honorables* qu'on leur donne, et de la certitude qu'ils ont de n'être plus confondus avec les traitants. Mais sont-ils bien renfermés dans la sphère de leurs attributions? Que font-ils maintenant? De la comptabilité; et la pire de toutes, car elle absorbe

» présenté aussitôt des résultats plus favorables » que ceux qui étaient souvent contestés par les » abonnataires, et la fabrication du pain, sous- » traite aux fictions qui la livraient à tous les » hasards, a atteint un degré de perfection » inconnu autrefois des parties prenantes (27).

» Les fonctionnaires du contrôle, pénétrant » dans les moindres détails du service, ont acquis » la plus puissante de toutes les autorités, celle » du savoir et de l'expérience, qui garantit au » commandement comme à l'administration le » concours de sous-intendants capables d'impro-

---

tous leurs instants tant elle est compliquée. Sauf meilleur avis, je soutiens que leurs attributions comprennent principalement les achats et les approvisionnements : les leur retirer, c'est ne plus vouloir former des vivriers ; c'est priver l'administration du concours d'hommes qui pourraient lui être fort utiles. — Leur émulation consiste à donner un fort rendement, et j'ai dit au chapitre VII, p. 94, ce qu'il en fallait penser.

(27) Le comptable, qui voyait sa principale affaire dans les achats, pouvait laisser des commis faire sa comptabilité : maintenant qu'il n'a plus d'achats à exécuter, il donne son temps aux écritures ; mais est-ce un temps bien employé ? De là, peut-être, quelques réductions de dépenses dans la manutention ; mais à quel prix ? Je fais ici cette concession par pure politesse ; car, pour être bien sûr du fait, il faudrait mettre en présence des prix de l'abonnement non-seulement le salaire des ouvriers, mais encore les frais de mouture, le produit des issues, etc.... Or, il n'est pas démontré que cela ait été fait par des hommes idoines. Le comptable, dans l'état de choses actuel, a été affranchi des difficultés que l'administration centrale faisait aux abonnataires, voilà tout : et s'il y a eu des améliorations dans la qualité du pain, c'est par suite d'allocations spéciales et d'accroissement de dépenses ce qui est indépendant du mode de gestion.

» viser, d'organiser et de diriger avec une entente » toujours parfaite les services les plus compli- » qués des divisions actives (28).

» Enfin, MM. les intendants militaires, exerçant » des attributions que le ministre a décentralisées » récemment en leur faveur, font entretenir les » approvisionnements à la hauteur voulue, d'après » les fixations des réserves et les besoins du » service courant (29). A cet effet, leur sollicitude » s'étend aux ressources de la production dans » toute l'étendue de leur circonscription et des » divisions limitrophes ; aux apparences des ré- » coltes ; à la situation des marchés ; à la conve- » nance de procéder, soit par voie d'achat, soit

(28) Les sous-intendants faisant tout dans le service, leur contrôle est annulé ; c'est un des graves inconvénients de ce mode de gestion. Ils dirigent le service un peu au hasard, sans aucune connaissance pratique antérieurement acquise : ils apprennent ce service en le conduisant ; mais comme ils n'ont pas que cela à faire, et qu'ils ne sont pas tous à la fois chargés des subsistances, ils ne les sauront jamais que fort mal : un bon comptable sera toujours préférable à un bon sous-intendant pour les détails de ce service, en campagne comme à l'intérieur. Il est facile d'affirmer le contraire : l'expérience seule, si on ne veut pas s'en fier à la logique, prononcera en dernier ressort ; seulement, les leçons de l'expérience coûtent cher. Le résultat le plus net de la gestion de clerc à maître, à mon avis, a été d'enseigner quelque chose du service des subsistances aux employés de l'administration centrale qui ne le connaissaient pas.

(29) La décentralisation n'a pas ajouté grand'chose aux attributions des intendants, qui reçoivent toujours l'impulsion de l'administration centrale. Le renouvellement et l'entretien des approvisionnements leur a été souvent donné, ce n'est pas là une obligation nouvelle.

» par voie de versement; à l'économie de la » dépense, en un mot, autant qu'elle peut se » combiner avec la bonne exécution du service et » au bien-être des parties prenantes (30).

» Quant à l'emploi des denrées et aux frais » d'exploitation, les appréciations de MM. les » intendants militaires, toujours équitables, parce » qu'elles sont le fruit d'une expérience propre à » chaque localité, ont fait place aux fictions inin- » telligentes de l'abonnement; ce qui ajoute une » nouvelle garantie à la moralité des gestions des » comptables (31).

---

(30) Voilà un programme bien tracé; mais l'intendant militaire est hors d'état de le remplir : ce n'est qu'un directeur des subsistances allant sur les lieux mêmes, en relation directe avec le commerce et les propriétaires, qui pourra savoir à quoi s'en tenir sur les apparences de la récolte, sur la situation des marchés, etc... Avec l'état de choses présent, ce programme se réduit à des phrases sans valeur, qui ne persuaderont que ceux qui ne connaissent pas l'administration militaire.

(31) Sans faire injure aux intendants, je peux nier hardiment leur expérience vivrière; et, quant à leurs appréciations, elles seront toujours basées sur le chiffre matériel de la dépense de chaque jour. Or, l'exploitation du service des subsistances, comme de toute industrie, exige au contraire des dépenses faites à propos pour en tirer profit plus tard : l'intendance militaire, élevée à l'école étroite de la bureaucratie, ne comprendra jamais cela, ou au moins elle n'aura pas le courage de rompre avec cette routine. L'abonnement n'avait pas cet inconvénient; et si l'un des deux modes est inintelligent, ce n'est pas à coup sûr l'abonnement. Quant à ses fictions, elles n'existent que dans l'esprit de ceux qui ne le comprennent pas : ce mot fiction a beau revenir souvent sous la plume de l'auteur, il persuadera difficilement les hommes du métier. — La moralité d'une gestion ne consiste pas

» Il serait difficile de ne pas reconnaître dans » l'administrateur qui dirige et surveille de si » hauts intérêts, l'intendant d'armée constamment » préparé à remplir avec succès les fonctions » délicates qui lui sont dévolues (32).

» Cette revue démontre surabondamment la » supériorité du nouveau système, le seul qui, » en se conciliant avec les exigences de la comp- » tabilité-matières, placée sous la sauvegarde de » la cour des comptes, laisse une entière sécurité » pour l'organisation et pour l'exécution satisfai- » sante, au moment le plus imprévu, du service » des subsistances sur le pied de guerre (33). »

---

dans la forme des comptes; j'ai répondu à cette proposition fausse énoncée ici dans les termes employés par le *Moniteur* du 1er mars 1851, que je cite au chap. XII, p. 219. Les deux articles du *Moniteur* ont des phrases identiques, soit dit en passant: la même main aura sans doute tracé les passages que je signale; à moins que le premier article n'ait été copié par l'auteur du second.

(32) On fait ici des compliments à tout le monde, au chef de l'État, au ministre, aux comptables (qu'on qualifie d'honorables), puis aux sous-intendants et aux intendants. Si la manière dont s'en acquitte l'auteur n'est pas toujours heureuse, au moins il faut espérer qu'on lui tiendra compte de ses intentions. Le rôle de celui qui cherche la vérité, en étudiant les faits, n'admet pas cet optimisme qui prodigue l'éloge. Nous sommes donc obligé de dire que si un intendant s'acquitte convenablement de ses fonctions à l'intérieur, il ne s'ensuit nullement qu'il sera un bon intendant d'armée; pas plus qu'on n'est en droit de conclure qu'un général commandant une division à l'intérieur, sera par cela seul un habile général à la tête d'une armée en campagne.

(33) Cette revue prouve que cette prétendue supériorité n'est pas

Cette réfutation serait à coup sûr trop longue et bien inutile, s'il s'agissait d'un article ordinaire de journal; mais comme celui-ci peut passer pour un programme dont on cite même l'auteur, j'ai cru nécessaire d'entrer dans quelques développements. Seulement, la question réduite à ces termes, j'ai eu une crainte, c'est qu'on ne supposât que je fais une affaire de personne, d'une chose toute d'intérêt public. A Dieu ne plaise! Cependant, quand un écrivain, au nom de l'art et de la science, vient exposer des théories fausses ou contestables, il est indispensable que le critique, au nom des mêmes principes, combatte et discute les propositions avancées témérairement.

Ici, le sujet se présente sous un tout autre aspect, mais il a une égale importance : les subsistances militaires représentent une dépense annuelle de 67 millions de francs, sans parler de considérations d'un autre ordre et tout aussi graves. En quelles mains de si grands intérêts

---

démontrée. Je ne sais dans quel but on insiste tant sur la relation qui existe entre la comptabilité-matières et la gestion de clerc à maître, et pourquoi l'on veut rendre l'une solidaire de l'autre. En fait, la gestion abonnataire est compatible avec la comptabilité des matières, dont nous n'avons peut-être pas le dernier mot. Pour moi, il me paraît étrange qu'on insiste sur ce point, quand on écrit un article sur la nécessité de rapprocher la gestion du service des subsistances en temps de paix, de la gestion en temps de guerre, alors que dans ce dernier cas on saute à pieds joints par-dessus les règles de la comptabilité-matières (voir le chapitre XI, p. 189).

peuvent-ils être confiés ? Peut-on diriger ce service avec des à peu près et des connaissances superficielles ? voilà toute la question. Pour moi, je ne peux pas partager l'optimisme de l'auteur ; les hommes compétents prononceront : j'ai mis les pièces sous leurs yeux.

NOTES.

NOTE 1re, PAGE 170.

LA VÉRITÉ SUR L'AFFAIRE BÉNIER,

DE LA MANUTENTION DE PARIS,

OU NOTES SUR LE COMPTE SPÉCIAL APPENDICE AU COMPTE GÉNÉRAL ET DÉFINITIF DES DÉPENSES DU MINISTÈRE DE LA GUERRE, POUR L'EXERCICE 1845. (*Paris, Imprimerie royale, mars* 1847.)

Il est superflu de raconter ici par quel incident j'ai été appelé à écrire à la hâte ces *notes* sur l'affaire Bénier, notes qui n'étaient pas destinées à la publicité ; seulement, je dirai qu'elles ont été communiquées à la commission de la Chambre des députés chargée d'examiner spécialement cette affaire, et qu'elles ont reçu l'approbation de plusieurs de ses membres (1).

---

(1) M. Lanjuinais a dit à la tribune, au sujet de ce travail : « Il y a au » dossier de la commission des comptes de 1845 une indication qui con- » firme parfaitement celle de M. Boissy d'Anglas ; c'est une note qui a

Ce mémoire est un argument de plus à l'appui de ma proposition, à savoir : l'inaptitude de l'administration centrale à diriger les subsistances militaires, et ses liquidations faites contrairement au règlement et à l'équité ; il prouve, en outre, que je sais rendre justice à l'intendance militaire, quand il y a lieu.

Nous avons lu un *Compte spécial* publié par M. le ministre de la guerre en mars 1847, sur le débet du comptable Bénier, de la manutention de Paris : les faits qui y sont consignés ont tellement été faussés, dénaturés, que nous n'avons pas pu résister au désir de présenter la question sous son jour véritable. Étranger aux hommes mêlés à cette affaire, nous n'avions aucun parti pris à l'avance quand cette lecture a été faite par nous ; c'est l'analyse consciencieuse, approfondie des faits qui seule a amené les conclusions que nous donnons, comme l'expression d'une étude sérieuse, impartiale du sujet.

Quand des questions de cette nature s'agitent, le cœur de l'homme est ainsi fait qu'il croit difficilement à l'impartialité de quiconque s'adresse à lui et dont il s'empresse de chercher le nom, pour savoir quels sentiments, quels intérêts l'ont guidé. Nous ne

---

» été remise à M. le président de la commission et qui est très-favo-
» rable à l'administration, et qui en même temps aussi contient, sous
» certains rapports, la défense des intendants militaires. Je dois dire
» que si je cite cette note, c'est parce qu'en la lisant, il est impossible
» d'y méconnaître une main extrêmement exercée, une très-grande
» habileté de plume et surtout une parfaite connaissance de l'adminis-
» tration de la guerre..... Je dois dire d'abord qu'elle n'est pas signée ;
» je préviens la Chambre de ce fait : mais comme elle appartient au
» dossier et qu'elle est une des pièces du dossier, je crois qu'il n'y a
» aucun inconvénient à la citer ici, etc.... » Séance du 6 juillet 1847, *Moniteur* du 7 juillet, page 1930, 3e colonne, 9e §.

donnerons pas cette satisfaction à la faiblesse humaine, et nous nous abstiendrons de signer ces notes, espérant qu'affranchi de toute question de personnes, le lecteur désintéressé aura une liberté d'esprit plus grande pour nous lire, et pour décider qui de nous ou du *Compte spécial* ministériel est dans le vrai.

Pour se faire une idée juste de la position du comptable Bénier à la manutention de Paris, il faut se reporter au moment où cette gestion a été confiée à M. Boinod en 1818. A cette époque, le service manutentionnaire de Paris donnait lieu à des plaintes sans fin, qui arrivèrent jusqu'au roi. Louis XVIII fit appeler le directeur général des subsistances, et, en lui exprimant son mécontentement, l'invita à prendre des mesures énergiques pour faire cesser un tel état de choses. — Sire, dit M. le comte Dejean, je connais un homme qui, si je puis le décider à accepter ce poste, le remplirait au delà des vœux de V. M.; mais je crains que son nom, quand je le prononcerai, ne vous effraie. — Peu m'importe; qu'il soit honnête homme, c'est tout ce que je veux. — Pour honnête homme, j'en réponds; il a fait ses preuves depuis longtemps. — Enfin, son nom? — C'est Boinod, qui a suivi Bonaparte à l'île d'Elbe et qui a renvoyé à V. M. le brevet d'ordonnateur qu'Elle lui avait fait expédier. — Soit, voyez-le.

Le directeur général fait appeler M. Boinod, et lui dit : — J'ai un service à vous demander, il faut que vous vous chargiez de diriger la manutention de Paris. — Mais je ne le puis pas; la position que j'ai occupée autrefois m'impose des devoirs..., et, le voudrais-je, le ministre, le roi, n'y consentiraient pas. — J'ai la parole du roi, et vous devez ce sacrifice d'amour-propre à l'avenir de la famille que vous avez à élever. Je vous donne carte blanche : vos appointements seront de 10,000 fr. : si votre gestion, comparée à celle de votre prédécesseur, présente un bénéfice, vous en aurez la moitié; s'il y a perte, nous la supporterons. — Après 24 heures de réflexion, M. Boinod accepta. Le compte de la première année offrit, en faveur de la gestion Boinod, une différence considérable : le directeur général, fidèle à sa promesse, voulut faire accepter à M. Boinod la moitié de la somme produit de sa bonne administration; mais il la refusa, disant qu'il ne convenait pas qu'il fût directement intéressé dans le résultat plus ou moins favorable que présenterait sa gestion. M. Boinod reçut en échange une gratification annuelle de 2,000 fr.

Ce n'est pas le vain plaisir de citer une anecdote contemporaine, fort connue du reste dans le monde administratif militaire, qui nous a engagé à rappeler ce fait; c'est pour montrer le point de départ de cette direction du service de Paris qui s'est continuée avec le comptable Bénier, après la retraite de M. Boinod. Mais il y a cette différence énorme entre eux deux, que M. Boinod a fait ses conditions, et que M. Bénier a reçu celles de l'administration de la guerre. Ainsi, M. Boinod n'a pas voulu se charger d'acheter les farines nécessaires à l'approvisionnement du magasin de Paris; il a pris un commissionnaire de son choix, à qui on allouait une commission spéciale de 50 centimes par 100 kilogrammes.

La position de M. Boinod dans l'armée impériale avait été telle, que ce n'était, littéralement, que pour la forme que les sous-intendants militaires exerçaient un contrôle sur la manutention de Paris; au vrai, M. Boinod traitait directement avec la direction générale, et, quand elle a été supprimée, avec le directeur de l'administration de la guerre. Est-ce un bien, est-ce un mal? La question n'est pas là : nous constatons les faits, reconnus, acceptés par l'intendance, dont le contrôle était annihilé; par les directeurs de la 1re division, avant leur suppression; par le ministère, qui ne pouvait pas l'ignorer et dont la correspondance le prouverait surabondamment au besoin.

Quiconque a connu M. Boinod, en Italie, quand il était ordonnateur en chef, ou à la manutention de Paris, sait qu'il était hostile à cette bureaucratie paperassière qui fait chaque jour des progrès effrayants chez nous; il avait et pratiquait les méthodes administratives et sommaires que l'Empire appliquait en toute occasion. La gestion de M. Boïnod était de clerc à maître, ou, selon une expression vulgaire, mais intelligible pour tous, ses comptes étaient des comptes de cuisinière : J'ai reçu tant, employé tant : il manque tant, dont je fais sortie; il y a tant en plus, dont je fais recette. M. Boinod n'était jamais en avance d'un centime, il demandait des fonds au fur et à mesure de ses besoins.

Gérant comme un trésorier, un capitaine d'habillement, il n'avait pas plus de cautionnement que ces officiers, à qui on n'a jamais songé à en demander, que nous sachions.

M. Boinod a géré la manutention de Paris jusqu'à la fin de 1830, époque à laquelle il a pris le grade d'intendant militaire, correspondant à celui d'ordonnateur qu'il avait autrefois. M. Bénier lui a succédé, et rien n'a été changé dans le mode de gestion ; seulement, par mesure d'économie, on a exigé que M. Bénier se chargeât des achats, et il ne reçut aucune commission pour cet objet. C'était une tradition administrative que la gestion du magasin de Paris était un service exceptionnel, géré exceptionnellement. A proprement parler, ce service était dans la main du directeur de l'administration. Au point de vue du contrôle administratif, cet état de choses était sans doute un mal ; mais la célérité du service y gagnait beaucoup. Avant 1830, M. le baron Thirat de Saint-Agnan étant chef de division au ministère de la guerre, les affaires capitales se traitaient directement entre lui et la manutention de Paris ; en 1830, le 28 juillet, M. le général d'Hautpoul, directeur de l'administration, et, le surlendemain, le général qui avait pris, par intérim, le commandement de la 1re division militaire, se mettent en rapports directs avec la manutention : l'intendance disparaît complètement dans toutes ces occasions. Les événements difficiles de 1831 et de 1832 n'ont fait que rendre plus fréquentes ces relations directes, sans l'entremise officielle de l'intendance militaire.

Ces faits sont notoires, patents ; et quel n'a pas été notre étonnement de ne voir aucune de ces circonstances signalées dans le *Compte spécial* du ministre de la guerre. Les membres de la commission d'enquête, étrangers à l'administration militaire, ont dû ignorer ces rapports directs entre l'administration centrale et le magasin de Paris ; aussi, se retranchant derrière la règle administrative et hiérarchique, voici quelle est leur conclusion (page 25, 2e §) : « L'intendance militaire, à divers degrés et sous sa » responsabilité, dirige, surveille et contrôle les gestions manu- » tentionnaires. L'administration centrale vérifie les comptes, les » liquide et les apure. »

Les explications dans lesquelles nous venons d'entrer donnent un démenti formel à ces affirmations. En fait, jamais l'intendance n'a rien dirigé à la manutention de Paris ; l'impulsion partait directement du ministère de la guerre : n'ayant point la direction de ce service, quel pouvait être le contrôle, la surveillance de l'intendance ? Un vain mot. Et cela, le ministère ne l'ignorait pas ; il faisait mieux que de le tolérer, il le trouvait bon. Un membre de la commission aurait été à même de l'éclairer sur la position spéciale du magasin de Paris : il ne l'a pas fait : pourquoi ? Nous l'ignorons : cependant, personne mieux que M. le baron Thirat de Saint-Agnan ne pouvait l'édifier sur des faits de cette importance. Chef de division au ministère de la guerre, il avait rendu de grands services à l'administration, notamment dans la question des subsistances militaires ; ses rapports directs avec le magasin de Paris, du temps de M. Boinod, n'avaient eu que de bons résultats : pourquoi ne pas venir aujourd'hui avouer et défendre ces rapports directs ? Si le déficit Bénier s'était présenté sous son administration, nous croyons trop à sa loyauté pour penser qu'il ait voulu décliner toute responsabilité. Quoi qu'il en soit, des faits irrécusables qui ont duré 27 ans (de 1818 à 1845) ne peuvent pas passer sous silence. Pourquoi l'administration centrale actuelle n'a-t-elle pas voulu prendre sa part de responsabilité dans cette affaire ? Faut-il le dire ? elle a eu peur. La peur est mauvaise conseillère, c'est elle qui a excité l'administration centrale à nier des faits patents ; c'est elle qui l'a engagée à reporter sur l'intendance, qui n'en pouvait mais, une responsabilité qu'elle aurait dû, avec plus de courage et d'équité, assumer tout entière sur elle. Mais, en présence des sévères admonitions de la Chambre des députés, le ministre et le commissaire du roi ont perdu la tête, et ils ont frappé à droite et à gauche, espérant par ces holocaustes satisfaire à la censure législative ! Et pourtant que serait-il arrivé si un ministre ferme, au lieu d'abriter sa responsabilité sous celle de ses subordonnés, au lieu de compromettre ses délégués officiels chargés du contrôle, avec une sorte de faiblesse qui afflige ; si ce ministre, étant monté à la tribune, avait dit, franchement, loyalement :

« Oui, Messieurs, il y a un déficit dans la gestion du comptable

» de Paris ; le responsable, c'est moi, ce sont mes prédécesseurs
» depuis 27 ans, qui, en confiant, la première fois, à M. Boinod, la
» gestion du magasin de Paris, avons réalisé des économies
» notables et amélioré en même temps ce service. L'importance
» du magasin de Paris ne nous a pas permis de nous astreindre
» toujours aux prescriptions réglementaires, et, pendant longues
» années, nous nous sommes bien trouvés de traiter directement
» avec le manutentionnaire de Paris ; le contrôle, par ces rapports
» directs entre le comptable et l'administration centrale, a été
» affaibli, je le reconnais : des mesures sont prises pour qu'un
» pareil état de choses ne se renouvelle plus ; mais les inconvé-
» nients qu'il est facile de signaler quand le mal survenu les met
» en évidence, étaient inaperçus et compensés par des facilités
» d'exécution de service, dont nous avons reconnu constamment
» les bons résultats. Est-ce la première fois que des hommes
» placés près de l'administration centrale ont abusé de leur posi-
» tion ? N'avez-vous pas eu le déficit Kessner ? Ce sont de ces
» malheurs, rares heureusement, qu'il serait trop difficile de pré-
» voir, et trop rigoureux d'imputer à crime à un ministre, quel qu'il
» soit. Par l'enquête que j'ai ordonnée, j'ai pu m'assurer que le
» corps administratif auquel est confié le contrôle des dépenses de
» mon département, n'a point failli à ses devoirs ; s'il n'a pas révélé
» le déficit que nous reconnaissons aujourd'hui, c'est que la con-
» fiance que j'accordais moi-même au comptable devait naturel-
» lement entretenir la sienne. Messieurs, toutes les mesures con-
» servatoires que de droit sont prises pour que la part à la charge
» du trésor soit le plus faible possible : le chiffre, j'en donne l'as-
» surance, sera au-dessous de 100,000 fr. (1). Je prévois que des
» débats judiciaires viendront envenimer cette question, et que les
» amis du scandale auront à se réjouir des révélations plus ou
» moins intéressées des avocats des parties ; mais, à l'avance, je
» puis vous affirmer qu'aucun des membres appartenant à mon

(1) D'après le *Compte spécial*, p. 101, Bénier reste débiteur de.. F. 377,955 27
L'actif de la succession s'élève à 341,878 70

Perte.................. F. 36,076 57

» administration ne figurera personnellement dans ces débats, et » que tous sont dignes de la confiance que je leur accorde. »

Ces paroles, dites avec autorité et conviction, auraient reçu, nous n'en doutons pas, l'assentiment de la Chambre. Au lieu de cela, tout est remis en question ; et maintenant que le ministre a commencé à voir des coupables où il n'y en avait pas, nous croyons qu'il ne peut s'arrêter en si bon chemin, et qu'après avoir sévi contre deux intendants et un sous-intendant militaires, il n'a rien de mieux à faire qu'à s'attaquer à l'administration centrale, en commençant par lui-même.

Cette question des rapports directs entre le ministre de la guerre et le magasin de Paris est, selon nous, le fait dominant, capital de l'affaire, celui qui, pour être apprécié, jugé, n'exige pas de ces connaissances techniques réservées aux hommes de la spécialité ; ici, il ne faut qu'un peu de bonne volonté et d'impartialité : cet examen fait, nous espérons qu'on sera de notre avis.

Cependant, pour les hommes qui connaissent la matière, qui aiment qu'on discute les affaires à fond, nous allons suivre, pas à pas, le *Compte spécial*, et prouver que les faits particuliers ont été aussi dénaturés que les faits généraux. Personne, toutefois, n'est plus disposé que nous à rendre témoignage en faveur du chef de bureau qui a signé ce travail (1) ; nous connaissons sa loyauté, sa sévère probité : aussi est-ce notre conviction que les chiffres groupés, les calculs erronés que nous allons redresser, n'ont pas été faits par lui ; et qu'absorbé par la masse des affaires quotidiennes qui l'assiégent, il n'a pas pu donner à cette question tout le temps qu'elle réclame. D'ailleurs, M. Lambert n'est pas un homme du métier ; et ce n'est pas une des moindres anomalies de cette affaire, où nous voyons une question de comptabilité et de subsistances jugée sans l'intervention d'un munitionnaire et par des hommes haut placés, nous l'accordons, mais étrangers à la matière. Quant à nous, nous avons remonté à la source, autant qu'il nous a été possible, et les explications, appuyées de preuves, que nous allons donner, combattront et détruiront, de fond en comble, nous l'es-

(1) M. Lambert, ancien intendant militaire en retraite.

pérons, les assertions du *Compte spécial;* de telle sorte que nous ne donnons pas une opinion à opposer simplement à une autre opinion, mais nous prouvons, nous démontrons que le ministre se juge et se déjuge, selon les besoins de la cause.

Page 8. « Comment son avoir (celui de Bénier) avait dû s'augmenter par les héritages qu'il avait faits, par les avantages que » lui assuraient un traitement convenable et les primes qu'il tou- » chait en sa qualité de commissionnaire, chargé de l'achat des » denrées de son approvisionnement. »

Nous avons dit que M. Boinod recevait 10,000 fr. d'appointements et 2,000 fr. de gratification; total.	F.	12,000
Un commissionnaire de son choix, et il avait eu la main heureuse, recevait 50 centimes par quintal métrique pour les achats de farines, soit environ annuellement 15 à 18,000 fr.; mettons.		16,000
TOTAL.	F.	28,000

M. Bénier, lui, ne touchait que les 12,000 fr. accordés à M. Boinod : on lui refusa, quand il prit la gestion du magasin de Paris, de continuer l'allocation de 50 centimes donnée à un commissionnaire par M. Boinod. Ce fait est positif. Quiconque connaît les allures parcimonieuses des bureaux de la guerre, reconnaîtra leur action à ce trait : et pourtant quels avantages n'y avait-il pas, pour la bonne exécution du service, pour la garantie des qualités et des prix d'achat, de confier, comme l'avait fait M. Boinod, et surtout dans une gestion de clerc à maître, les achats à un intermédiaire probe et capable; c'était naturellement une sorte de contrôle qu'il eût fallu maintenir, si M. Bénier avait eu la pensée de le supprimer. Mais non, c'est l'administration centrale elle-même qui, dans son ignorance des choses, en vue d'une misérable économie, supprime le commissionnaire. L'intendance, nous l'affirmons, et on ne pourra pas nous démentir, n'est pas intervenue dans cette question, comme dans bien d'autres. En 1838, une organisation nouvelle du personnel des subsistances militaires eut lieu : M. Bénier, qui avait le titre de directeur, reçut celui d'officier d'administration principal *gérant*. Nous soulignons ce mot, pour faire voir, en passant, une suite non interrompue de faux-fuyants du ministère; dans le *Compte spécial*, M. Bénier n'est plus appelé gérant, on le nomme comptable : ces deux mots ne sont pourtant pas synonymes. Avec cette dénomination différente, les appointements, qui, dans toute organisation bien ordonnée, ne subissent pas d'effet rétroactif, furent réduits, pour M. Bénier, à environ 6,000 fr., accessoires compris; il avait auparavant, comme M. Boinod, 12,000 fr. Est-ce là un traitement convenable, pour un service de cette importance? Quant aux primes qu'il touchait, nous avons affirmé qu'il n'en recevait aucune au commencement; lui en a-t-on accordé depuis? Nous en doutons; mais, dans ce cas, pourquoi avoir supprimé le commissionnaire? La commission s'est-elle assurée de l'exactitude de ces faits? S'est-elle rendu compte de cette sorte de contradiction?

Page 18. « Bénier introduit frauduleusement des farines du com-
» merce dans ses magasins;... il fait de faux décomptes de mou-
» ture,... visés sans observation par le sous-intendant militaire,
» qui donnait à ces pièces mensongères la sanction légale.... »
Est-elle équitable, cette assertion du visa du sous-intendant militaire donnant à ces pièces mensongères la sanction légale? Ces pièces mensongères, vous, administration centrale, qui *liquidez* et *apurez* les comptes, comme le dit la commission, vous les avez acceptées pour bonnes; mais vous vous couvrez sous la sanction légale donnée à la pièce par la signature du sous-intendant. De semblables raisons ne sont pas valables auprès des hommes qui vous connaissent, et qui savent combien les bureaux de la guerre traitent cavalièrement, dans leurs liquidations d'Afrique, par exemple, non pas les simples visas, mais les ordres mêmes des sous-intendants militaires, dont ils ne tiennent souvent aucun compte; si bien qu'il a fallu plusieurs décisions du conseil d'État, cassant les liquidations du ministre de la guerre, pour lui apprendre à respecter un peu les ordres de ses délégués! Eh bien, aujourd'hui, telle est leur peur, qu'ils s'en prennent au visa du sous-intendant, qui semble ne leur avoir pas permis de reconnaître cette fraude. Et depuis quand y a-t-il de la honte, pour un honnête homme, à confesser qu'il a été trompé par celui qui ne l'est pas? Depuis quand un visa de pièces a-t-il cette sanction légale que

vous lui attribuez? La pièce quittancée pour mouture, quelle signature porte-t-elle? Cette signature est-elle fausse ou vraie? Si elle était fausse, vous l'auriez dit : si elle est vraie, que peut faire le sous-intendant militaire? Ne doit-il pas croire que celui qui a signé, a reçu la somme quittancée?

La compagnie chargée de la mouture a découvert une fraude du comptable Bénier. Est-ce l'intendance ou l'administration centrale qui a eu connaissance de ce fait? Sans rien affirmer, nous avons des raisons pour croire que l'administration centrale seule a reçu des réclamations à ce sujet. La commission s'est-elle bien rendu compte de la part de responsabilité incombant, dans ce cas, à l'administration centrale?

Page 19. La commission fait un crime au comptable Bénier d'avoir consigné, en son nom, des blés déposés à l'entrepôt des Marais. « ... Les grains devaient être consignés au nom de » l'administration de la guerre; et, dès lors, ils ne pouvaient plus » sortir de l'entrepôt que sur un ordre émané de M. l'intendant ou » de M. le sous-intendant. » Que M. Bénier ait vendu ces blés, c'est là le véritable grief; mais qu'ils aient été entreposés en son nom, c'est un fait qui se pratique tous les jours, par les munitionnaires de la guerre, quand ils occupent des magasins en dehors des locaux officiels : seulement, l'action de l'intendance s'exerce sur les uns et sur les autres, et nous ne voyons pas pourquoi il en aurait été autrement pour ces blés, déposés dans un entrepôt public. Ce passage du rapport prouve que la commission n'entend rien à la question, et qu'on l'a fourvoyée.

Page 21. — « L'administration, dans la sphère élevée qu'elle » occupe, a seulement à surveiller la stricte exécution des règle» ments. » Les faits que nous avons cités plus haut, prouvent que l'administration centrale ne s'est pas renfermée dans son rôle de surveillant : ses rapports directs, constants, avec la manutention lui ont fait à cet égard une autre position.

Page 26. Nous nous sommes expliqué, en commençant, sur l'article cautionnement, dont la commission fait à tort, selon nous, un reproche à l'administration centrale; mais celle-ci se défend mal, car elle va, nous le craignons, jusqu'à employer le mensonge. Nous avons affirmé, en ce qui concerne M. Boinod, qu'il n'était jamais en avance d'un centime; sans être aussi sûr de notre fait, nous croyons pouvoir assurer, cependant, qu'il en était de même à l'égard de M. Bénier. Pourquoi donc venir parler des fortes sommes dont il était en avance?

Pages 26 et 53. — C'est une chose curieuse comment la commission traite la question des déchets; il est vrai que l'administration centrale paraît avoir fait tout ce qu'elle a pu pour l'induire en erreur. Nous avons commencé à présenter la question sous son véritable jour en montrant comment M. Boinod comptait avec le ministère : nous allons citer un fait applicable aux déchets. Les farines employées du temps de M. Boinod étaient de deuxième, de troisième et de quatrième qualité, qu'on mélangeait en proportions variables, mais correspondant à peu près à ces chiffres : 1/5 farine deuxième, 2/5 farine troisième et 2/5 farine quatrième. Ce mélange était fait dans les magasins, avant de mettre les farines au pétrin, et on opérait toujours sur plusieurs centaines de sacs à la fois; les sacs étaient comptés au poids de vente, reconnu au moment de l'entrée en magasin. Le mélange terminé, on remplissait et on pesait les sacs de nouveau. On comparait le poids des sacs de farine avant et après le mélange; M. Boinod faisait recette ou dépense de la différence. La recette, à proprement parler, n'était qu'apparente, et voici dans quelle occasion : faisait-on le mélange en hiver, par un temps brumeux et humide, on trouvait après le mélange un poids supérieur, dû uniquement à l'état humide de l'atmosphère qui avait pénétré les farines pendant l'opération du mélange; dans toute autre circonstance, il y avait perte, et M. Boinod faisait sortie de cette différence : de cette manière, se trouvaient couverts les déchets pour le séjour des farines en magasin, déchets qu'on appelle de conservation. Ces détails, nous les avons puisés à une source certaine (1). Quand M. Bénier a dit (page 54) que les sacs de farine étaient versés au pétrin pour le poids qu'ils avaient au moment de la livraison du

(1) L'auteur était employé à la manutention de Paris en 1829 et 1830; il a vu exécuter ce qu'il rapporte. (Note ajoutée en 1853.)

vendeur, il a affirmé un fait inexact, en ce qui concerne son prédécesseur du moins.

Nous voyons (page 55) que M. Bénier avait compris dans ses dépenses une quantité de 902 qx 05 k. pour déchets sur les farines. « Mais cette sortie, que rien ne justifiait et qui n'était appuyée sur » aucune pièce *probante* et *légale*, fut rejetée, etc..... » Il est fâcheux que la commission n'ait pas eu à examiner aussi les comptes de M. Boinod ; car nous lui aurions signalé ces sorties pour mélange des farines qui jamais n'ont été appuyées de pièces *probantes* et *légales*, grands mots capables de faire sourire cet excellent M. Boinod, qui, avec sa comptabilité toute primitive, aurait pu voir des rejets de la force de celui de 902 qx que nous signalons. Il est vrai que M. Boinod se rendait compte, chaque jour, de l'état de ses approvisionnements, et qu'il n'aurait jamais demandé des rappels de déchets pour des années antérieures, attendu qu'il les aurait reconnus et portés en dépense au fur et à mesure de leur constatation. En présence d'une demande de 902 qx pour déchets, n'auriez-vous pas dû vous apercevoir, vous administration centrale, que le mode de gestion de M. Bénier déviait de la voie tracée par M. Boinod ? Comment avez-vous pu rejeter des comptes d'un gérant de clerc à maître 902 qx, sans ouvrir les yeux ! 902 qx valent environ, en temps ordinaire, 27,000 fr. ; et vous mettez une somme aussi considérable à la charge d'un homme qui, légalement, n'a aucun bénéfice de gestion et qui n'a que des appointements insuffisants !! Mais passons tout de suite à la page 94, où l'on donne d'étranges explications au sujet de ces 902 qx de farine : « .... Lors de l'apurement du compte de » 1844, cette quantité de 902 qx 05 k. fut considérée, *pour ordre*, » comme existant en magasin. » Qu'entend-on, en affaires, par ces mots : *Pour ordre* ? Pour ordre veut dire : Pour régularisation, n'engageant pas la responsabilité du comptable. Vous aviez donc, dans le principe, consenti à allouer cette dépense à M. Bénier ? Autrement, pourquoi ne l'avoir pas catégoriquement, lui vivant, forcé en recette de ce chiffre ? Vous faites figurer cette somme, pour ordre, dites-vous ; et, le comptable mort, après une année écoulée, le 24 février 1846, vous effacez ce mot pour ordre, et vous le rendez responsable de ces 902 qx de farine ! — Pourquoi agir ainsi ? Parce que, dans le rapport *sans date* de la commission (page 58, 8e §), il vous a plu de soutenir que les déchets se règlent par trimestre et sans rappel, quoique nous allions immédiatement prouver le contraire.

Page 55 : « A l'égard des farines dites du *commerce*, il n'y a » jamais eu lieu d'allouer un déchet de conservation. » Depuis quand les farines du commerce ne ressemblent-elles plus, pour les déchets qu'elles peuvent éprouver, aux autres farines de toutes qualités ? — Nous avons dit comment procédait M. Boinod ; voici maintenant une lettre émanée de vous, administration centrale, qui prouve que, pour les farines, vous accordez parfois non pas le déchet réglementaire, vous l'allouez invariablement, mais un supplément de déchets, plus fort que le premier.

« *Bureau des vivres*, 1re section. Paris, 7 mars 1833. (*Extrait.*)
» Monsieur l'intendant, relativement aux réclamations élevées » contre l'insuffisance des primes fixées par le règlement pour la » garde et la conservation des farines, j'ai décidé, le 15 février, » que les approvisionnements extraordinaires formés à la fin de 1830 » et au commencement de 1831 donneraient lieu aux allocations » suivantes en matières et en deniers, par exception à celles déterminées par le règlement du 1er septembre 1827. Primes en » argent, un quart en sus de celle allouée dans chaque place ; » prime en nature, pour tous les approvisionnements extraordinaires en farines, un et demi pour cent par an. Ces dispositions » recevront leur exécution à compter du 1er janvier 1831. Pour le » ministre, le directeur de l'administration, *signé* Daure. »

Or, 1,50 p. % joints à 1,25, taux réglementaire, donnent 2,75 %. Remarquons que ce déchet réglementaire est reconnu, par les hommes compétents, inférieur au taux réel des déchets ; mais les munitionnaires étaient couverts de cette insuffisance de déchets par un excédant de rendement dont ils bénéficiaient, et qui n'était pas alors aussi élevé qu'il l'a été depuis. Remarquons enfin cette date de la décision ministérielle, **15** *février* **1833**, qui recevra son exécution à compter du **1er** *janvier* **1831** ! C'est pourtant cette même administration centrale qui (page 58) « s'élève avec force » contre la proposition d'appliquer à des comptes terminés, un » rappel d'allocations qui, aux termes du règlement, doivent se » régler à la fin de chaque trimestre.... » Nous ne voulons pas citer ce déluge de textes amoncelés, comme à plaisir, pour recevoir un démenti plus grand. Pauvre commission, qui s'est laissé abuser par ces phrases et par ces textes ronflants!

Quand on connaît ces précédents et bien d'autres de l'administration de la guerre, qu'y avait-il d'étonnant de voir un intendant militaire dire : Votre gérant du magasin de Paris n'est pas un comptable comme les autres manutentionnaires du royaume, il a dirigé la manutention pour votre compte; cherchons si, en lui appliquant des déchets qui ne lui ont pas été accordés jusqu'à ce jour, le déficit constaté ne disparaîtrait pas. C'est la position d'un caissier qui a un déficit dans sa caisse; on repasse ses comptes, on voit qu'il a payé des sommes qui n'ont pas été portées en dépense, et on propose de les lui allouer.

Mais voyons sur quels arguments s'appuie l'administration centrale pour rejeter cette proposition (page 58) : « 1° Dans une » gestion de clerc à maître, il ne peut y avoir d'allocation de déchet » extraordinaire, que dans le cas où le gérant prouve des pertes » réelles, *au delà du déchet qui lui est alloué.* »

Remarquons d'abord que, dans une gestion de clerc à maître, *il ne doit pas y avoir d'allocation de déchets déterminée.* Qu'entendez-vous par ces mots : *prouve des pertes réelles*? Quand le gérant vient vous dire : J'ai reçu le 1er janvier 100 qx de farine; je n'en ai aujourd'hui, 31 décembre, que 95 ou 96, par suite de dessiccation et d'évaporation, que voulez-vous de plus? Pensez-vous qu'il ait mis la différence dans sa poche, pour nous servir d'une expression vulgaire? Alors il faut le remplacer; mais, jusque-là, vous devez lui accorder, à lui gérant, le manquant qu'il vous dénonce.

2° « Le comptable Bénier s'est attribué spontanément le déchet » fixé par le règlement... » Vous êtes blâmable, vous, administration centrale, d'avoir accepté cette sorte d'allocation spontanée que le comptable s'attribuait, comme vous le dites.

3° « Ce comptable connaissait si bien ses droits... » Nous venons de démontrer, au contraire, qu'il ne les connaissait pas, ses droits de gérant de clerc à maître; car il n'aurait pas porté dans ses comptes des déchets qui sont considérés comme insuffisants par les autres comptables, et il aurait dû vous dire : Administration centrale, vos déchets réglementaires ne me concernent pas; je suis gardien de vos approvisionnements; je vous donne les bénéfices de la gestion, supportez-en les charges. Mais c'est un parti pris, dans ce *Compte spécial*, de représenter M. Bénier comme un homme très-habile. Il passait pour tel, en effet; mais l'administration centrale aurait dû voir et juger, par les faits, qu'il n'était pas tel qu'il semblait être.

4° « Ce déchet reconnu de 5 p. % lui a été alloué. » Ici revient l'application régulière de la gestion de clerc à maître.

5° « Sans doute il reconnaissait que les déchets qu'il s'était at-» tribués étaient suffisants. » Pitoyable raison! Cependant, l'intendant militaire de Paris vous démontre que le déchet de 1,25 est insuffisant, et nous avons rappelé une de vos décisions qui accorde 2,75 pour cent sur les farines. Pouvez-vous sérieusement admettre ces déchets comme suffisants? En bonne justice, on doit relever tout ce qui atténue les fautes d'un prévenu; vous, vous vous appliquez, au contraire, à trouver un coupable et à aggraver ses torts!

Voyons (page 59) comment vous appréciez ses opérations d'achats. Sans doute, « il faut juger si le prix d'achat est en rap-» port avec la qualité des denrées; » mais enfin avez-vous, oui ou non, profité de ces économies aux dépens de la qualité? Vous ne le niez pas : nous convenons que c'est une mauvaise opération au point de vue administratif et manutentionnaire; mais acheter ainsi, est-ce bien le fait d'un homme aussi habile que vous supposez M. Bénier? N'est-ce pas l'acte d'un esprit étroit et mesquin? Nous blâmons votre gérant d'avoir opéré de cette sorte; cependant, pensez-vous qu'il n'avait pas un but en agissant ainsi? Nous allons vous le dire : il connaissait votre faible pour le bon marché, et il vous flattait en vous donnant du bon marché à tout prix. Cependant, nous n'admettons pas que ce service ait été constamment exécuté avec des blés de mauvaise qualité; vos éloges pendant longtemps contredisent le fait, et le rendement dont nous allons parler tout à l'heure prouve en faveur de la qualité des grains employés.

Vous prétendez que les comptables abonnataires, dans leurs achats, achètent au-dessous de la mercuriale : nous qui les voyons à l'œuvre, nous affirmons que c'est à grand'peine s'ils peuvent acheter aux cours des mercuriales; en général, on peut dire qu'ils surpassent ces cours de 30 à 40 centimes par 100 kilogr. Les actes de vos subordonnés vous condamnent à cet égard.

L'administration centrale n'est pas plus équitable en traitant la question du rendement, et elle montre à ce sujet une partialité qui étonne l'homme désintéressé cherchant la vérité.

Il y a quatre époques différentes dans la gestion de M. Bénier, pour le rendement :

1° Rendement des farines du commerce, qui a été un peu au-dessous de celui de la gestion précédente, mais au-dessus de celui des autres manutentionnaires.

2° Rendement avec des farines réglementaires blutées à 10 p. %, comparé avec le rendement de 180 rations exigé des comptables abonnataires jusqu'en 1834.

3° Rendement avec les mêmes farines, comparé au rendement de 184r,44, prescrit depuis 1834.

4° Rendement avec des farines blutées à 15 p. %. Nous ne savons pas quel est au juste le rendement que donnent les comptables abonnataires qui emploient ces mêmes farines; mais le chiffre a été pour 1846 au-dessous de 184r,44, nous l'affirmons.

Eh bien, que fait le *Compte spécial?* Il compare le rendement du magasin de Paris avec celui de 184r,44, maximum des autres munitionnaires, sans avoir égard au rendement de 180 rations, jusqu'en 1834, et au rendement inférieur à 184r,44, depuis que la manutention de Paris a manipulé des farines blutées à 15 p. %! Ce n'est pas tout : on ne veut pas faire entrer en ligne de compte le pain distribué aux ouvriers. Mais si vous n'aviez pas donné de pain aux ouvriers, vous les auriez payés plus cher; c'est donc vous, administration centrale, qui profitez de cette différence. La similitude que vous établissez dans ce cas avec le comptable abonnataire est fausse; car si le comptable donne du pain à ses ouvriers, il ne leur donne pas d'argent, et cet argent lui reste. Il n'en est pas de même de votre gérant, c'est le trésor qui profite de ce moins payé. Que penser en présence de ces faits, que vous devriez connaître mieux que nous!!

Page 62. La commission dit : ... « Les farines, bien moins » sujettes que les grains à éprouver des pertes en magasin... » Voilà de ces énormités inconcevables! Mais, Messieurs, pourquoi n'avez-vous pas déclaré, une bonne fois, n'être ni manutentionnaires, ni *fariniers;* on vous pardonnerait cette ignorance des faits élémentaires de la question! Nous avons cité une décision ministérielle; si vous doutez encore, demandez au premier mitron venu, et vous verrez!

Page 62, 2e §. « Un comptable qui a joui de tous les avan- » tages résultant d'une position spéciale et supérieure,... qui » n'était entravé par aucune limite dans les dépenses auxquelles » la conservation des grains peut donner lieu... » Nous voudrions bien qu'on posât le chiffre en argent de ces *avantages* d'une position supérieure? Nous avons prouvé que M. Boinod recevait, avec son commissionnaire, 28,000 fr. environ par an : M. Bénier a touché 12,000 fr. jusqu'en 1838, et 6,000 fr. depuis cette époque: cette position que l'administration centrale a faite à M. Bénier, mais qu'il a eu le tort immense d'accepter, n'est-elle pas dérisoire en présence des avantages pompeusement signalés par la commission, et des conditions de M. Boinod, qui, comme comptable, ne passait pas pourtant pour jeter l'argent par les fenêtres, mais qui savait qu'il faut bien payer pour être bien servi?

Quant aux dépenses de conservation pour lesquelles il n'y avait pas de limites, vous oubliez que, pour les achats aussi, il n'y avait pas de limites, et que M. Bénier a acheté à bas prix et peut-être aux dépens de la qualité. Il ne suffit pas de dire qu'il n'était pas limité dans ses dépenses, il faut faire voir s'il a dépensé peu ou beaucoup pour la conservation de blés mal conservés en dernier résultat.

La commission croit (page 63) qu'en ne donnant pas les soins nécessaires aux blés en magasin, Bénier préparait à l'avance le moyen d'obtenir une allocation extraordinaire de déchets. Nous pensons, nous, qu'il ignorait sa véritable position; s'il l'avait connue, au lieu de laisser avarier ses approvisionnements, ce comptable, prétendu si habile, aurait dû acheter des blés de qualité supérieure, pour obtenir un rendement plus fort, et affecter une partie de ce rendement à couvrir son déficit; prodiguer l'argent pour la conservation de ses blés, afin d'atténuer ses pertes. Mais les faits démontrent que M. Bénier n'avait pas cette habileté de roué : c'était un homme visant à passer pour capable, en employant le moyen vulgaire du bon marché, qui était chez lui une sorte de monomanie.

Page 59. Vous niez les économies obtenues sur les frais de manutention de M. Bénier, et vous dites que son successeur a accepté un abonnement à vingt centièmes de centime par ration au-dessous des prix du gérant. D'abord, nous pourrions nier le fait, par cette raison toute naturelle, que la commission n'avait pas un de ses membres dans le cas de juger de l'exactitude des calculs établis à ce sujet. Et qu'on ne croie pas que la question soit fort simple; les hommes compétents savent qu'il est très-difficile de comparer des dépenses de manutention abonnées, avec celles de clerc à maître. Dans les abonnements, il y a des articles distincts pour entrée, pour sortie, pour chauffage des fours après réparations, etc..., qui se confondent, dans les dépenses de clerc à maître, avec celles de fabrication du pain proprement dites. Ce n'est donc pas faire injure à la commission que de penser qu'elle n'a pas pu juger la question *ex professo.* Mais nous accordons cette différence, en faveur de la gestion abonnée, et nous disons que cela ne prouve rien contre la gestion Bénier : car le manutentionnaire abonnataire profite de l'excédant de rendement qui, dans la gestion de clerc à maître, fait retour à l'État, comme nous venons de le prouver, malgré des assertions contraires; et cette différence de rendement a une tout autre importance que vingt centièmes de centime par ration.

Page 74. Nous dirons peu de choses du rapport de M. Teissier, proposant le remplacement de M. Bénier. Pour juger si la proposition était équitable, il faudrait mettre en présence les résultats de la gestion Boinod et ceux de la gestion Bénier, eu égard aux circonstances diverses dans lesquelles l'un et l'autre ont été placés. Nous n'avons pas les éléments d'un si volumineux travail; mais nous signalerons les dernières lignes du rapport, comme engageant l'administration centrale, qui aujourd'hui se cache sous la responsabilité de l'intendance militaire. M. Teissier dit : « Créer » une surveillance réelle qui présente des garanties, et sortir de ce » système dangereux d'omnipotence.... » Ce passage est l'exacte vérité; il n'y avait pas de surveillance réelle, et le comptable était omnipotent! L'administration centrale a voulu continuer avec M. Bénier ce qui se faisait avec M. Boinod : il est trop facile de la blâmer après coup; nous ne le ferons pas, mais nous aurions voulu qu'elle eût le courage de prendre la responsabilité de ses actes.

Page 82. Nous lisons un passage remarquable d'une lettre de l'intendance à propos de la cuisson du pain et du rendement, circonstance dont on ne tient pas compte à M. Bénier, soit dit en passant. « Que le rendement soit plus ou moins fort, c'est ce qui » importe le moins; car, avant tout, il faut donner au soldat un » pain bon et irréprochable. »

Page 87. M. Bénier parle des achats considérables de farines qu'il a réalisés en 1831. A cette occasion, nous demanderons à l'administration centrale si un intendant militaire inspecteur ne lui a pas fait des rapports dans lesquels il se plaignait vivement de la qualité de ces sortes de farines envoyées dans les divisions environnant Paris. Ces plaintes n'auraient-elles pas dû éveiller son attention? Pour être juste, ne convenait-il pas de produire ces rapports?

CONCLUSION.

Il résulte de cette revue du *Compte spécial* qu'il est rédigé sans connaissance pratique des faits : nous n'en faisons point un acte d'accusation contre le ministre, mais il est de sa loyauté de reconnaître qu'il a été trompé. Ce *Compte spécial*, tel qu'il est, ne peut pas être présenté aux Chambres; il faut qu'il soit refait à nouveau.

Puisqu'un ministre, voire un chef de bureau, ne peuvent pas tout faire par eux-mêmes, qu'ils s'appliquent à choisir des commis d'un esprit droit, et à éloigner ces clercs de procureur, chez qui l'habitude de la chicane a détruit le sentiment du juste et du vrai : que le ministre sévisse sévèrement quand on aura abusé de son nom et de son autorité, pour fausser la vérité ! Malheureusement, ces procédés sont traditionnels dans certains bureaux du ministère de la guerre ; les faits cités de ce *Compte spécial* le prouvent de reste.

La commission s'est fourvoyée ; les notes élémentaires qui lui ont été données, l'ont induite en erreur : elle n'avait pas dans son sein des hommes spéciaux pour traiter une question technique de farines, de manutention, ce qui l'a jetée dans des assertions erronées.

Le désir de s'affranchir de toute responsabilité et de trouver des coupables pour faire acte de force et de sévérité, a fait commettre au ministre une injustice criante envers l'intendance militaire, quand l'administration centrale était au moins de moitié pour entretenir sa confiance et sa sécurité. Au fond, l'affaire Bénier devait faire adopter un mode de contrôle plus efficace ; mais aller au delà, c'est manquer le but : une faute partagée par tant de personnes n'est plus une faute ; c'est une surprise contre laquelle on doit se prémunir, voilà tout.

Bénier ne méritait pas la confiance sans limites qu'on lui a accordée : mais le rendre responsable de tout le mal constaté, sans lui tenir compte du bien qu'il a fait ; mettre à sa charge, sans discussion, un déchet de 902 qx de farine accepté par l'administration, lui vivant ; c'est agir avec passion, sans dignité et comme un créancier vulgaire et avide. Il a acheté à bon marché : avec un service de cette importance, il ne pouvait pas être partout ; il a fort bien pu être trompé lui-même, dans ces derniers temps, sur la qualité des blés qu'il a reçus ; il n'est pas équitable de lui en faire un crime. Son rendement a été avantageux, et le trésor en a bénéficié. Ses dépenses de manutention sont au moins égales à celles de son successeur. Vous l'avez si mal payé, que c'est peut-être votre parcimonie qui l'a provoqué à chercher, dans un gain illicite, le traitement honorable que vous lui refusiez.

Quoique l'opinion publique soit facile à égarer, nous avons foi dans la vérité ; nous espérons qu'elle sera entendue et qu'on pourra encore réparer les injustices commises. Si nous n'avons pas dit toute la vérité, c'est que nous ne la connaissions pas ; d'autres, nous l'espérons, élèveront aussi la voix. Nous ne sommes ni l'avocat de l'intendance militaire, ni celui de Bénier, ni l'accusateur de l'administration centrale ; nous avons cherché le vrai, nous le donnons comme nous l'avons trouvé, et, par là, nous croyons avoir fait un acte utile et d'un bon citoyen.

Ce 30 avril 1847.

NOTE 2e, PAGE 247.

MOYEN D'OBVIER A L'INSUFFISANCE DES RÉCOLTES EN FROMENT.

Beaucoup de moyens sont proposés, dans les temps de disette, pour parer à l'insuffisance des récoltes; presque tous, et la caisse de service de la boulangerie de Paris la première, reposent sur ce principe: Faire une réserve en argent dans les bonnes récoltes, pour acheter au dehors des blés à prix élevés. Au lieu d'une réserve en argent, je crois qu'il serait plus avantageux de faire une réserve en blé. Le moyen n'est pas nouveau; il a été pratiqué sous le nom de greniers d'abondance, et on y a renoncé avec juste raison, parce qu'il est fort onéreux.

Voici cependant comment je conçois la réalisation de greniers d'abondance qui ne coûteraient rien à l'État, et qui seraient une charge légère pour le contribuable. Dans un recensement fait il y a quelques années, on compte trois millions de contribuables payant une contribution de vingt francs et au-dessus. Mettons deux millions; je voudrais qu'une loi obligeât ces deux millions de contribuables à avoir chez eux une réserve de dix hectolitres de froment, représentant 750 kilog. Il serait facile d'emmagasiner ce blé chez soi sans peine, et de lui donner des soins sans grands frais. Ce seraient vingt millions d'hectolitres de froment qui assureraient la consommation de la France pour 75 jours, à raison de vingt millions de kilogr. de pain par jour.

Supposons ces dix hectolitres achetés au 31 décembre 1848, à 15 fr. l'un, soit. . . . . F. 150

Ajoutons, pour frais d'entretien, de remplacement, et intérêt de l'argent, 15 fr. par an, soit pour cinq ans. . . . 75

Prix de revient de l'hectolitre au 31 décembre 1853, 22 fr. 50, ci. . . . . F. 225

Ce blé aurait pu être vendu à cette date au-dessus de 22 fr. 50 l'hectolitre, partant sans aucune perte à la charge du contribuable. Admettons que les choses ne se passent pas toujours dans les conditions que j'ai prises pour base de mes calculs; il n'en reste pas moins démontré, je crois, par ces quelques chiffres, que les frais de cet approvisionnement seraient peu de chose.

La seule difficulté que je voie à ce système serait la vérification et la constatation de l'approvisionnement de chaque contribuable; cette difficulté, que je ne me dissimule pas, n'est pas insurmontable, à mon avis (1), et on trouvera aisément à l'aplanir en présence des deux considérations capitales qui militent en faveur de ce mode d'approvisionnement : 1° créer une réserve quand les prix sont bas; 2° céder ce blé à la minoterie en cas de disette au cours du jour, et se rembourser ainsi de tous ou partie des frais de garde et de renouvellement; et, par conséquent, ne plus voir nos trésors passer à l'étranger pour chercher des blés dont nous aurions une réserve suffisante.

Le projet est simple et peu dispendieux; je laisse à l'administration supérieure, qui voit de plus haut et de plus loin, à décider si son application est possible.

(1) On pourrait, par exemple, assujettir à une amende tout contribuable qui aurait du blé ne réunissant pas la qualité commerciale loyale et marchande.

TABLE.

ERRATUM.

Page 66, ligne 17, au lieu de *cours*, lisez *concours*.

Nantes, Imprimerie A^nd GUÉRAUD et Cie, rue Basse-du-Château, 6.

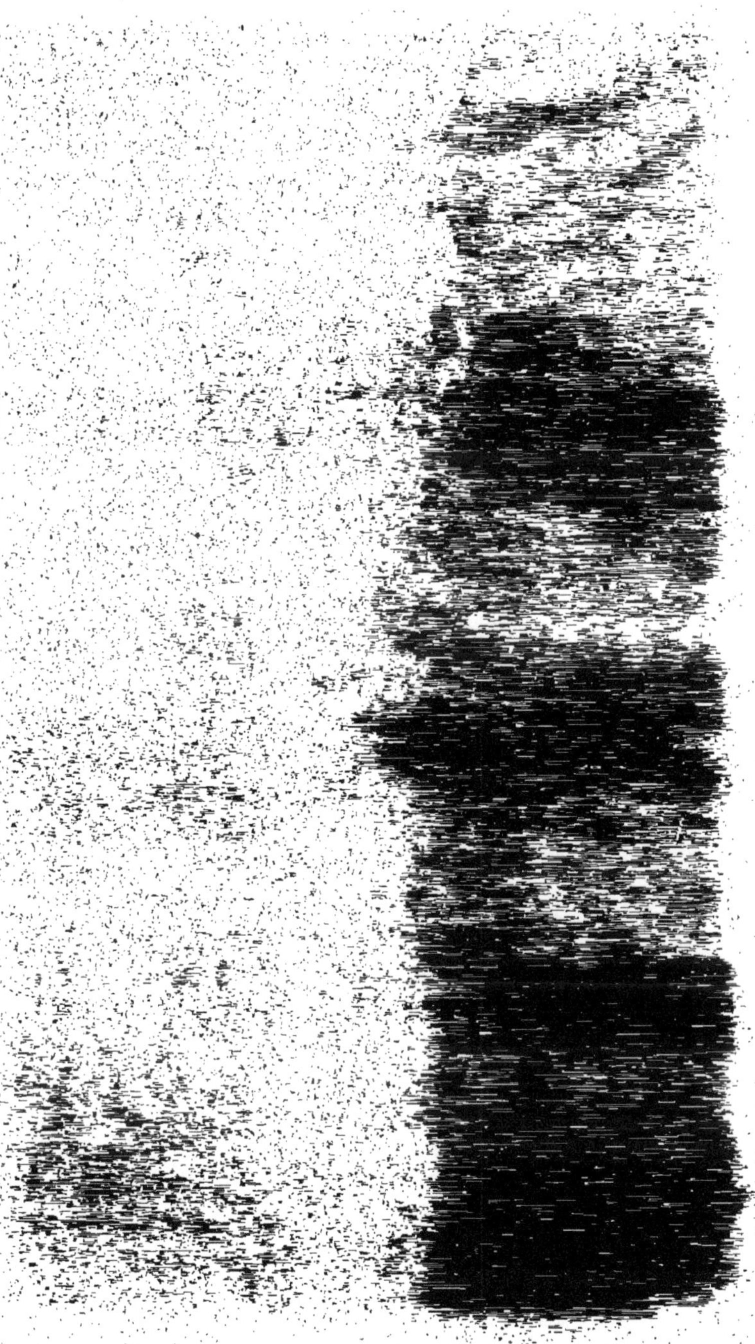

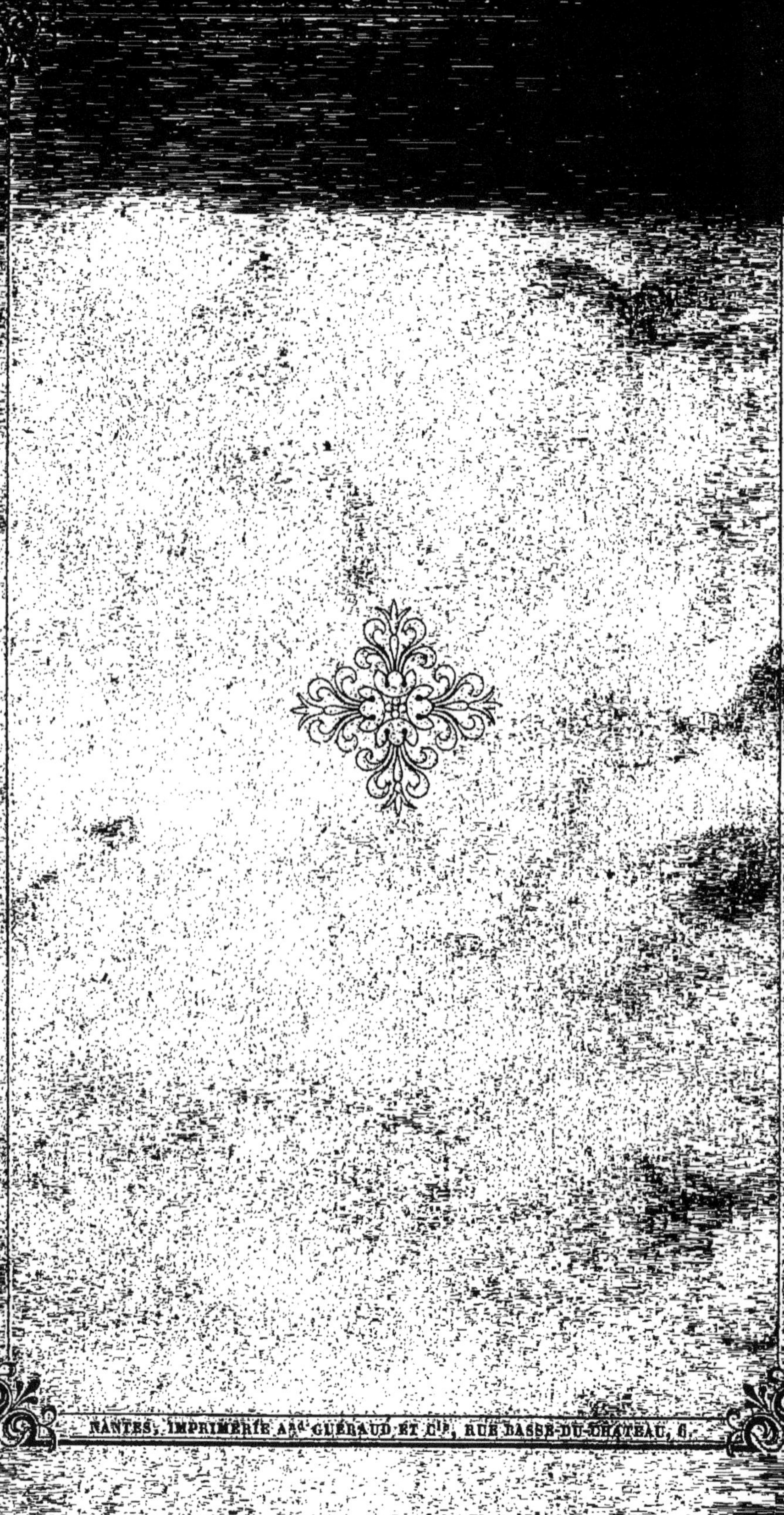

NANTES, IMPRIMERIE Ard GUÉRAUD ET Cie, RUE BASSE-DU-CHATEAU, 6.

www.ingramcontent.com/pod-product-compliance
Ingram Content Group UK Ltd.
Pitfield, Milton Keynes, MK11 3LW, UK
UKHW020434200726
13857UKWH00002B/413